U0920691

作者简介

迟文峰，男，1984 年生，蒙古族，博士，副教授，内蒙古通辽市科尔沁左翼中旗人，硕士研究生导师，现任内蒙古财经大学院士专家工作站办公室主任，国务院第三次全国土壤普查专家（技术指导组），自然资源部高层次科技创新人才（国土空间规划行业），中国自然资源学会资源持续利用与减灾专业委员会委员。2022 年度内蒙古自治区“草原英才”工程青年创新创业人才（一层次）。长期从事土地利用 / 覆盖变化及生态环境效应研究。近 5 年，作为第一（通讯）作者在 *Science of The Total Environment*、*Ecological Indicators*、*Journal of Geographical Sciences*、*Sustainability*、*Land*、*Frontiers*，以及《生态环境学报》《遥感技术与应用》《中国沙漠》《地理科学研究》等期刊发表学术论文 16 篇（SCI/SSCI10 篇）。出版《“美丽内蒙古”生态系统综合监测与评估图集》等专著 2 部。荣获 2021 年内蒙古自治区人才开发基金高层次人才个人项目，2019 年内蒙古自治区青年科技英才。参与科技部“全球城市扩展与土地覆盖变化”全球发布公报（第 4 完成单位 / 第 4 完成人）。主持国家自然科学基金课题 1 项、科技攻关计划等省部级课题 3 项，横向课题 10 余项。拥有发明专利 2 项，软件著作权 4 项；获环境保护部科技进步二等奖，测绘科学技术二等奖。

空天地一体化耕地资源监测与质量级别评价图集

迟文峰　刘宏金　武岩　王伟妮　罗前程　王月甜 / 著

中国环境出版集团 · 北京

图书在版编目（CIP）数据

空天地一体化耕地资源监测与质量级别评价图集 / 迟文峰等著 . —北京：中国环境出版集团，2023.5

ISBN 978-7-5111-5509-2

Ⅰ. ①空… Ⅱ. ①迟… Ⅲ. ①耕地资源—监测—内蒙古—图集 ②耕地资源—资源价值—内蒙古—图集 Ⅳ. ① F323.211-64

中国国家版本馆 CIP 数据核字（2023）第 086457 号

审图号：

内蒙古全域地图审图号为蒙 S（2019）23（本图集内蒙古全域底图来源于内蒙古自治区生态环境状况遥感监测与综合评价 ISBN 978-7-5111-4008-1 与美丽内蒙古生态系统综合监测与评估 ISBN 978-7-5111-4788-2 相关底图，未作任何修改）。呼和浩特市县域审图号为蒙 S（2020）022，相关底图未作任何修改；包头市县域审图号为蒙 S（2020）023，相关底图未作任何修改；乌海市县域审图号为蒙 S（2020）024，相关底图未作任何修改；赤峰市县域审图号为蒙 S（2020）025，相关底图未作任何修改；通辽市县域审图号为蒙 S（2020）026，相关底图未作任何修改；呼伦贝尔市县域审图号为蒙 S（2020）027，相关底图未作任何修改；鄂尔多斯市县域审图号为蒙 S（2020）028，相关底图未作任何修改；兴安盟县域审图号为蒙 S（2020）029，相关底图未作任何修改；锡林郭勒盟县域审图号为蒙 S（2020）030，相关底图未作任何修改；乌兰察布市县域审图号为蒙 S（2020）031，相关底图未作任何修改；巴彦淖尔市县域审图号为蒙 S（2020）032，相关底图未作任何修改；阿拉善盟县域审图号为蒙 S（2020）033，相关底图未作任何修改。

出 版 人 武德凯
责任编辑 曲 婷
封面设计 彭 杉

出版发行 中国环境出版集团
（100062 北京市东城区广渠门内大街 16 号）
网 址：http：//www.cesp.com.cn.
电子邮箱：bjgl@cesp.com.cn.
联系电话：010-67112765（编辑管理部）
010-67112736（第五分社）
发行热线：010-67125803，010-67113405（传真）

印 刷 北京中献拓方科技发展有限公司
经 销 各地新华书店
版 次 2023 年 5 月第 1 版
印 次 2023 年 5 月第 1 次印刷
开 本 787 × 1092 1/16
印 张 11.5
字 数 220 千字
定 价 110.00 元

编 委 会

参加单位：

内蒙古财经大学

内蒙古财经大学祖国北疆资源利用与环境保护协调发展院士专家工作站

内蒙古自治区农牧业生态与资源保护中心

鄂尔多斯市农牧局

鄂尔多斯市农牧业生态与资源保护中心

内蒙古自治区国土空间规划院

内蒙古自治区测绘地理信息中心

内蒙古第三次土壤普查领导小组办公室

包头市林业和草原局

呼伦贝尔市农牧技术推广中心

中国科学院大学

中国科学院地理科学与资源研究所

民政部信息中心

内蒙古师范大学

项目资助：

国家自然科学基金“库布齐沙漠地区增绿过程及其对区域生态系统服务作用机制（42061069）”；

内蒙古黄河流域国土空间“韧性”格局与实现路径应用研究；

内蒙古自治区耕地质量等级评价项目（NMGZCS-G-F-220670）；

内蒙古自治区空天地一体化自然资源可持续利用与发展研究（CHZX-FA-2022-02）；

“美丽内蒙古”生态质量诊断与综合管理关键技术及应用研究（2019GG010）；

2021 年内蒙古自治区人才开发基金高层次人才个人项目；

2022 年度内蒙古自治区“草原英才”工程青年创新创业人才（第一层次）；

沿黄灌区耕地质量保护与产能提升技术研究与示范。

前 言

耕地是珍贵而有限的自然资源，耕地质量关系到国家粮食安全、农产品质量安全及生态安全，是保障社会经济可持续发展、满足人民日益增长的物质需要的必要基础。农业高质量和可持续发展是解决我国粮食安全问题的重要保障，是实现2030年“可持续发展目标”的基石，是践行国家“十四五”规划“优先发展农业农村，全面推进乡村振兴”的重要途径。把耕地保护摆在突出位置，坚持最严格的耕地保护制度不放松，加快建立耕地数量、质量、生态“三位一体”保护新格局，牢牢守住十八亿亩耕地保护红线，确保中国人的饭碗牢牢端在自己手中。

人与自然和谐共生的现代化，要求加大耕地质量建设与生态修复力度，创新耕地生态产品价值实现机制，推动耕地利用方式向绿色高效转变。为了深入贯彻习近平总书记系列重要讲话精神，落实“藏粮于地、藏粮于技”的战略，内蒙古自治区以绿色发展为导向，紧紧围绕农业供给侧结构性改革这一工作主线，强化耕地质量监测保护，坚持科学布点、持续调查、规范评价，建立健全耕地质量等级调查评价及信息发布制度，及时开展耕地土壤改良、地力培肥、治理修复及高标准农田建设，促进耕地质量提升和资源可持续利用，筑牢国家粮食安全基石。

内蒙古自治区作为我国产粮大省（区）之一，粮食产量连年增长，为国家粮食安全做出巨大贡献，与此同时，土地退化、生产力下降、生物多样性减少等问题也严重制约了当地农业可持续发展。基于此，对耕地质量进行监测评价和保护提升具有重要的意义。本图集基于“空天地”一体化监测技术体系，采用大数据与遥感手段实现评价指标的定量化与精准化处理，更有效地提升了耕地质量评价结果的科学性。本图集可有效反映内蒙古耕地质量分布状况，服务于耕地质量提升与高标准农田建设项目布局，在促进评价技术精细化与精准化水平有效提升的同时，支撑了国家生态文明建设和“亮丽内蒙古”建设。

目 录

第一部分　耕地资源立地条件与禀赋特征

第二部分　耕地资源高分辨率遥感监测

第三部分　耕地种植结构遥感监测

第四部分　耕地资源质量级别评价

第一部分

耕地资源立地条件与禀赋特征

内蒙古 2020 年耕地资源分布图

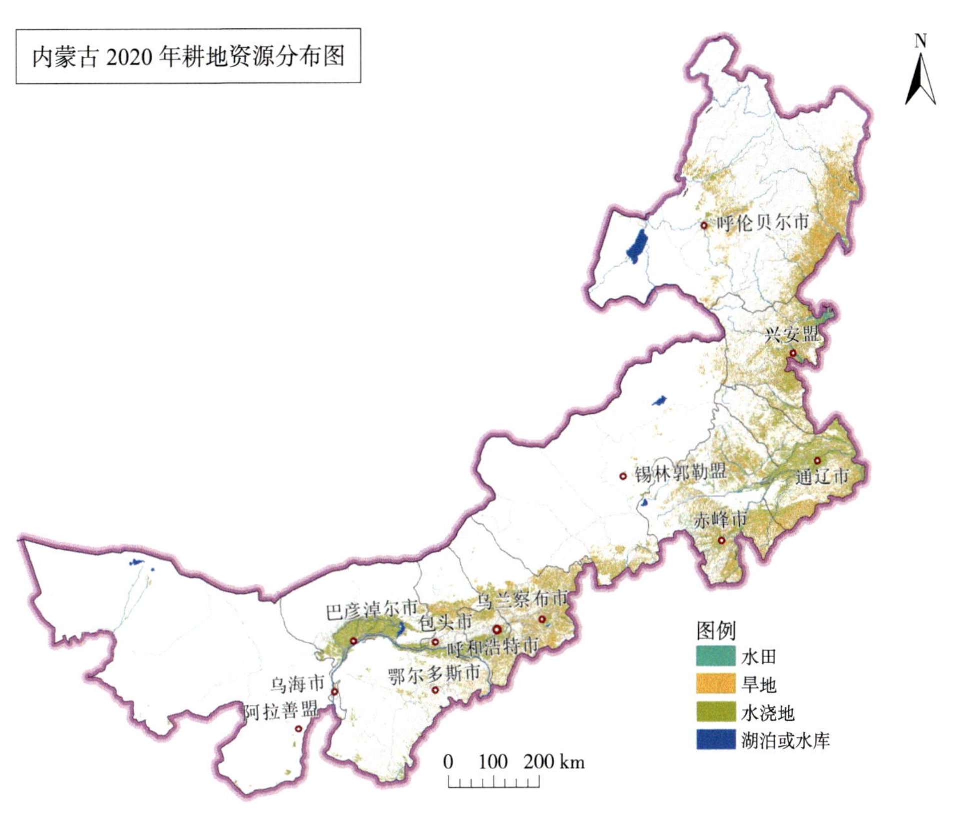

内蒙古农业气候分区图

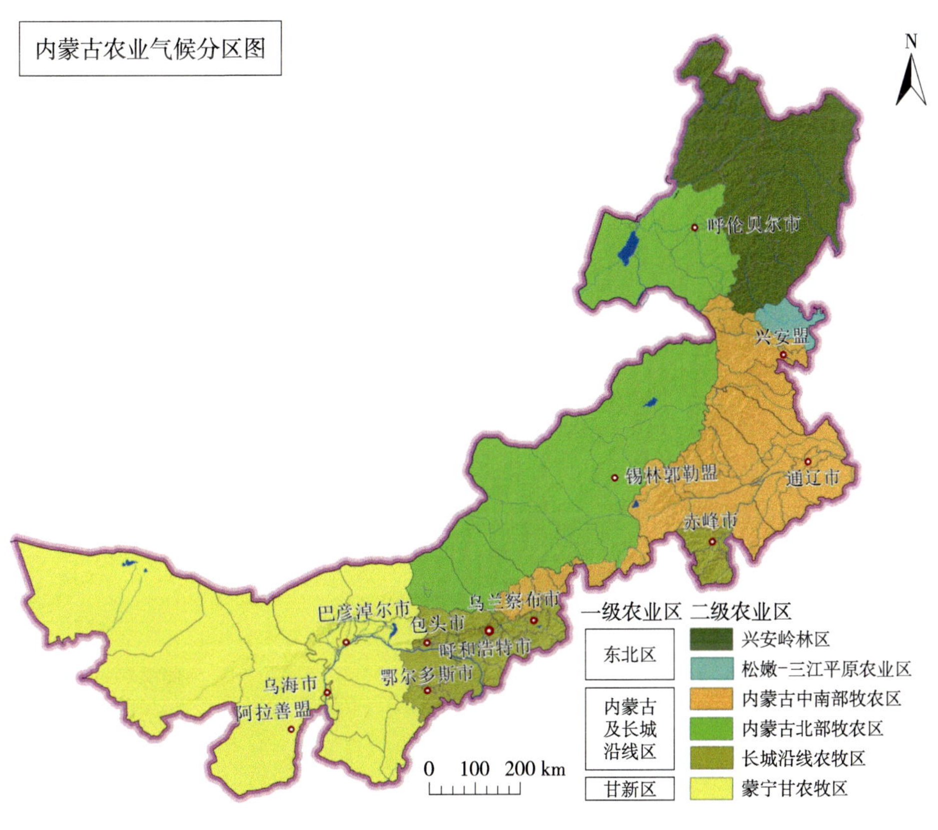

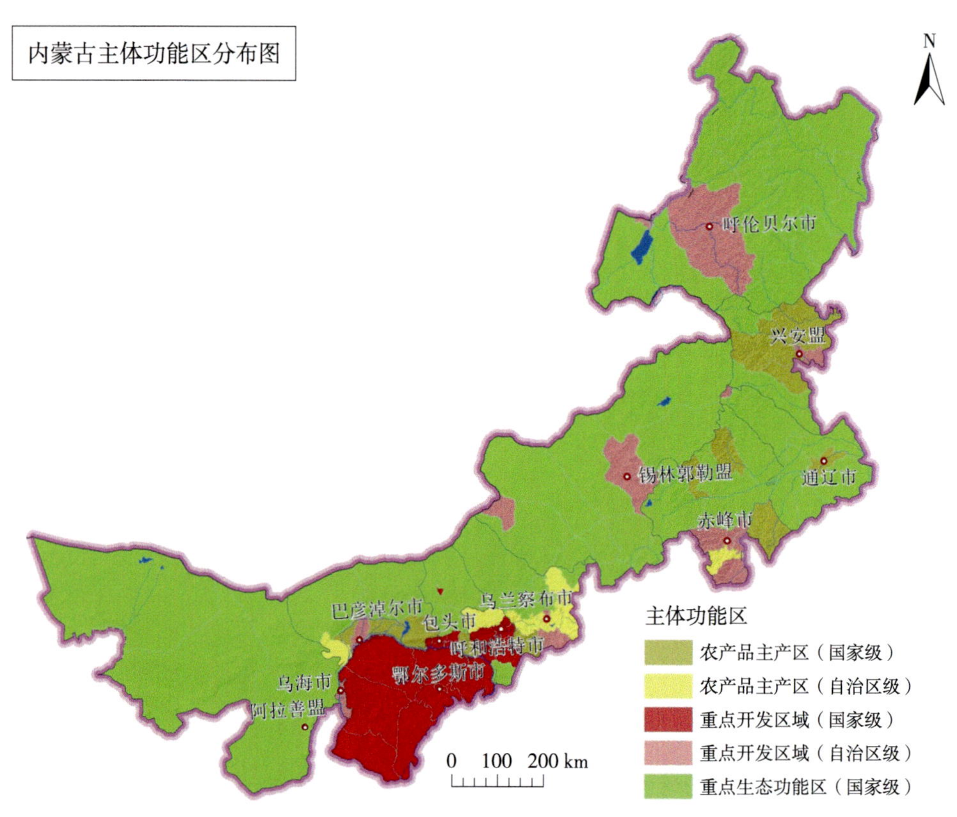
内蒙古主体功能区分布图
N
呼伦贝尔市
兴安盟
锡林郭勒盟
通辽市
赤峰市
乌兰察布市
巴彦淖尔市
包头市
呼和浩特市
鄂尔多斯市
乌海市
阿拉善盟
0 100 200 km
主体功能区
农产品主产区（国家级）
农产品主产区（自治区级）
重点开发区域（国家级）
重点开发区域（自治区级）
重点生态功能区（国家级）

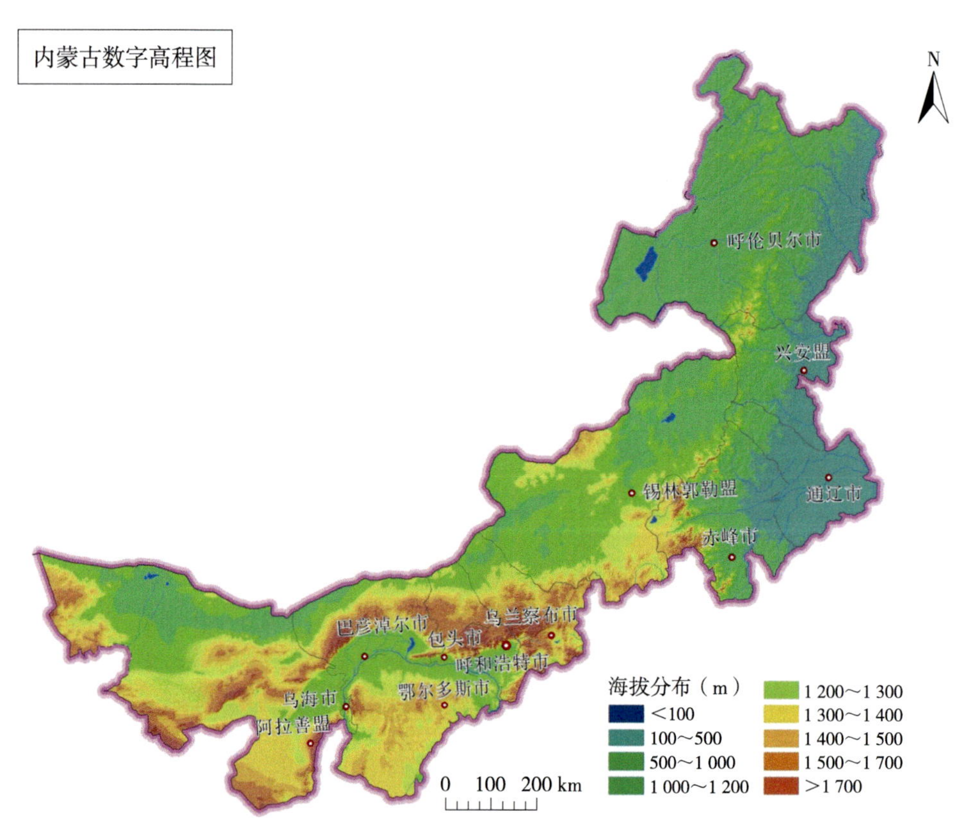
内蒙古数字高程图
N
呼伦贝尔市
兴安盟
锡林郭勒盟
通辽市
赤峰市
乌兰察布市
巴彦淖尔市
包头市
呼和浩特市
鄂尔多斯市
乌海市
阿拉善盟
0 100 200 km
海拔分布（m）
<100
100～500
500～1 000
1 000～1 200
1 200～1 300
1 300～1 400
1 400～1 500
1 500～1 700
>1 700

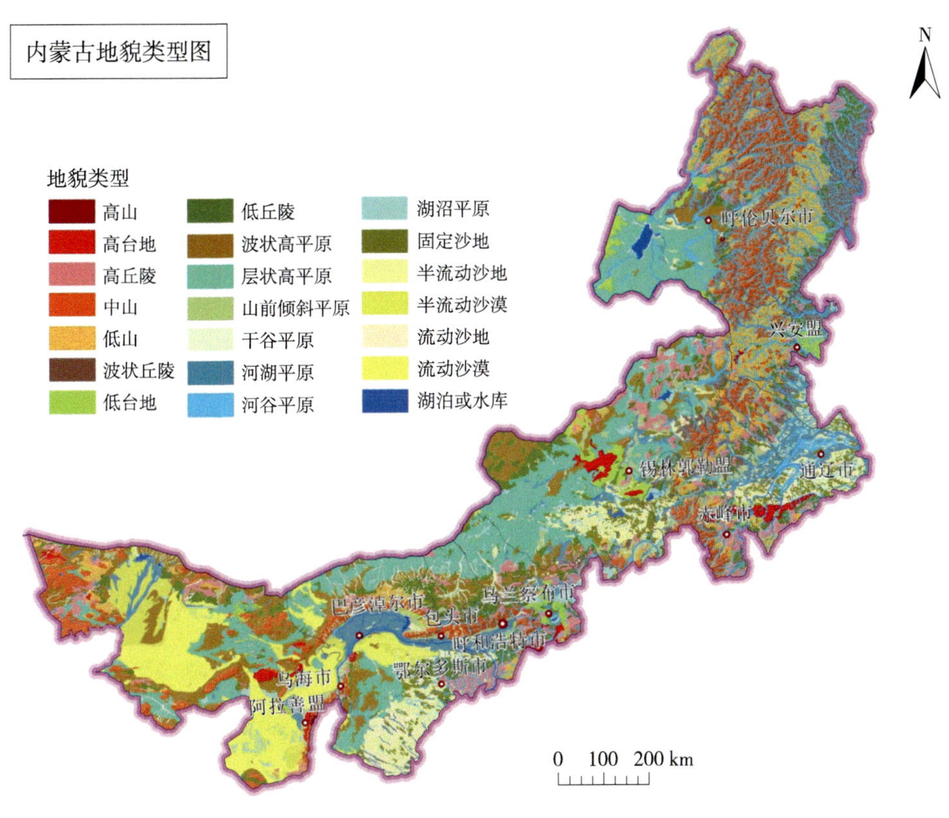
内蒙古地貌类型图
地貌类型
高山
高台地
高丘陵
中山
低山
波状丘陵
低台地
低丘陵
波状高平原
层状高平原
山前倾斜平原
干谷平原
河湖平原
河谷平原
湖沼平原
固定沙地
半流动沙地
半流动沙漠
流动沙地
流动沙漠
湖泊或水库
N
呼伦贝尔市
兴安盟
锡林郭勒盟
通辽市
赤峰市
乌兰察布市
巴彦淖尔市
包头市
呼和浩特市
鄂尔多斯市
乌海市
阿拉善盟
0 100 200 km

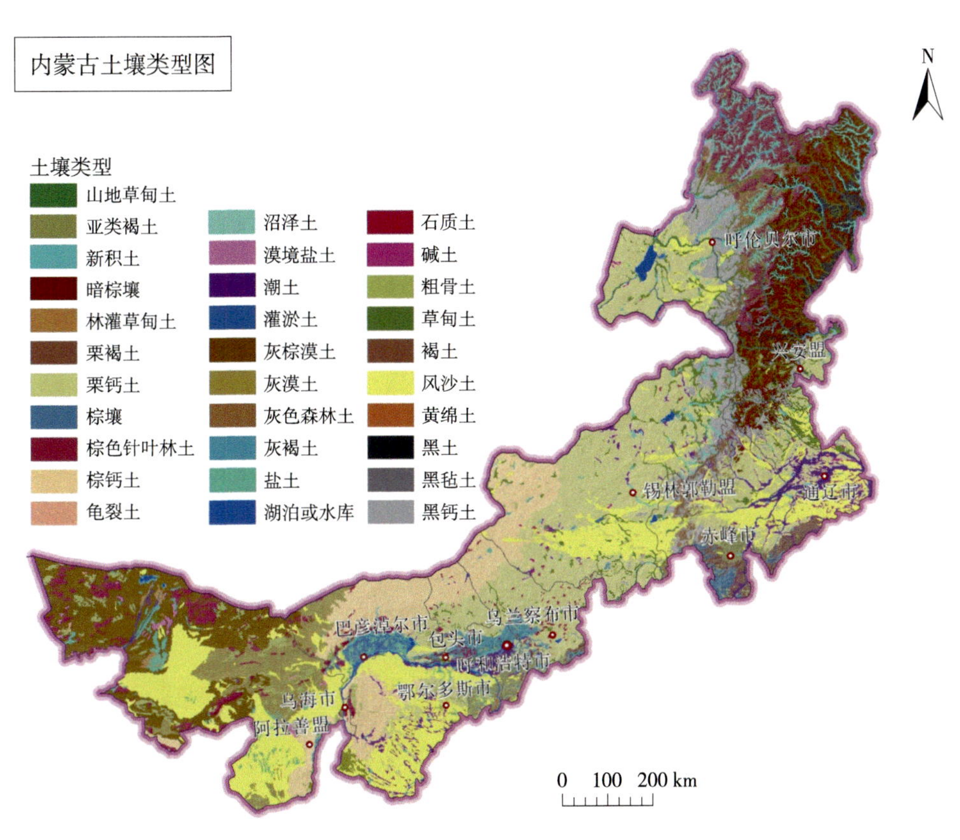
内蒙古土壤类型图
土壤类型
山地草甸土
亚类褐土
新积土
暗棕壤
林灌草甸土
栗褐土
栗钙土
棕壤
棕色针叶林土
棕钙土
龟裂土
沼泽土
漠境盐土
潮土
灌淤土
灰棕漠土
灰漠土
灰色森林土
灰褐土
盐土
湖泊或水库
石质土
碱土
粗骨土
草甸土
褐土
风沙土
黄绵土
黑土
黑毡土
黑钙土
N
呼伦贝尔市
兴安盟
锡林郭勒盟
通辽市
赤峰市
乌兰察布市
巴彦淖尔市
包头市
呼和浩特市
鄂尔多斯市
乌海市
阿拉善盟
0 100 200 km

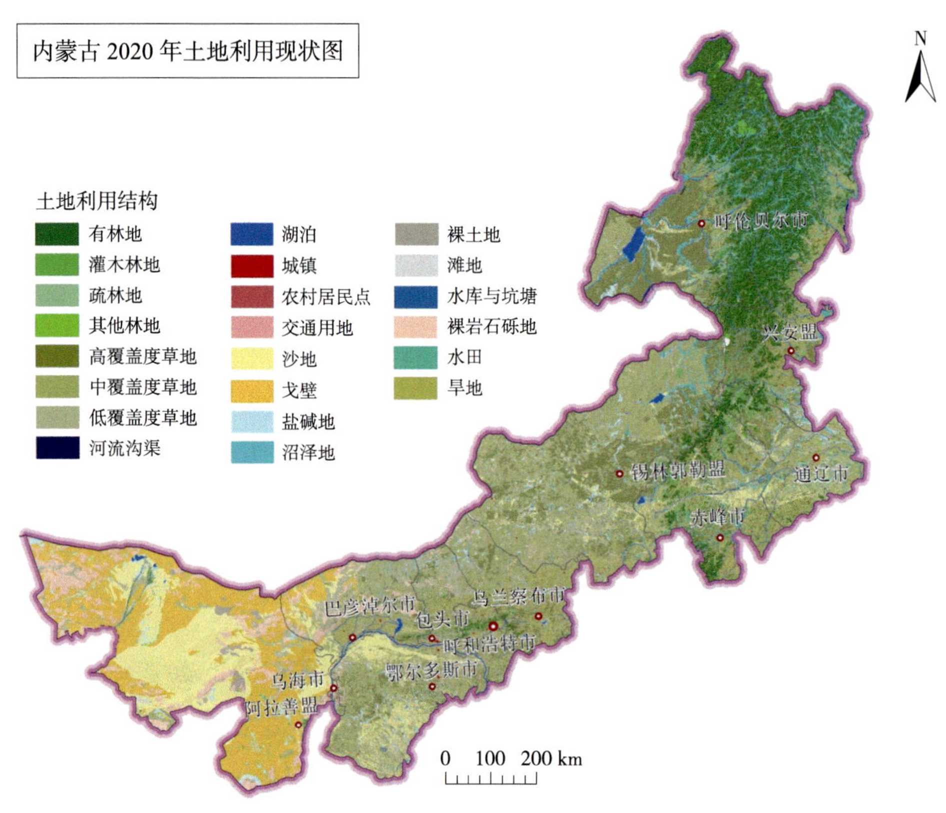
内蒙古 2020 年土地利用现状图
N
土地利用结构
有林地
灌木林地
疏林地
其他林地
高覆盖度草地
中覆盖度草地
低覆盖度草地
河流沟渠
湖泊
城镇
农村居民点
交通用地
沙地
戈壁
盐碱地
沼泽地
裸土地
滩地
水库与坑塘
裸岩石砾地
水田
旱地
呼伦贝尔市
兴安盟
锡林郭勒盟
通辽市
赤峰市
巴彦淖尔市
包头市
乌兰察布市
呼和浩特市
鄂尔多斯市
乌海市
阿拉善盟
0 100 200 km

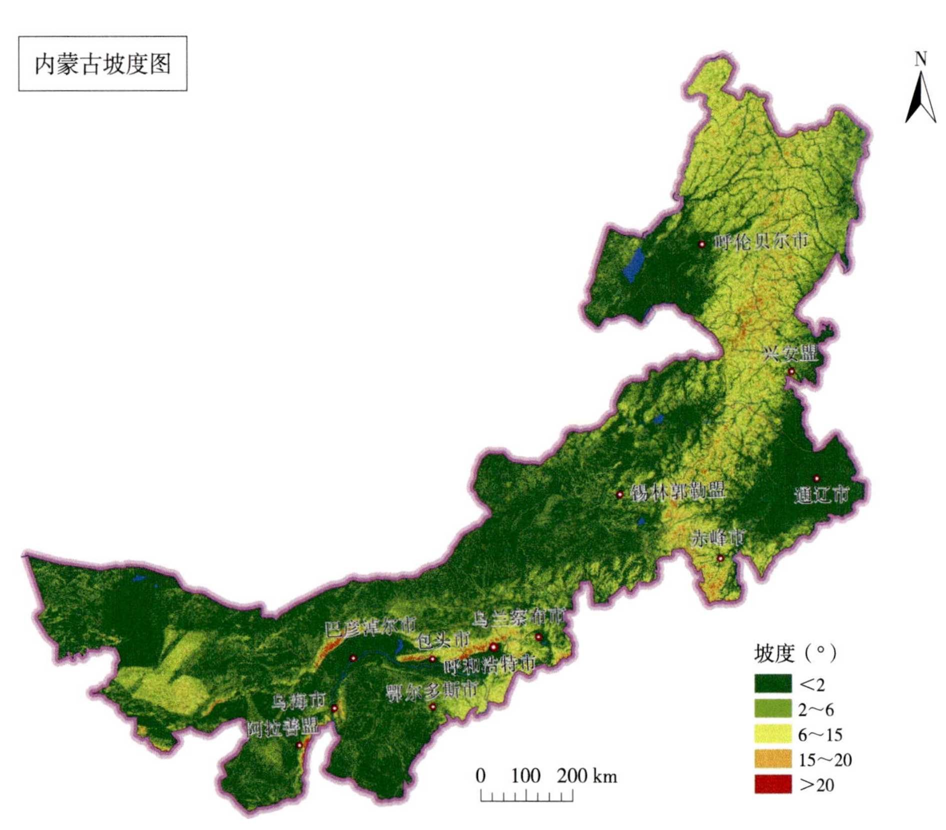
内蒙古坡度图
N
呼伦贝尔市
兴安盟
锡林郭勒盟
通辽市
赤峰市
巴彦淖尔市
包头市
乌兰察布市
呼和浩特市
鄂尔多斯市
乌海市
阿拉善盟
坡度（°）
<2
2～6
6～15
15～20
>20
0 100 200 km

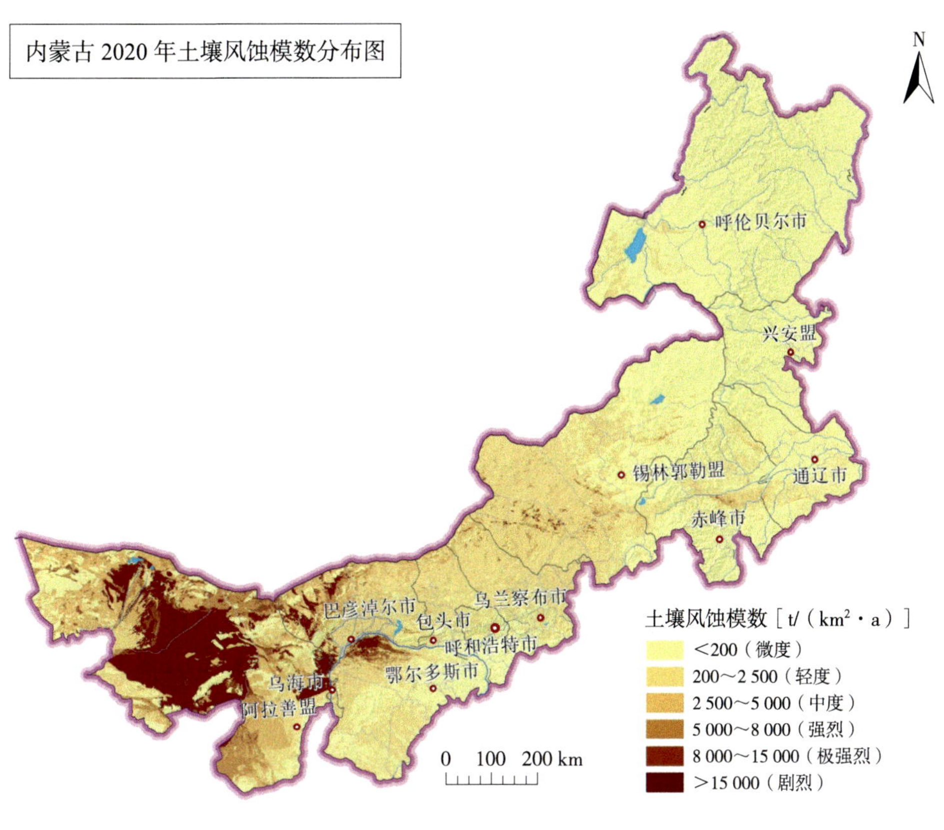

内蒙古 2020 年土壤风蚀模数分布图

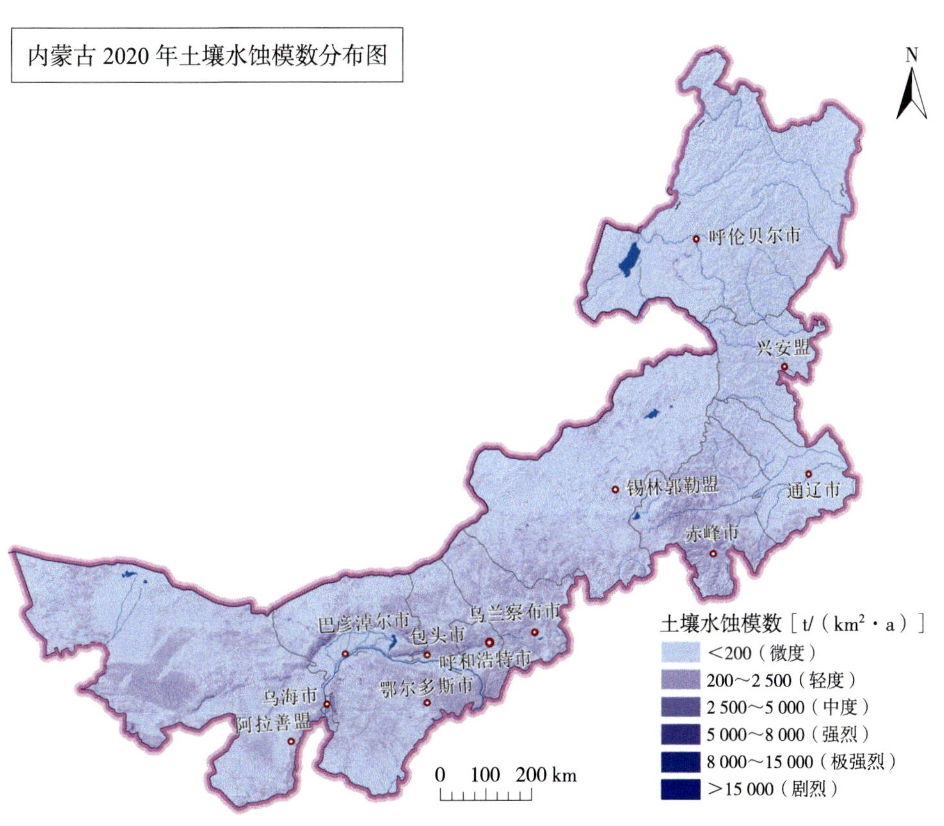

内蒙古 2020 年土壤水蚀模数分布图

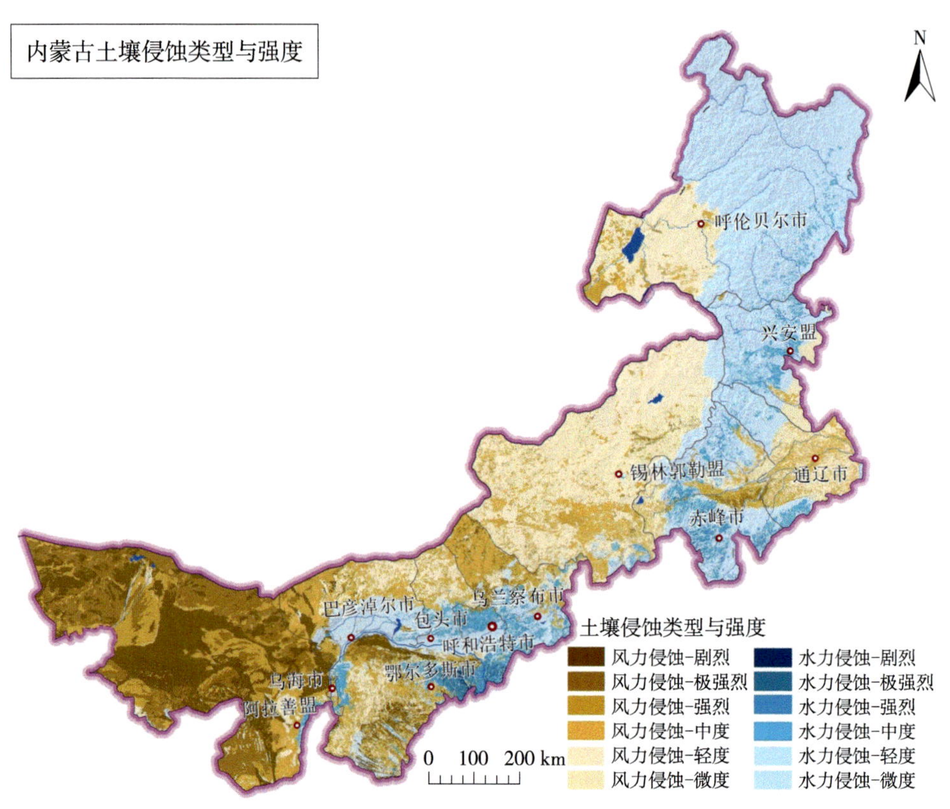
内蒙古土壤侵蚀类型与强度
N
呼伦贝尔市
兴安盟
锡林郭勒盟
通辽市
赤峰市
巴彦淖尔市
乌兰察布市
包头市
呼和浩特市
鄂尔多斯市
乌海市
阿拉善盟
0 100 200 km
土壤侵蚀类型与强度
风力侵蚀-剧烈
风力侵蚀-极强烈
风力侵蚀-强烈
风力侵蚀-中度
风力侵蚀-轻度
风力侵蚀-微度
水力侵蚀-剧烈
水力侵蚀-极强烈
水力侵蚀-强烈
水力侵蚀-中度
水力侵蚀-轻度
水力侵蚀-微度

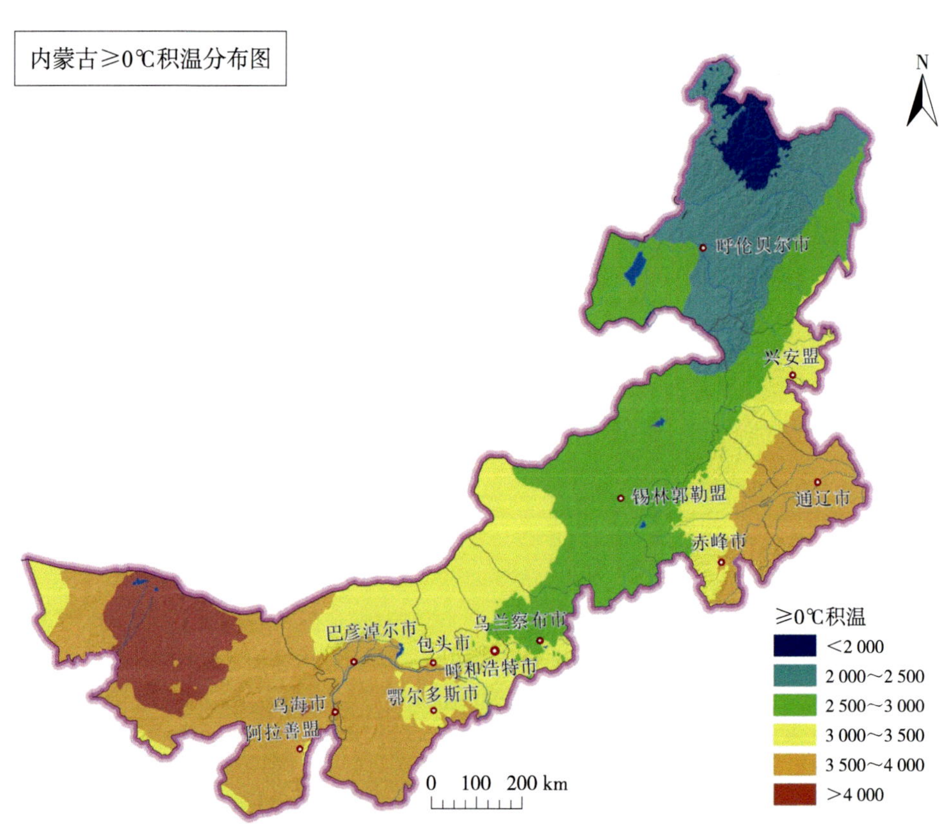
内蒙古≥0℃积温分布图
N
呼伦贝尔市
兴安盟
锡林郭勒盟
通辽市
赤峰市
巴彦淖尔市
乌兰察布市
包头市
呼和浩特市
鄂尔多斯市
乌海市
阿拉善盟
0 100 200 km
≥0℃积温
<2 000
2 000～2 500
2 500～3 000
3 000～3 500
3 500～4 000
>4 000

内蒙古≥10℃积温分布图

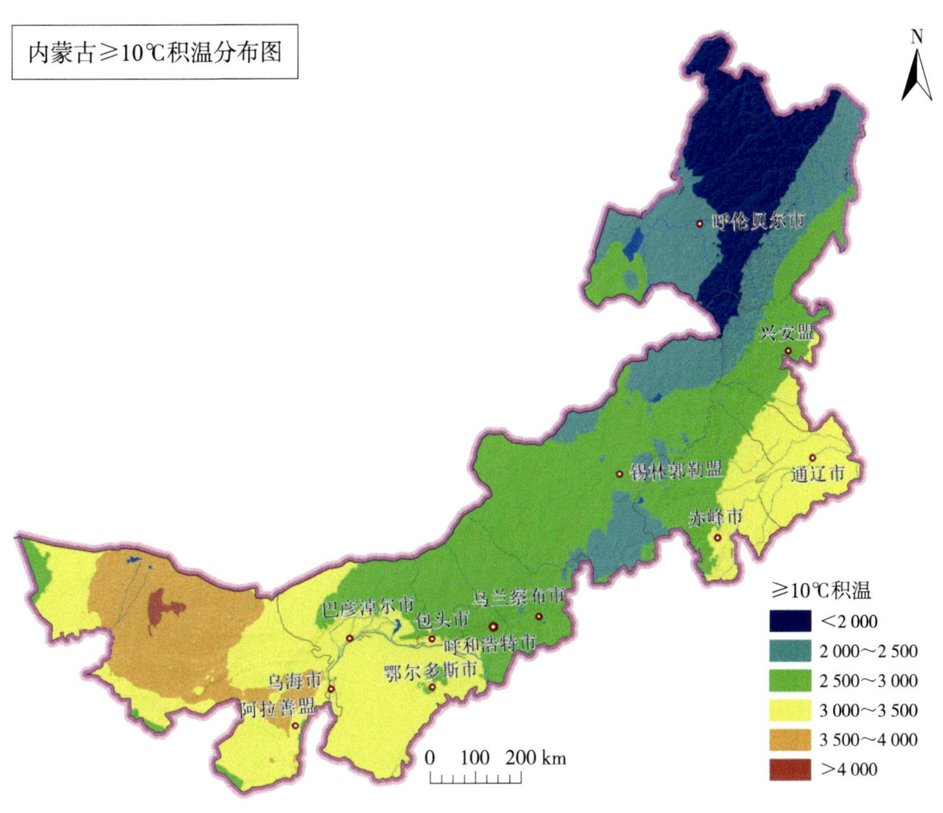

内蒙古 1980—2020 年多年平均气温

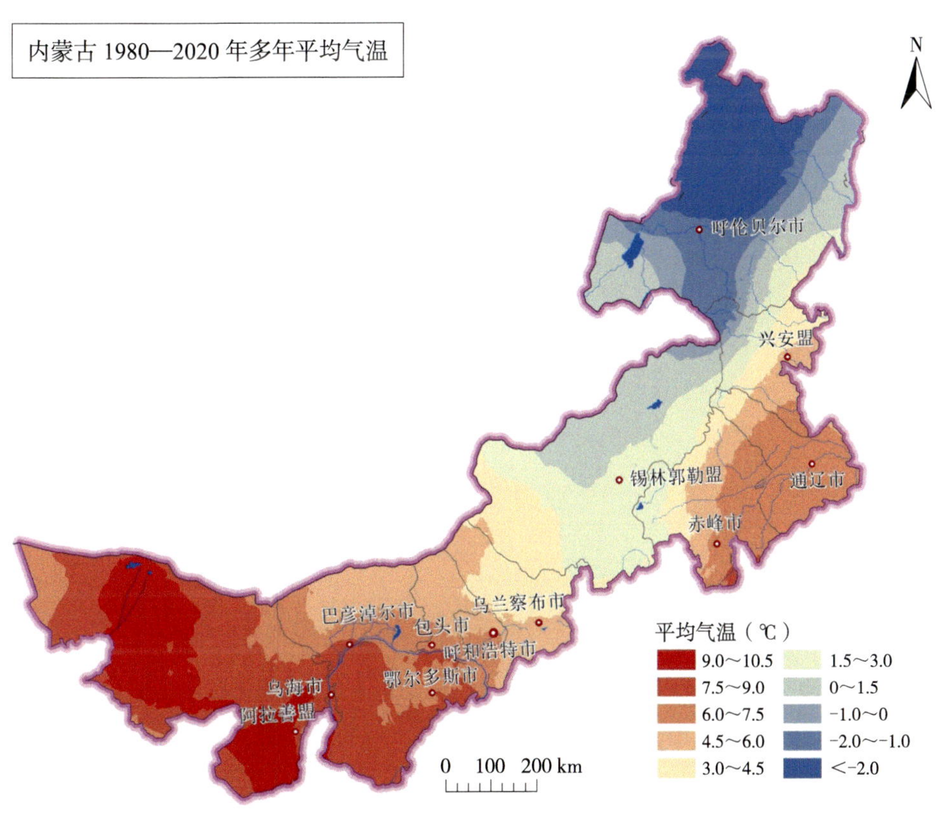

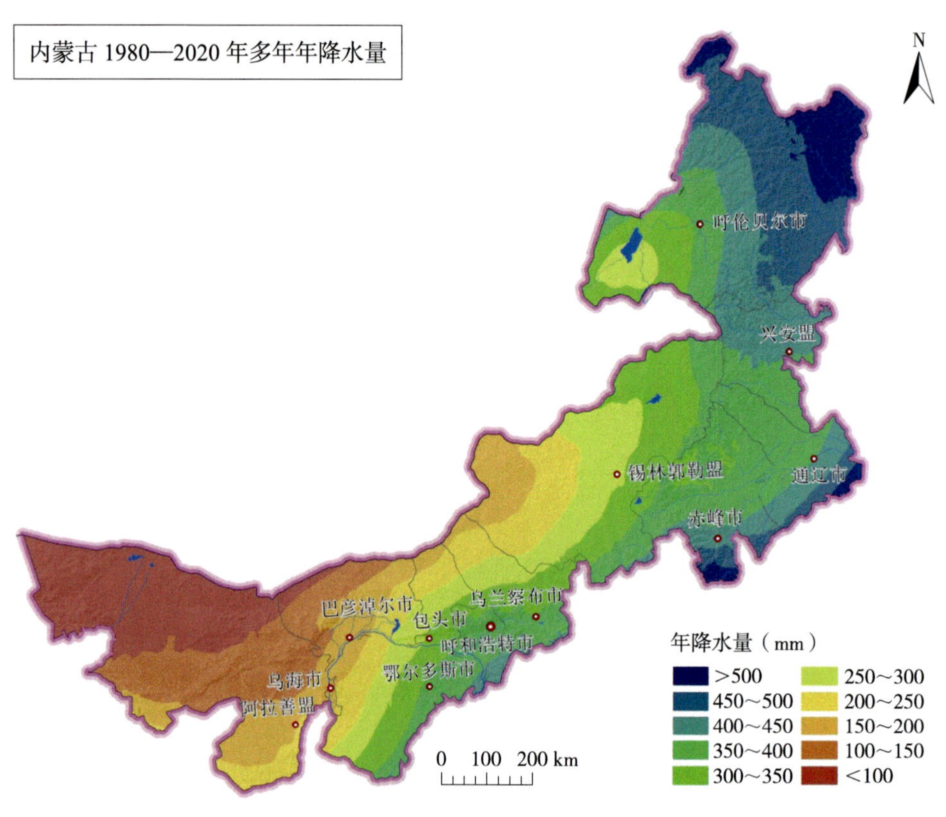
内蒙古 1980—2020 年多年年降水量
N
呼伦贝尔市
兴安盟
锡林郭勒盟
通辽市
赤峰市
乌兰察布市
巴彦淖尔市
包头市
呼和浩特市
鄂尔多斯市
乌海市
阿拉善盟
0 100 200 km
年降水量（mm）
>500
450～500
400～450
350～400
300～350
250～300
200～250
150～200
100～150
<100

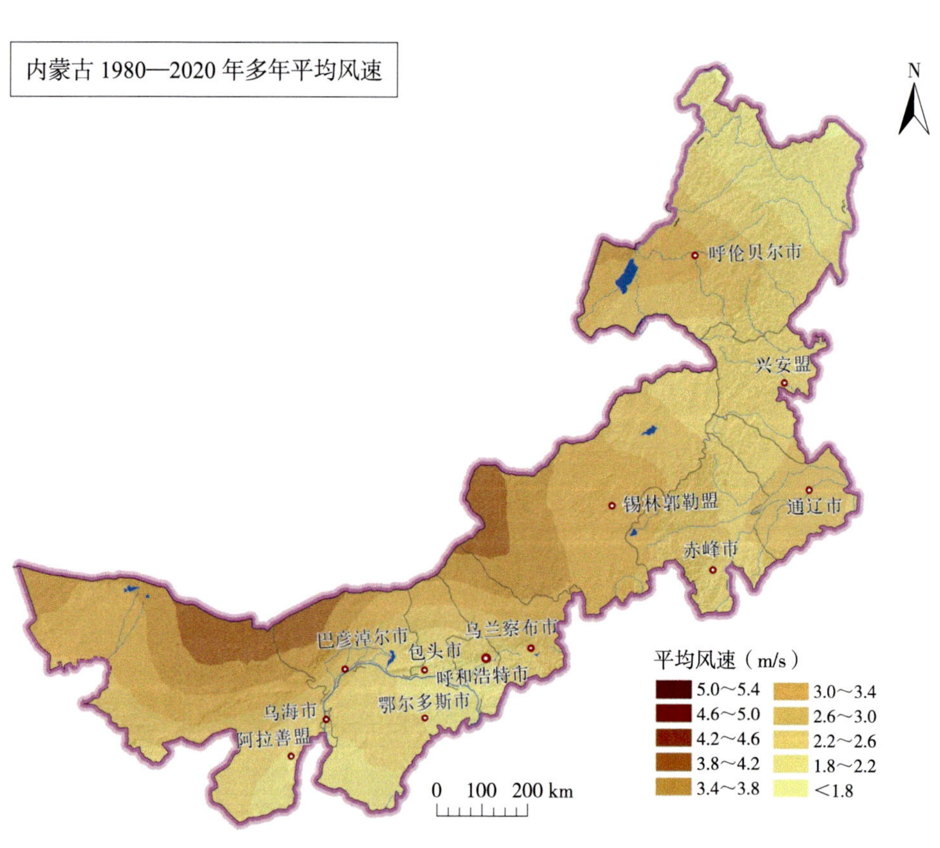
内蒙古 1980—2020 年多年平均风速
N
呼伦贝尔市
兴安盟
锡林郭勒盟
通辽市
赤峰市
乌兰察布市
巴彦淖尔市
包头市
呼和浩特市
鄂尔多斯市
乌海市
阿拉善盟
0 100 200 km
平均风速（m/s）
5.0～5.4
4.6～5.0
4.2～4.6
3.8～4.2
3.4～3.8
3.0～3.4
2.6～3.0
2.2～2.6
1.8～2.2
<1.8

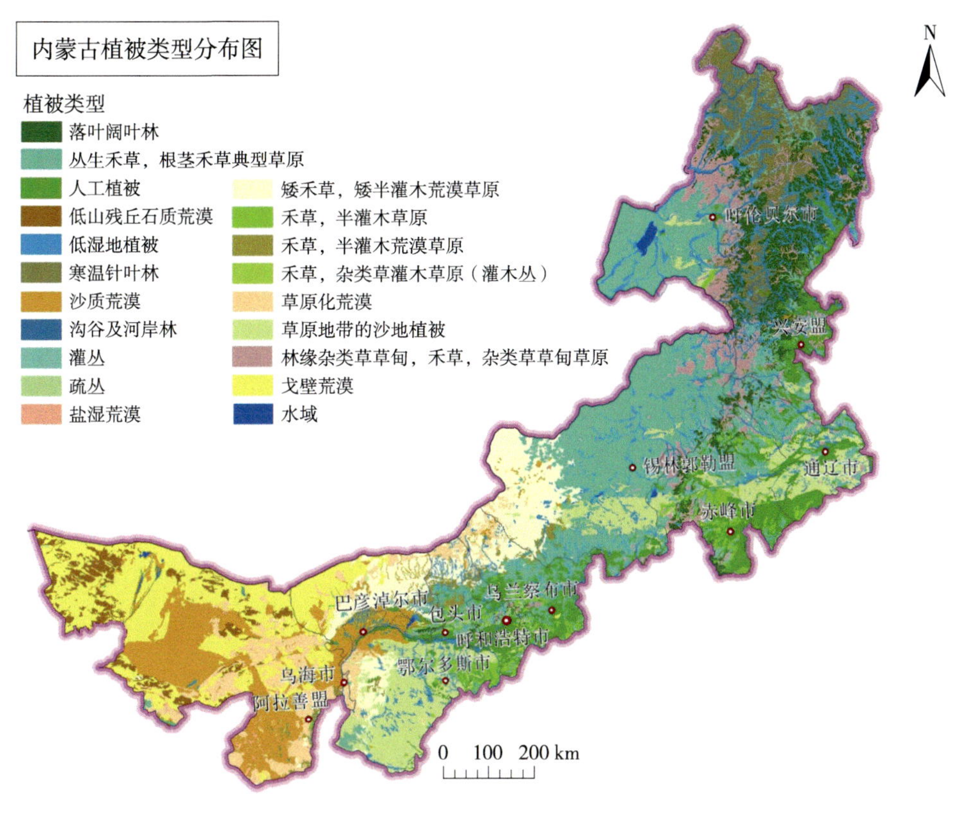
内蒙古植被类型分布图
植被类型
落叶阔叶林
从生禾草，根茎禾草典型草原
人工植被
矮禾草，矮半灌木荒漠草原
低山残丘石质荒漠
禾草，半灌木草原
低湿地植被
禾草，半灌木荒漠草原
寒温针叶林
禾草，杂类草灌木草原（灌木丛）
沙质荒漠
草原化荒漠
沟谷及河岸林
草原地带的沙地植被
灌丛
林缘杂类草草甸，禾草，杂类草草甸草原
疏丛
戈壁荒漠
盐湿荒漠
水域
N
呼伦贝尔市
兴安盟
锡林郭勒盟
通辽市
赤峰市
乌兰察布市
巴彦淖尔市
包头市
呼和浩特市
鄂尔多斯市
乌海市
阿拉善盟
0 100 200 km

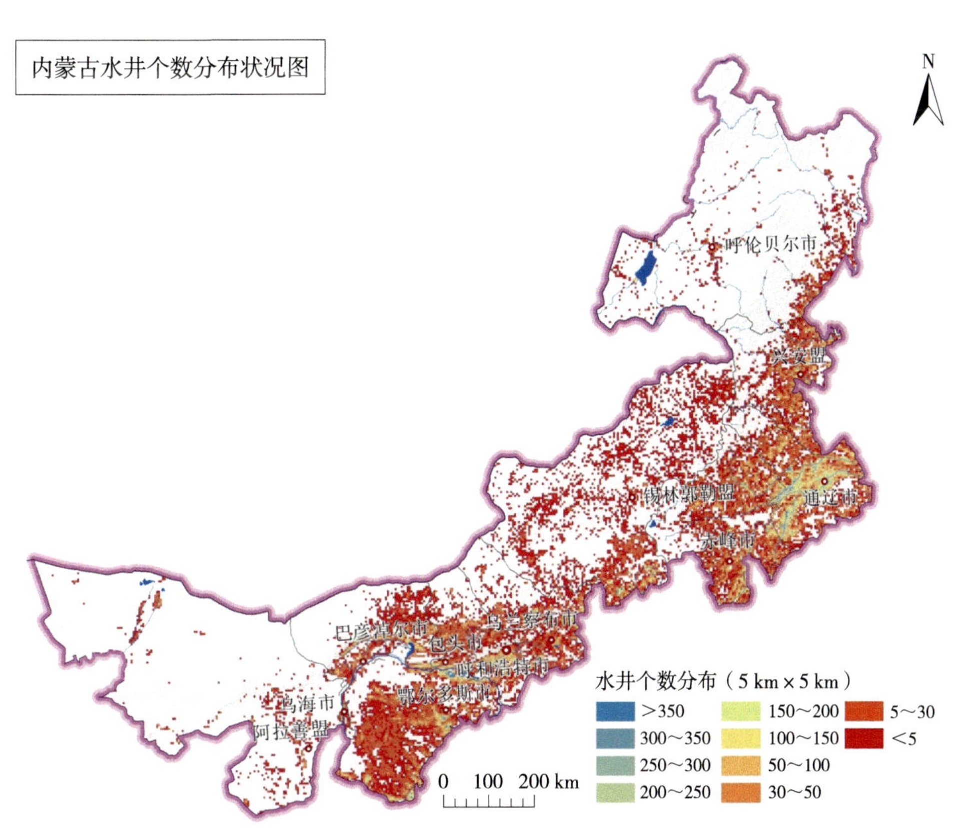
内蒙古水井个数分布状况图
N
呼伦贝尔市
兴安盟
锡林郭勒盟
通辽市
赤峰市
乌兰察布市
巴彦淖尔市
包头市
呼和浩特市
鄂尔多斯市
乌海市
阿拉善盟
水井个数分布（5 km×5 km）
>350
150～200
5～30
300～350
100～150
<5
250～300
50～100
200～250
30～50
0 100 200 km

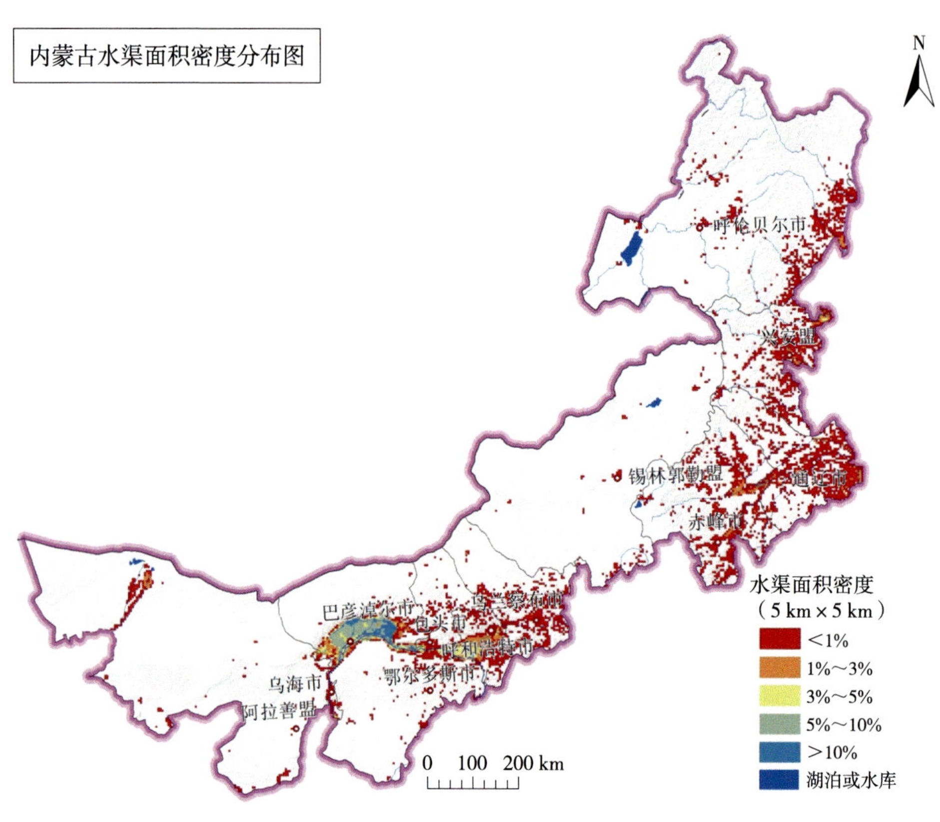

内蒙古水渠面积密度分布图

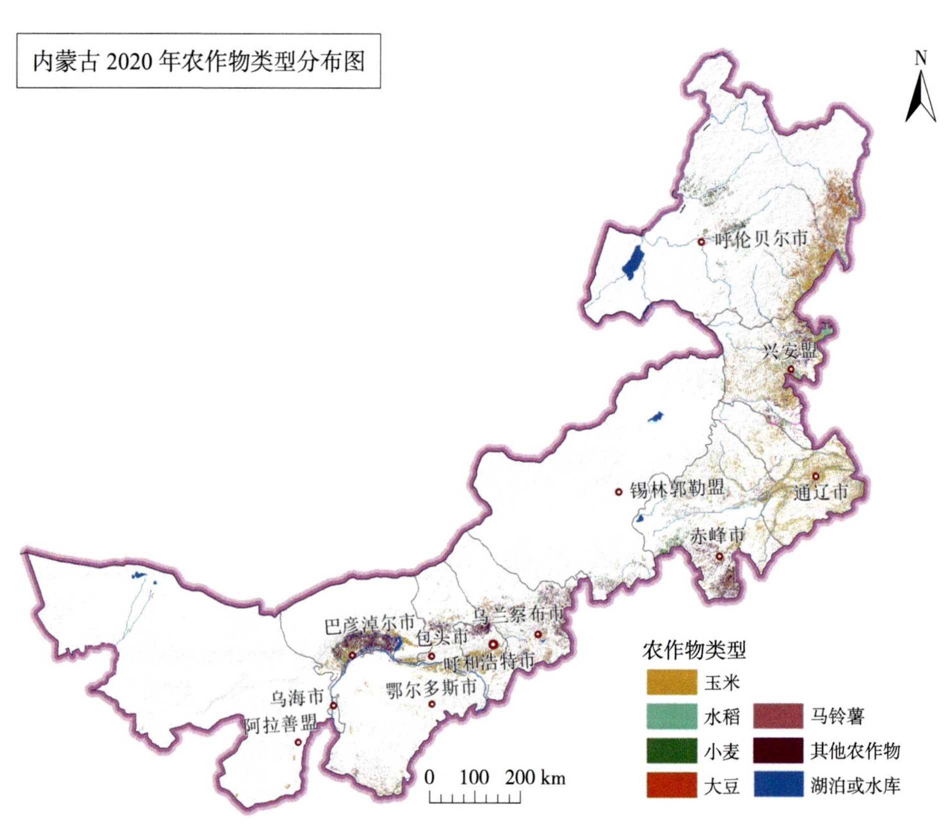

内蒙古 2020 年农作物类型分布图

内蒙古林地（含林网）分布图

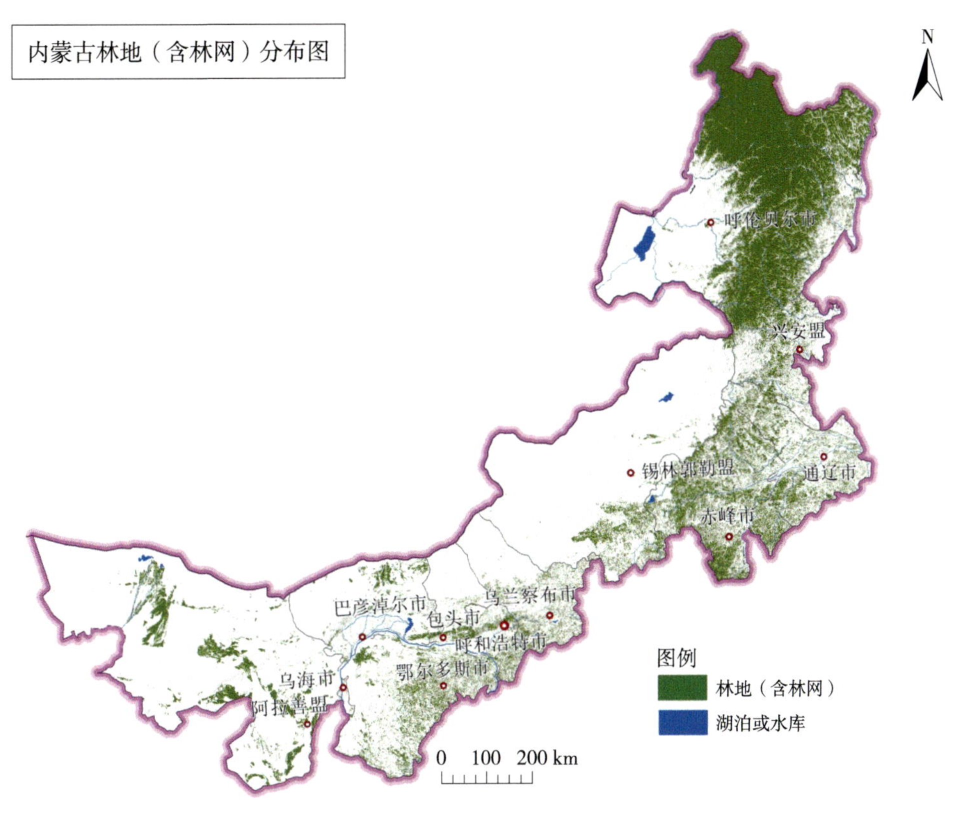

内蒙古盐碱荒地与盐碱耕地分布图

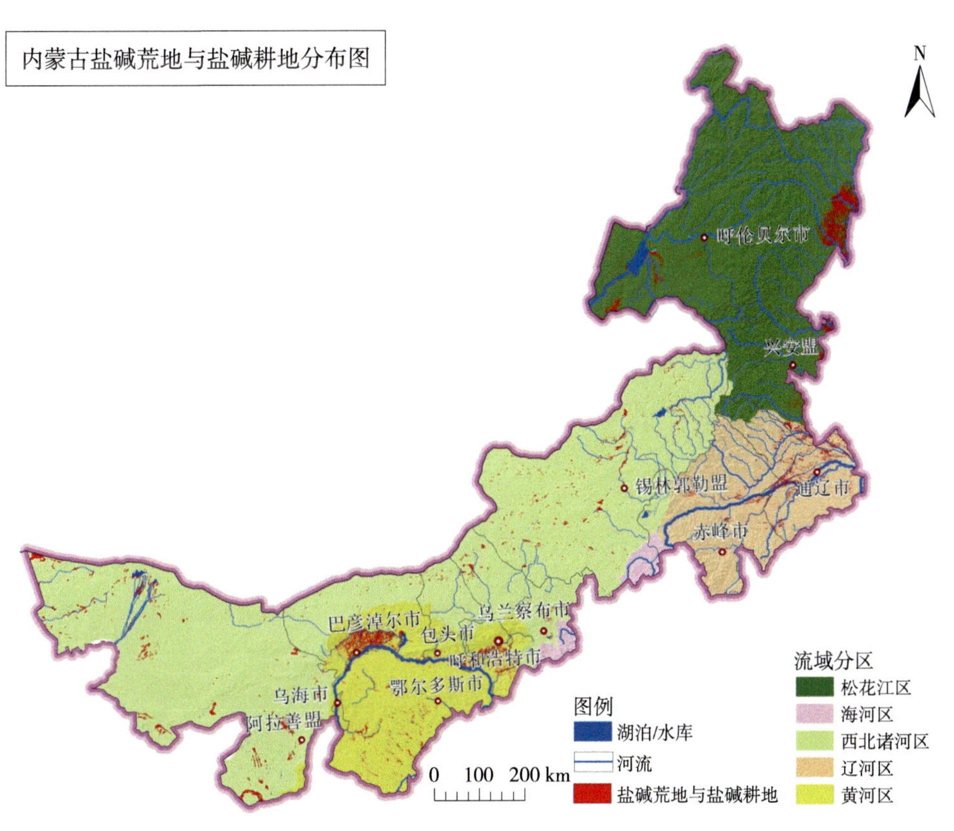

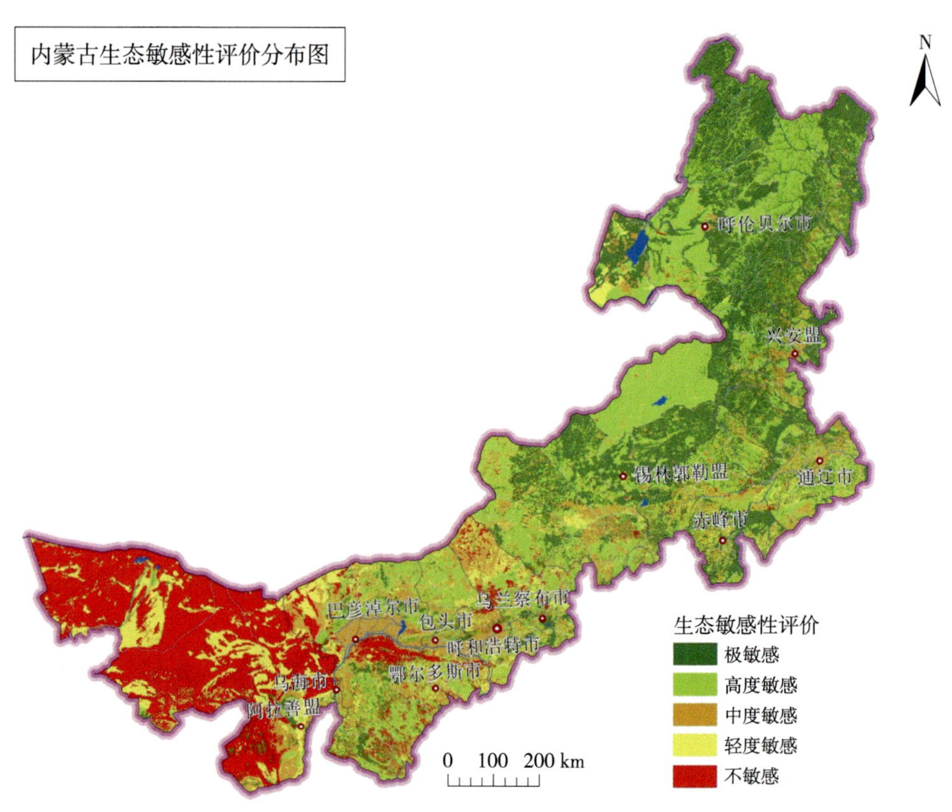
内蒙古生态敏感性评价分布图
N
呼伦贝尔市
兴安盟
锡林郭勒盟
通辽市
赤峰市
乌兰察布市
巴彦淖尔市
包头市
呼和浩特市
鄂尔多斯市
乌海市
阿拉善盟
0 100 200 km
生态敏感性评价
极敏感
高度敏感
中度敏感
轻度敏感
不敏感

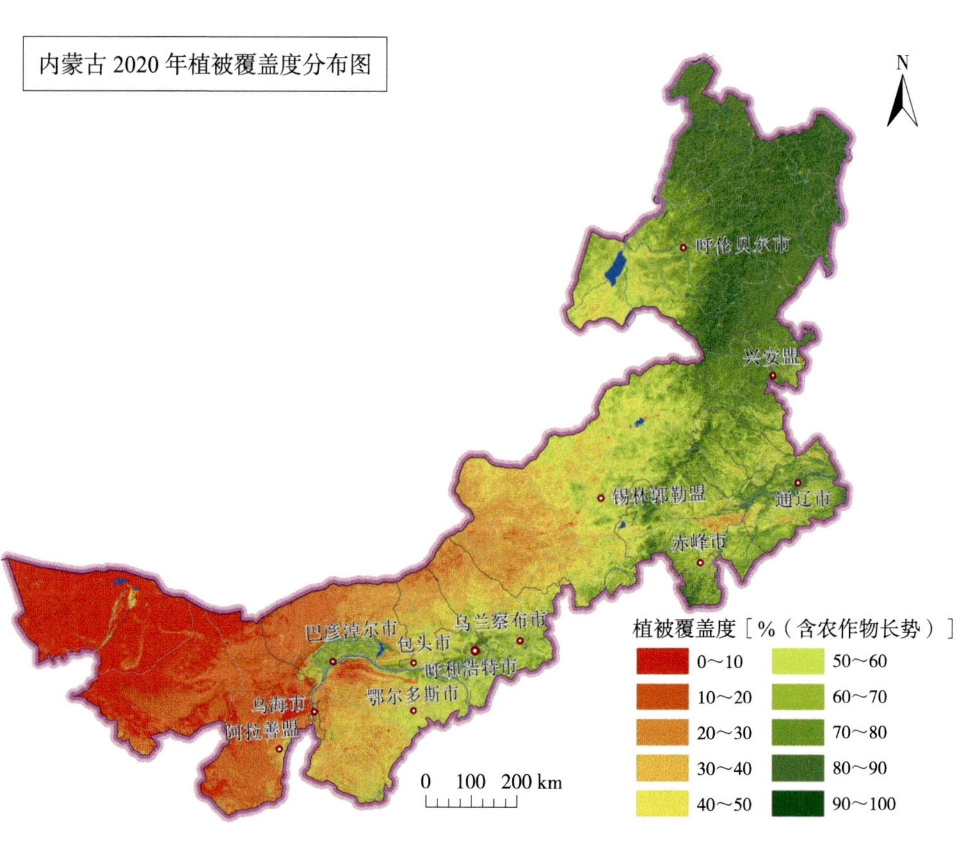
内蒙古2020年植被覆盖度分布图
N
呼伦贝尔市
兴安盟
锡林郭勒盟
通辽市
赤峰市
乌兰察布市
巴彦淖尔市
包头市
呼和浩特市
鄂尔多斯市
乌海市
阿拉善盟
0 100 200 km
植被覆盖度［%（含农作物长势）］
0～10
10～20
20～30
30～40
40～50
50～60
60～70
70～80
80～90
90～100

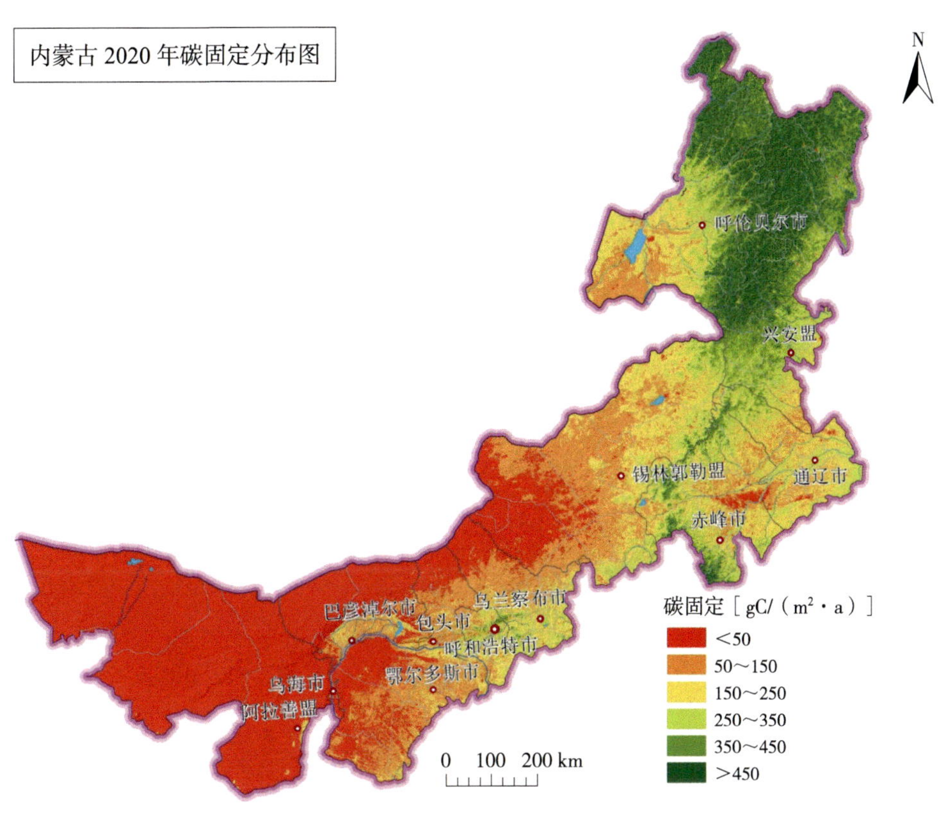
内蒙古 2020 年碳固定分布图
N
呼伦贝尔市
兴安盟
锡林郭勒盟
通辽市
赤峰市
乌兰察布市
巴彦淖尔市
包头市
呼和浩特市
鄂尔多斯市
乌海市
阿拉善盟
0 100 200 km
碳固定［gC/（m²·a）］
<50
50~150
150~250
250~350
350~450
>450

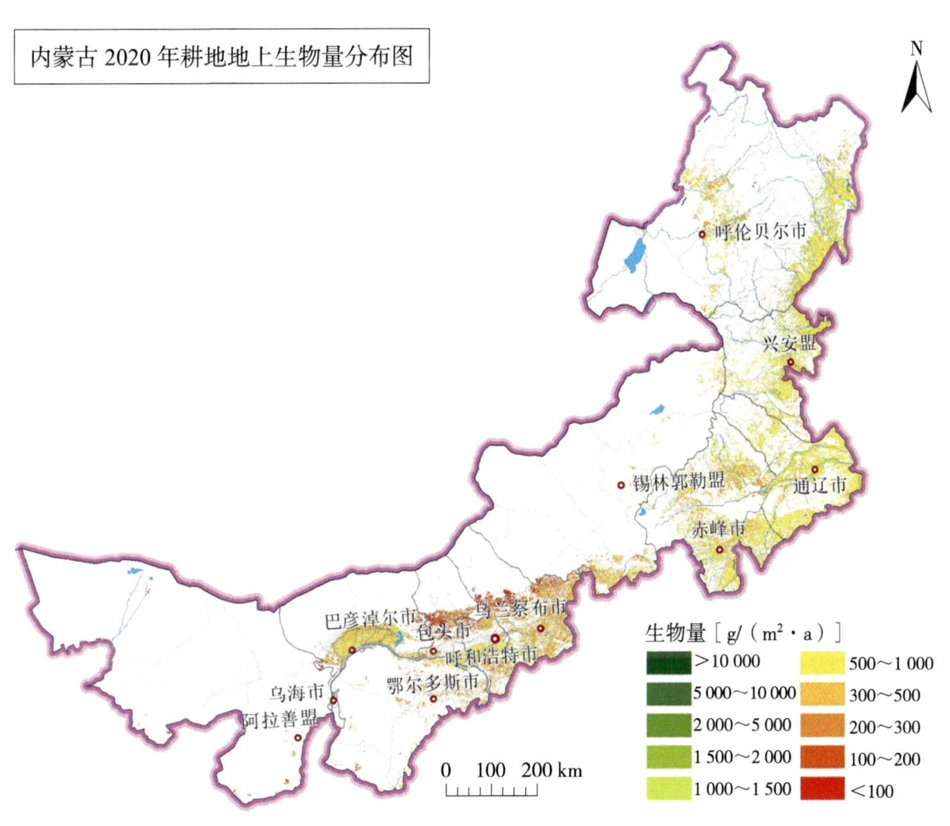
内蒙古 2020 年耕地地上生物量分布图
N
呼伦贝尔市
兴安盟
锡林郭勒盟
通辽市
赤峰市
乌兰察布市
巴彦淖尔市
包头市
呼和浩特市
鄂尔多斯市
乌海市
阿拉善盟
0 100 200 km
生物量［g/（m²·a）］
>10 000
5 000~10 000
2 000~5 000
1 500~2 000
1 000~1 500
500~1 000
300~500
200~300
100~200
<100

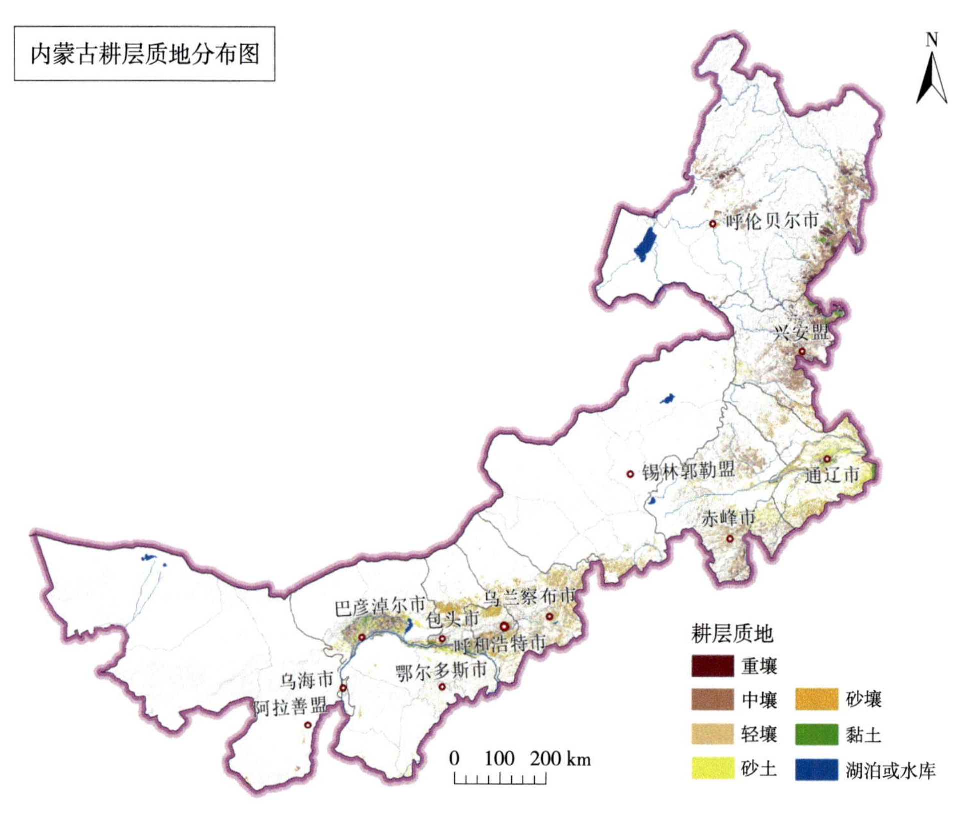
内蒙古耕层质地分布图
N
呼伦贝尔市
兴安盟
锡林郭勒盟
通辽市
赤峰市
巴彦淖尔市
乌兰察布市
包头市
呼和浩特市
鄂尔多斯市
乌海市
阿拉善盟
0 100 200 km
耕层质地
重壤
中壤
砂壤
轻壤
黏土
砂土
湖泊或水库

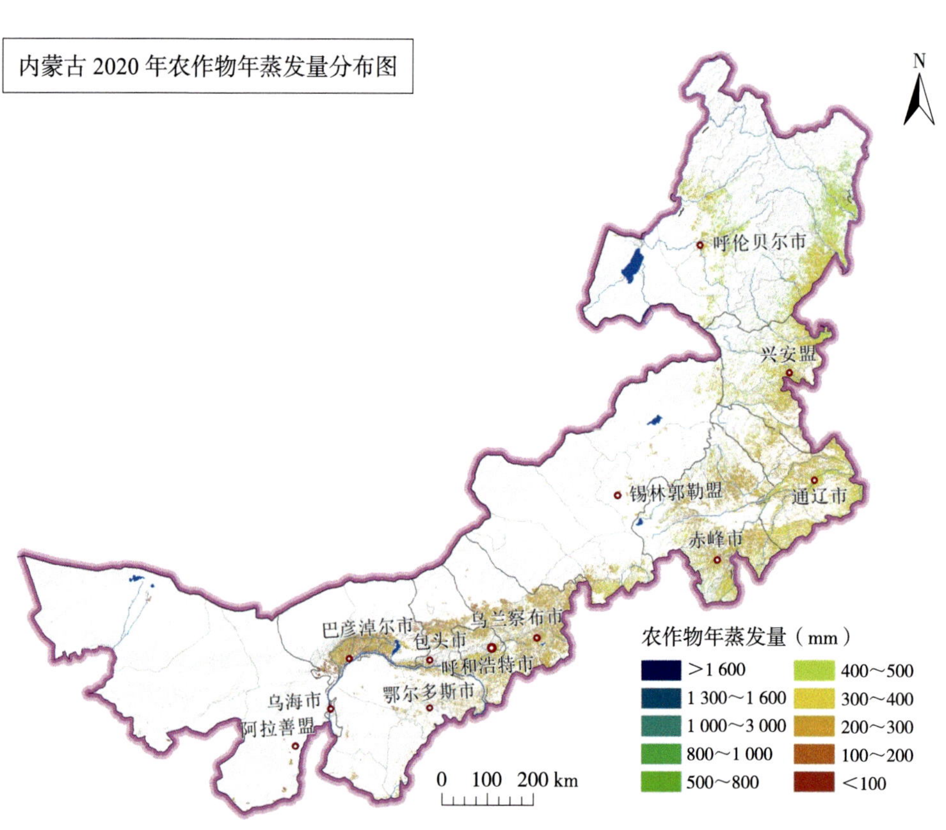
内蒙古 2020 年农作物年蒸发量分布图
N
呼伦贝尔市
兴安盟
锡林郭勒盟
通辽市
赤峰市
巴彦淖尔市
乌兰察布市
包头市
呼和浩特市
鄂尔多斯市
乌海市
阿拉善盟
0 100 200 km
农作物年蒸发量（mm）
>1 600
400～500
1 300～1 600
300～400
1 000～3 000
200～300
800～1 000
100～200
500～800
<100

内蒙古耕地酸碱度分布图

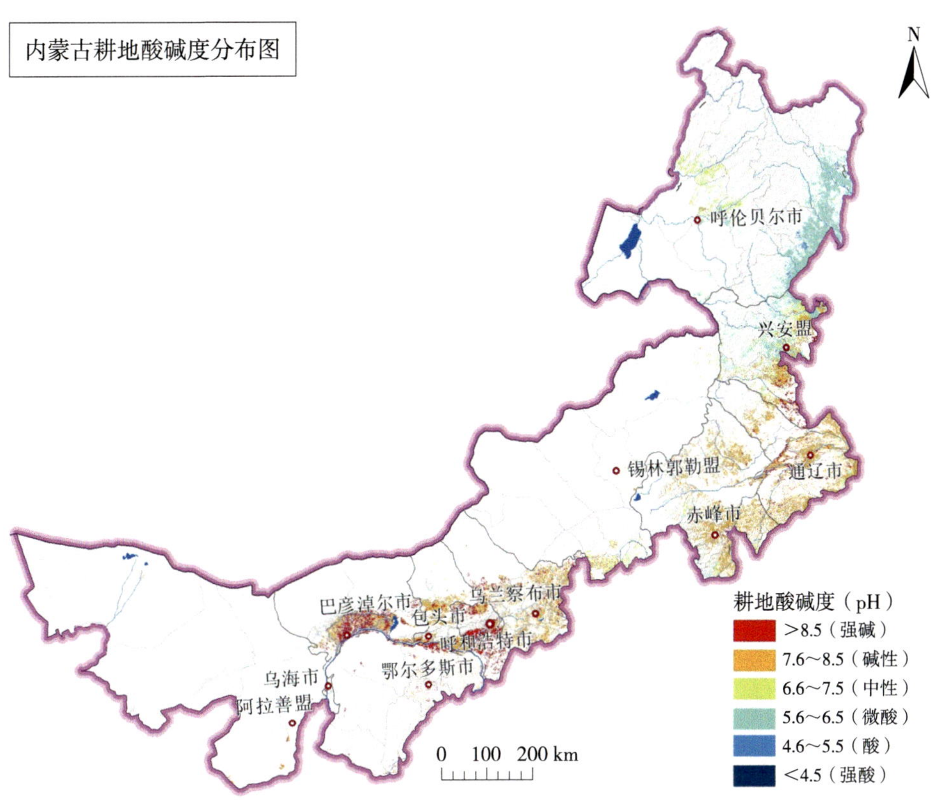

第二部分

耕地资源高分辨率
遥感监测

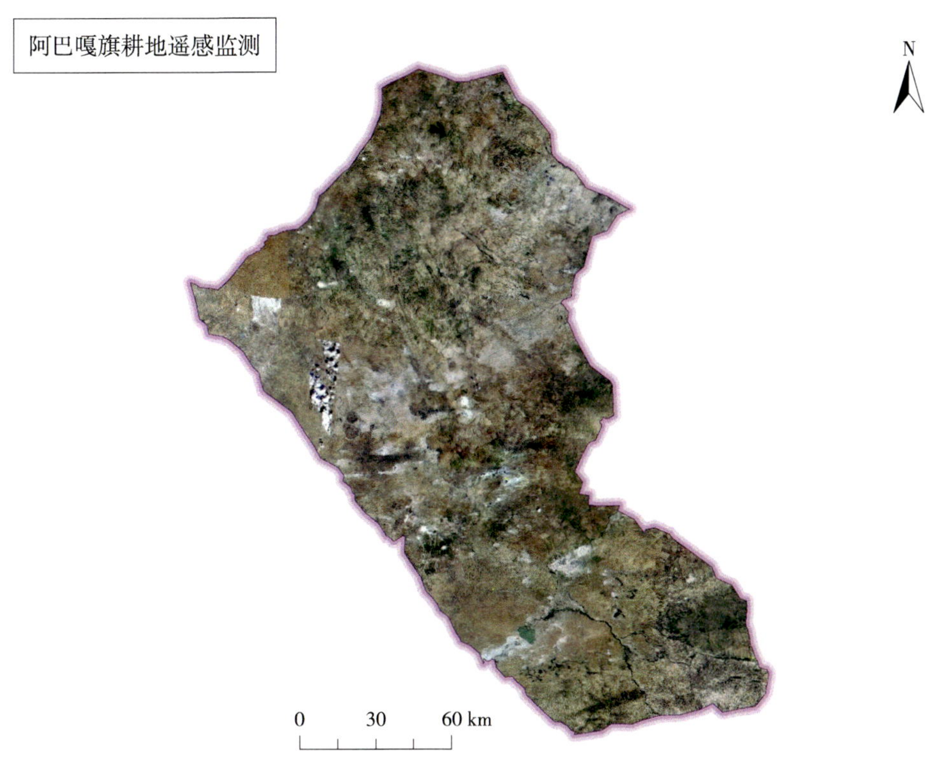
阿巴嘎旗耕地遥感监测
N
0 30 60 km

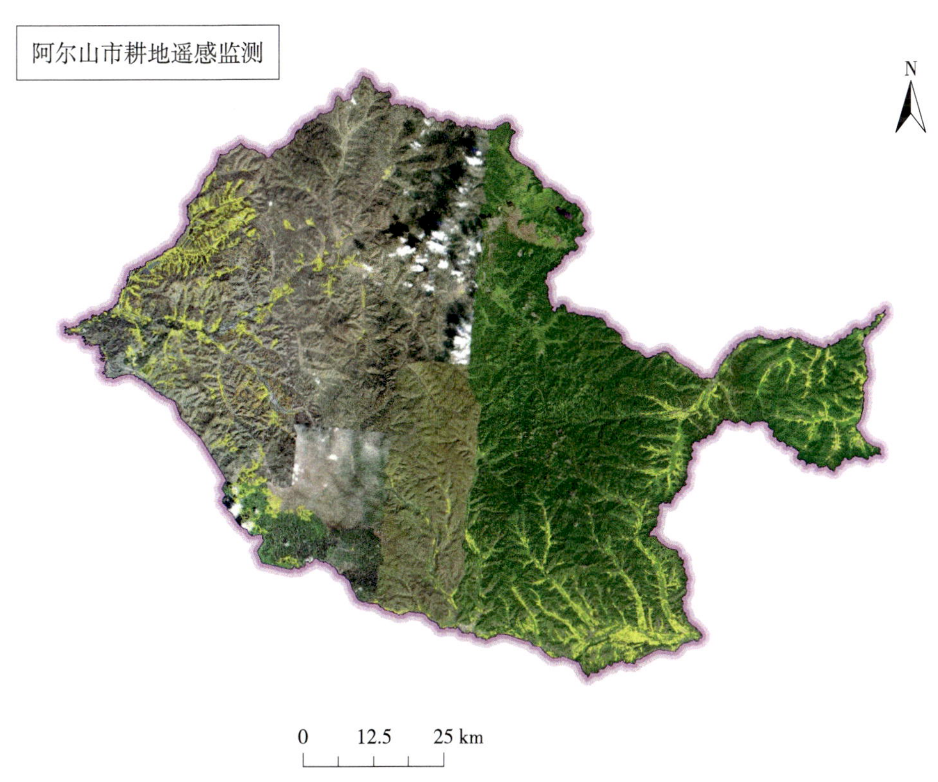
阿尔山市耕地遥感监测
N
0 12.5 25 km

阿拉善右旗耕地遥感监测
N
0
40
80 km

阿拉善左旗耕地遥感监测
N
0
55
110 km

阿鲁科尔沁旗耕地遥感监测

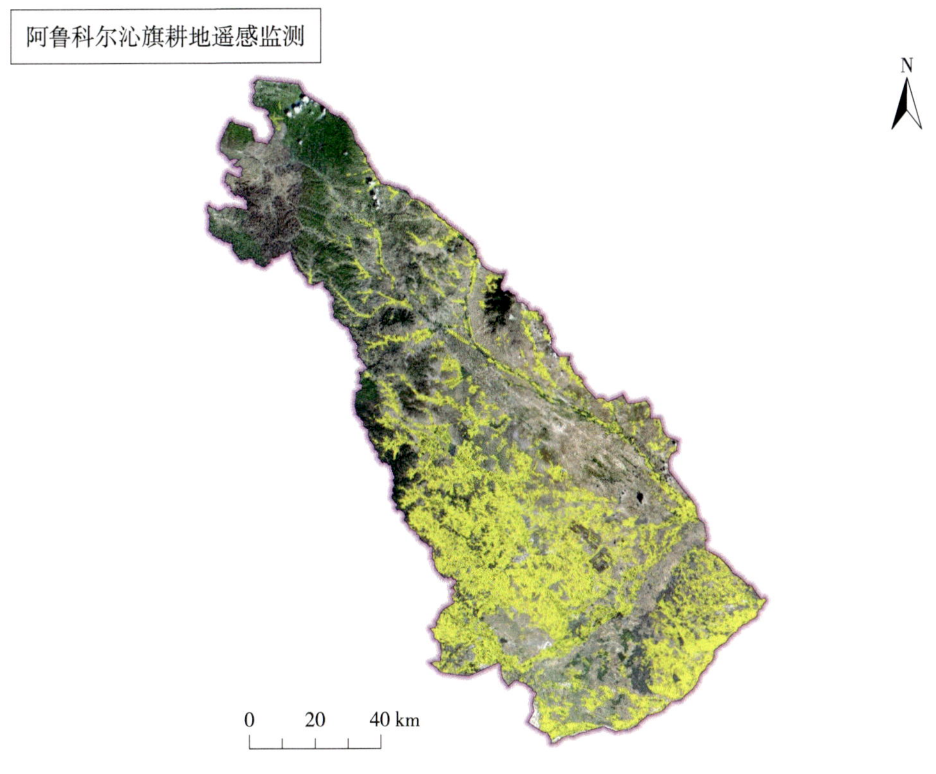

阿荣旗耕地遥感监测

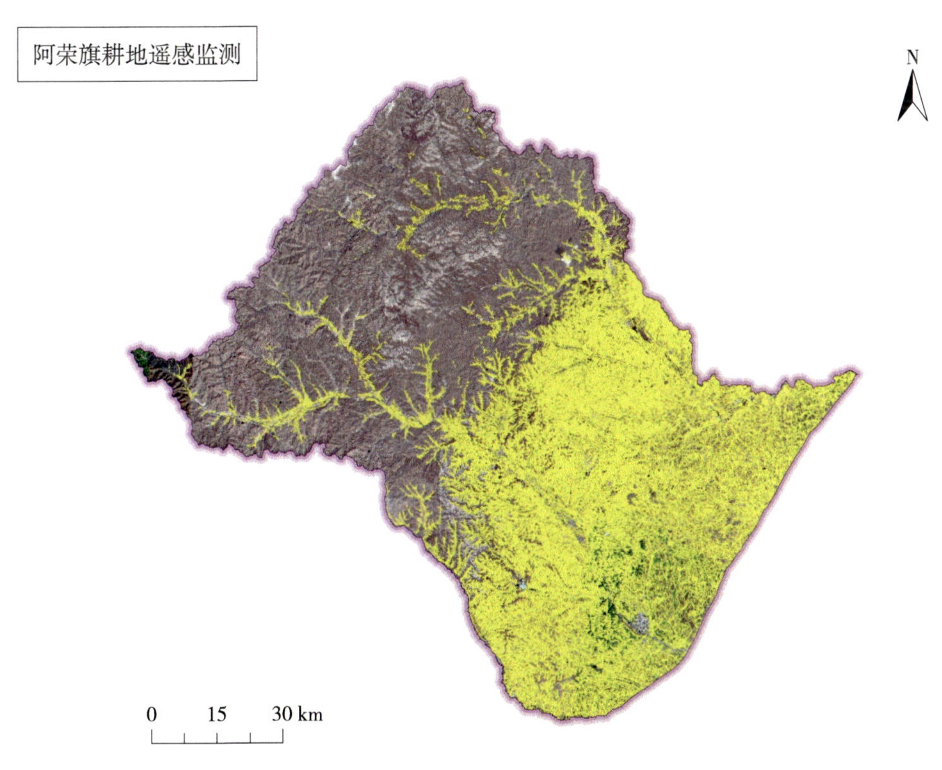

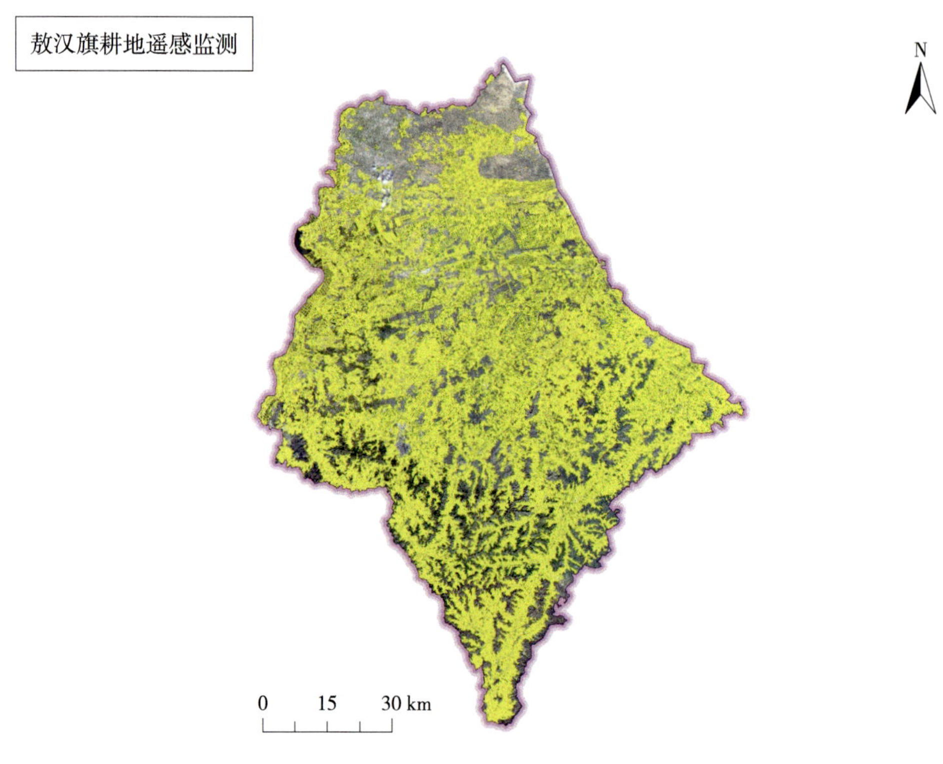
敖汉旗耕地遥感监测
N
0 15 30 km

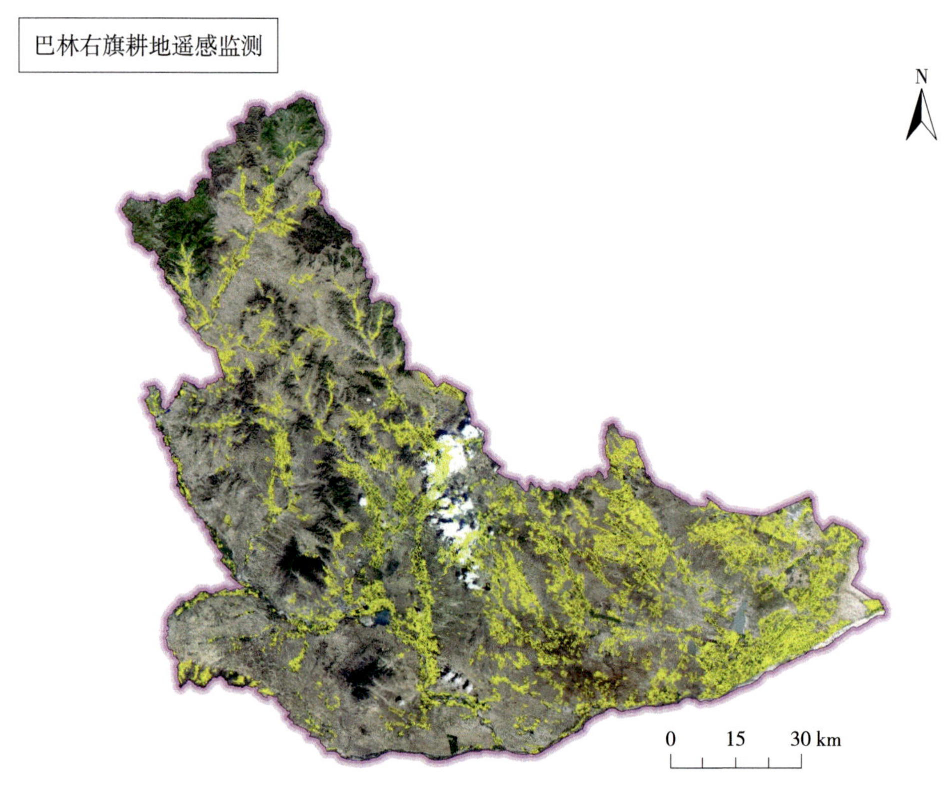
巴林右旗耕地遥感监测
N
0 15 30 km

巴林左旗耕地遥感监测

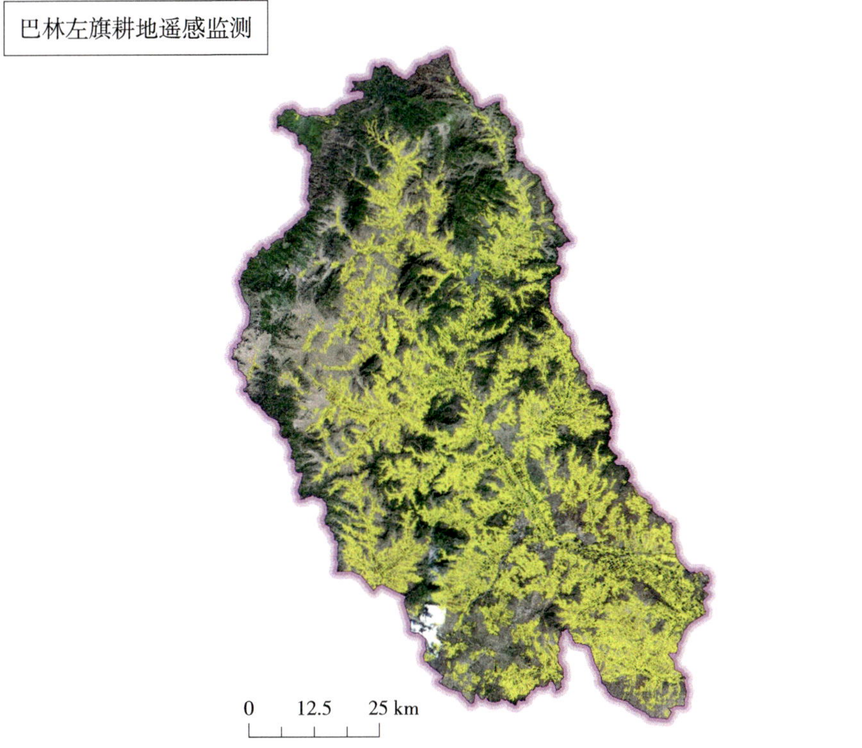

白云区耕地遥感监测

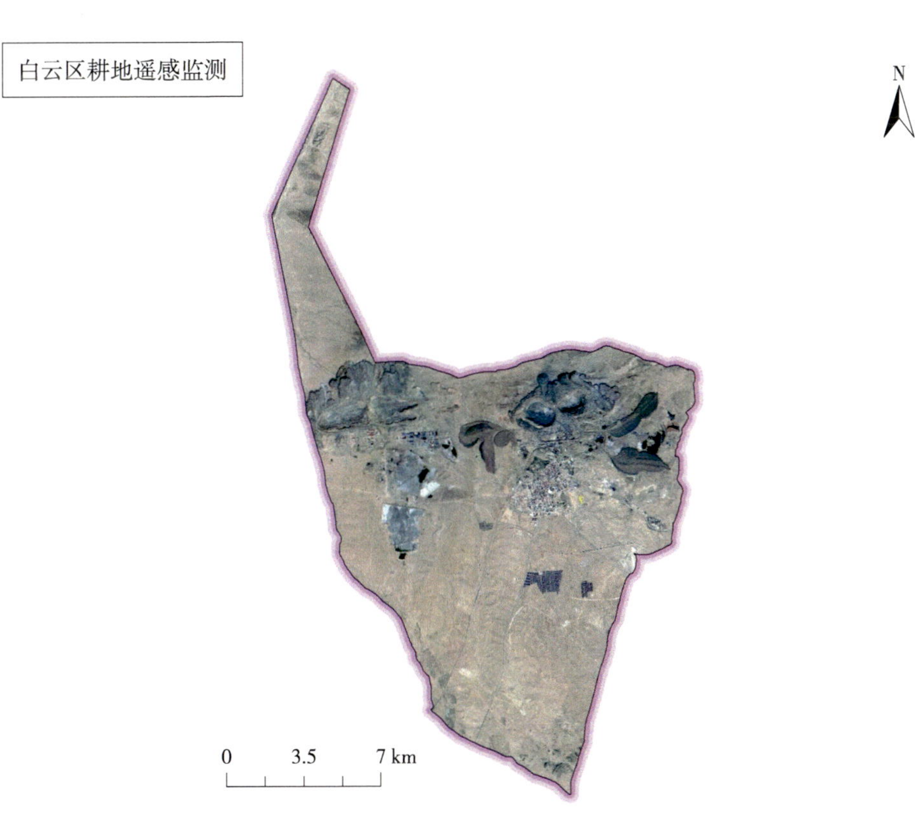

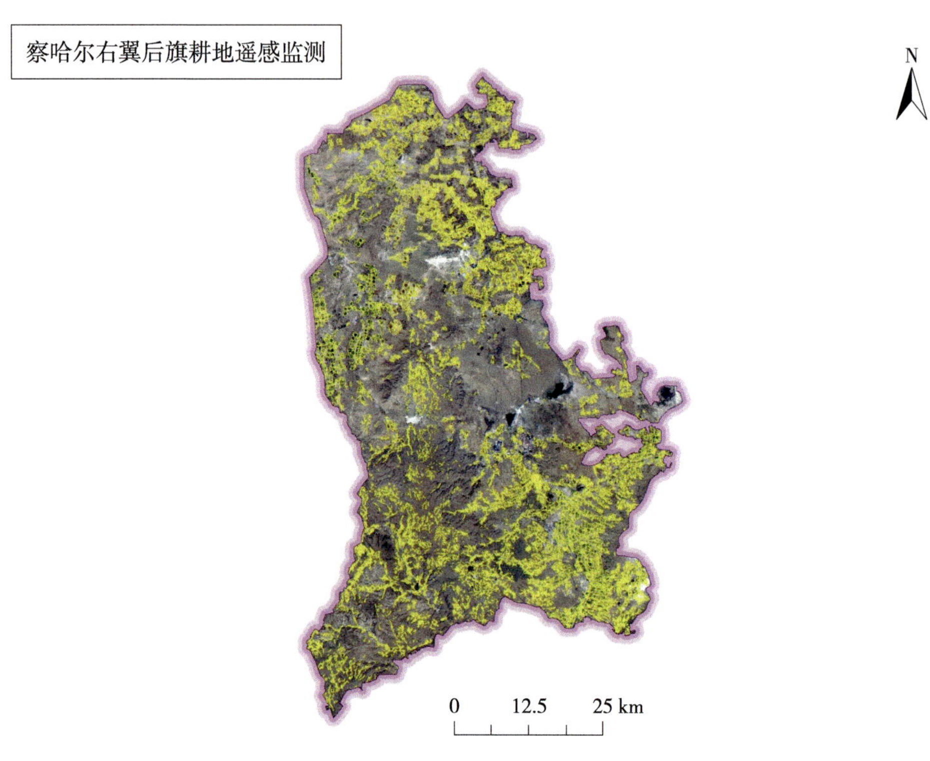
察哈尔右翼后旗耕地遥感监测
N
0
12.5
25 km

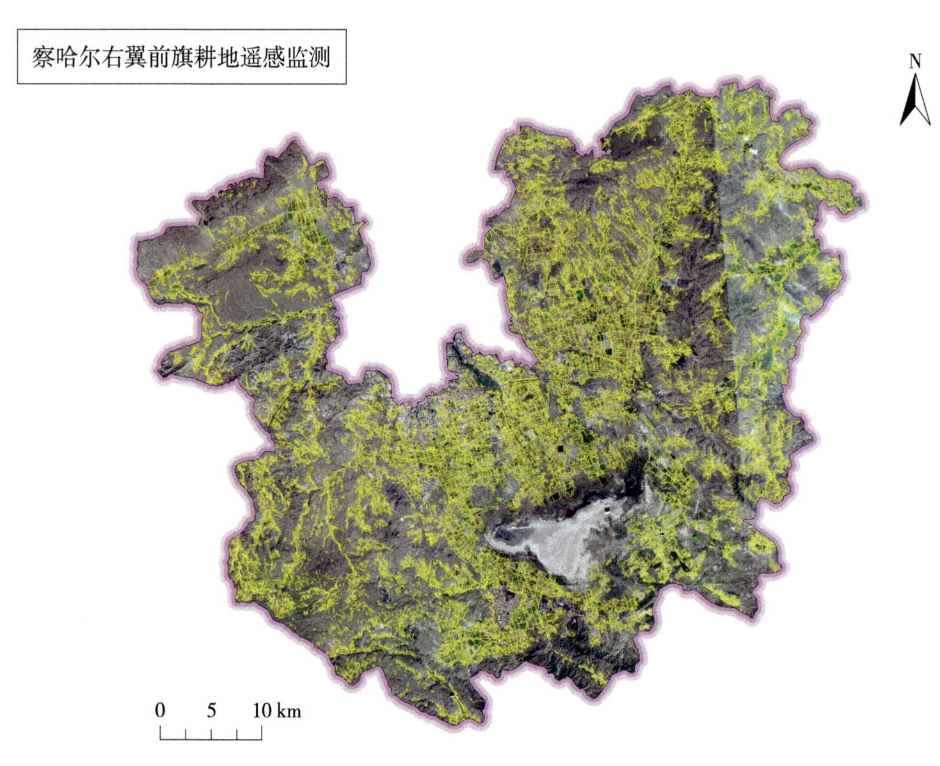
察哈尔右翼前旗耕地遥感监测
N
0
5
10 km

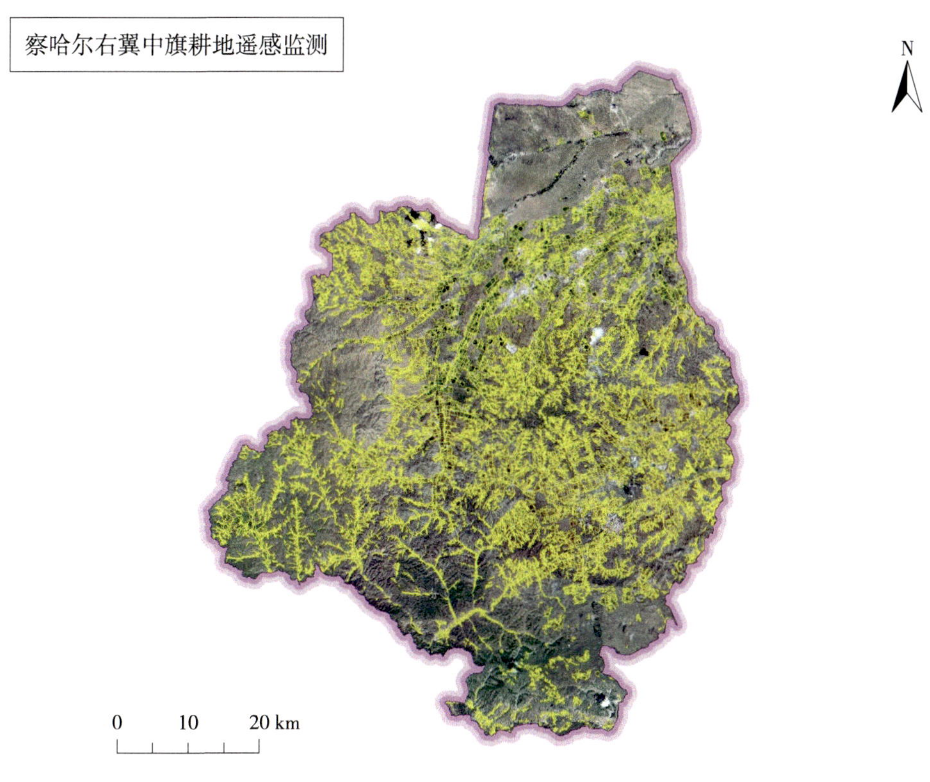
察哈尔右翼中旗耕地遥感监测
N
0 10 20 km

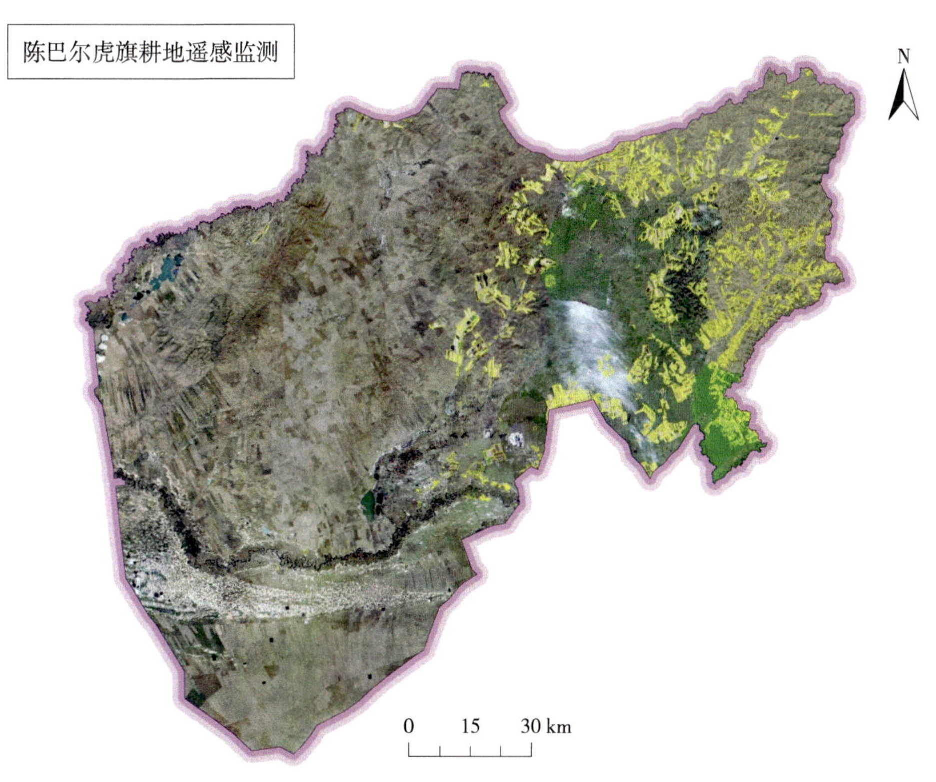
陈巴尔虎旗耕地遥感监测
N
0 15 30 km

达尔罕茂明安联合旗耕地遥感监测
N
0 15 30 km

达拉特旗耕地遥感监测
N
0 12.5 25 km

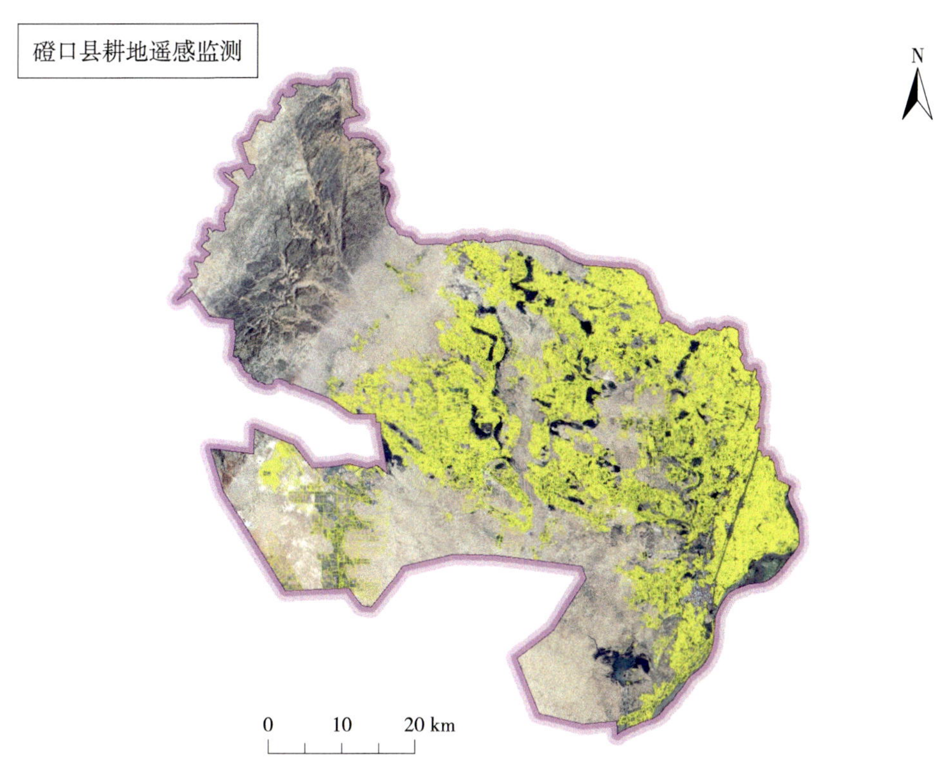
磴口县耕地遥感监测
N
0
10
20 km

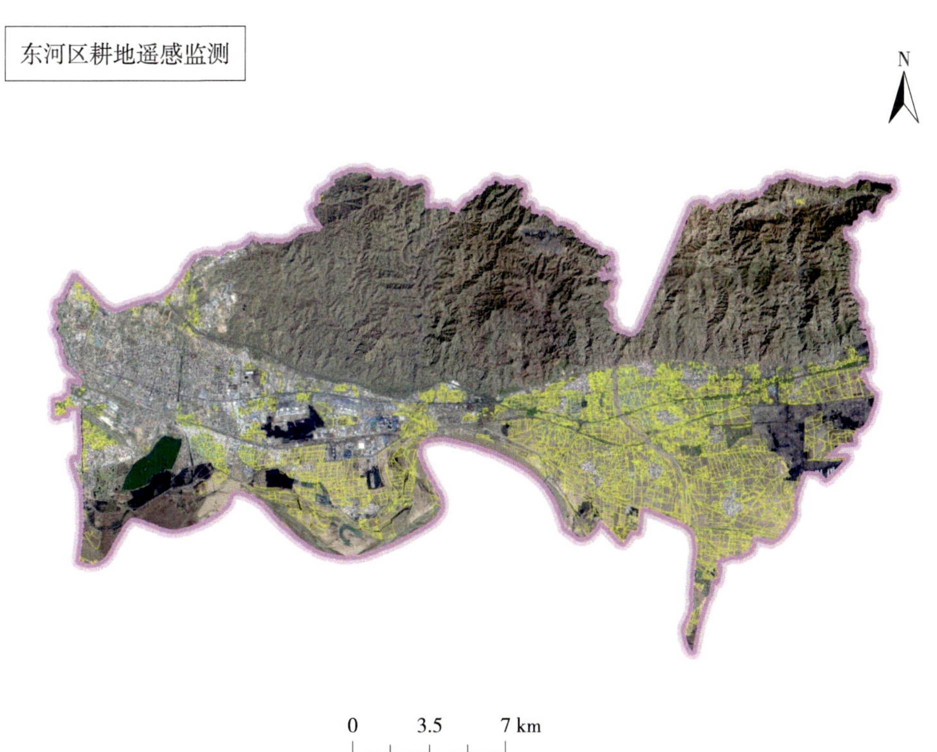
东河区耕地遥感监测
N
0
3.5
7 km

东胜区耕地遥感监测

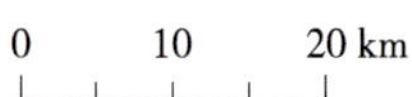

东乌珠穆沁旗耕地遥感监测

多伦县耕地遥感监测

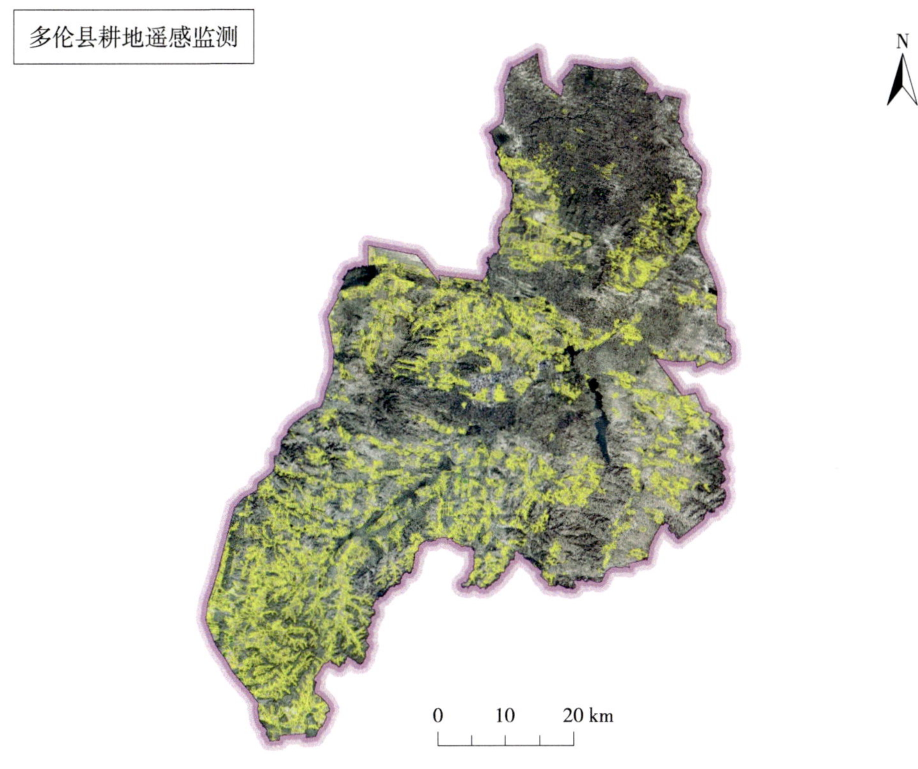

额尔古纳市耕地遥感监测

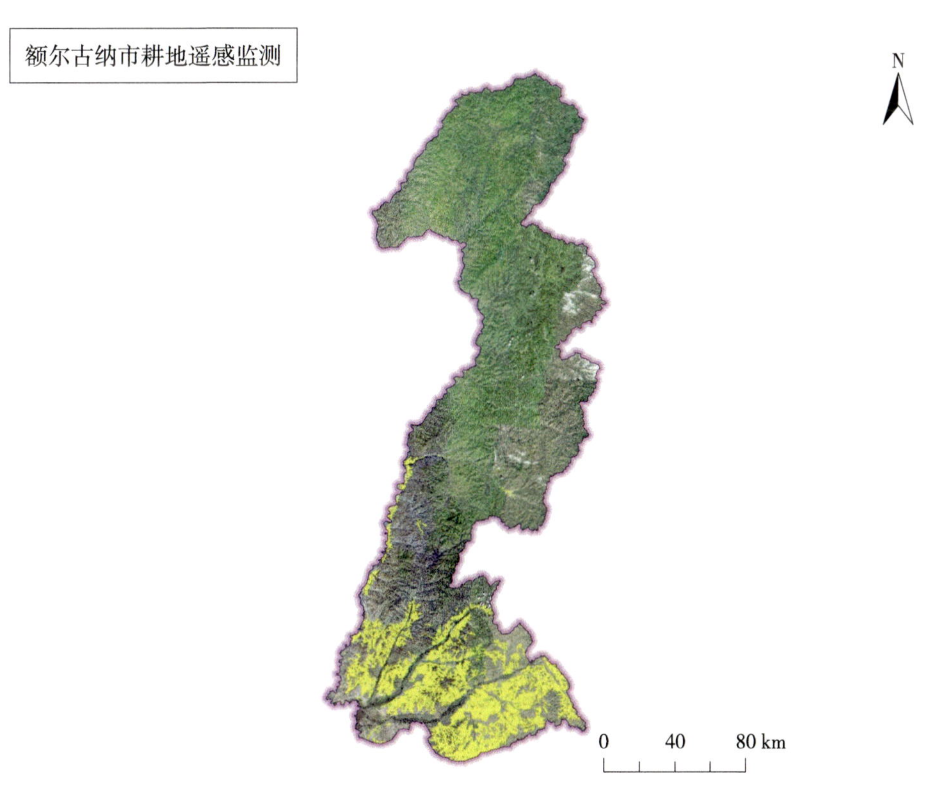

额济纳旗耕地遥感监测

鄂伦春自治旗耕地遥感监测

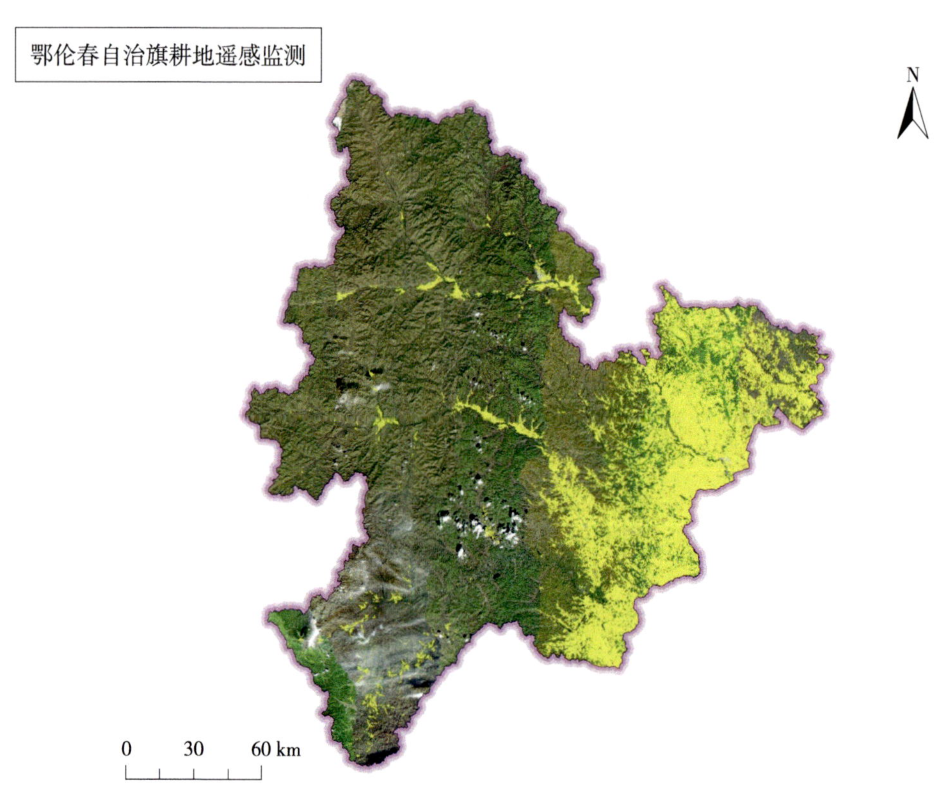

鄂托克旗耕地遥感监测

鄂托克前旗耕地遥感监测

N

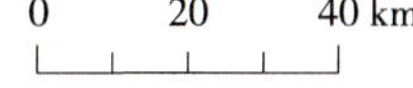

鄂温克族自治旗耕地遥感监测
0
20
40 km

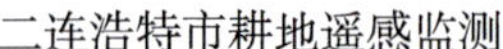
二连浩特市耕地遥感监测

N

0
12.5
25 km

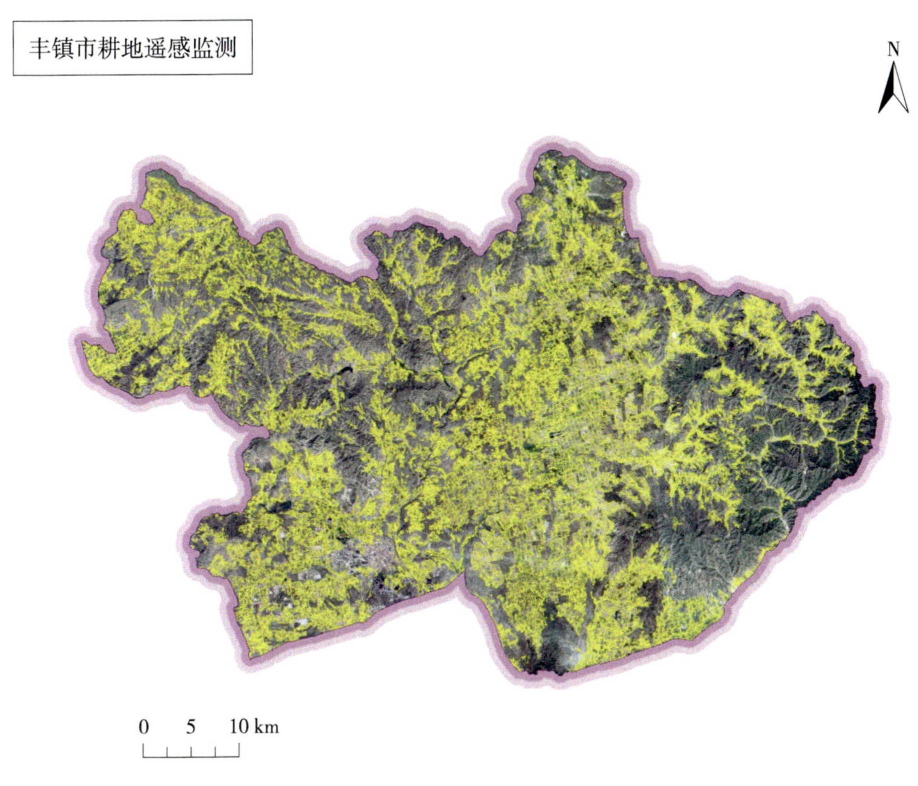
丰镇市耕地遥感监测
N
0 5 10 km

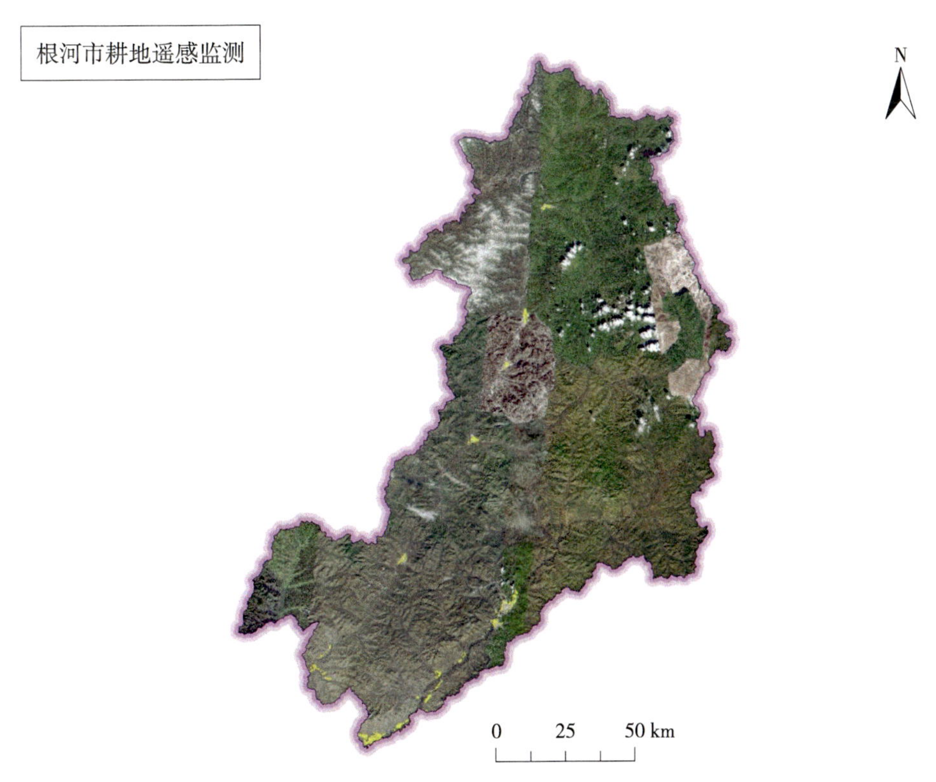
根河市耕地遥感监测
N
0 25 50 km

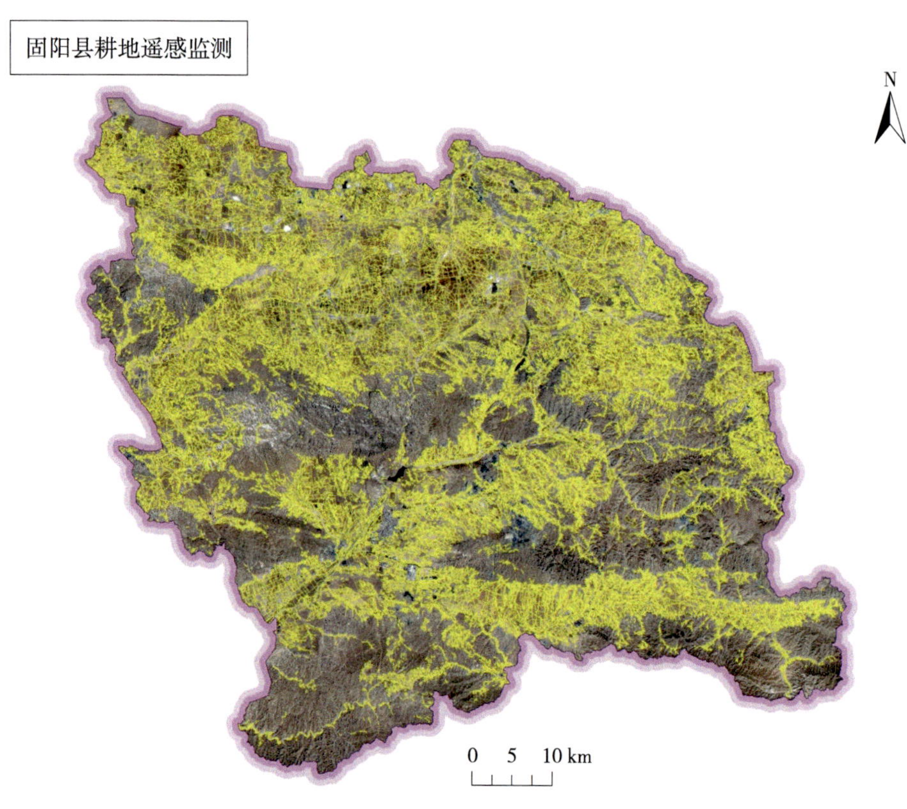
固阳县耕地遥感监测
N
0 5 10 km

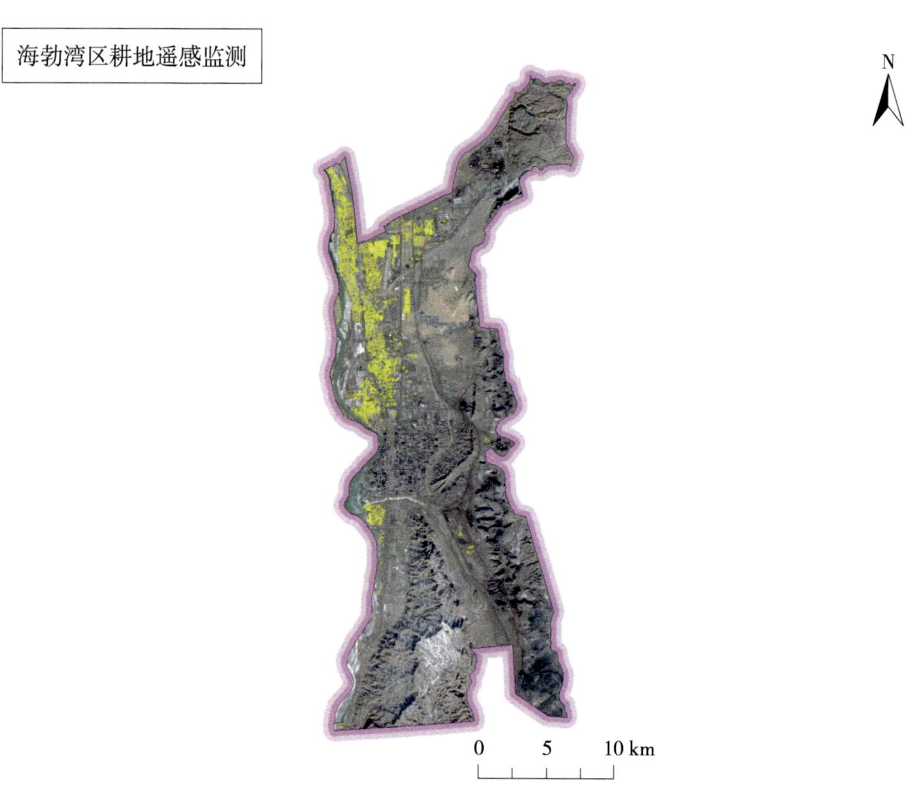
海勃湾区耕地遥感监测
N
0 5 10 km

海拉尔区耕地遥感监测
N
0 5 10 km

海南区耕地遥感监测
N
0 5 10 km

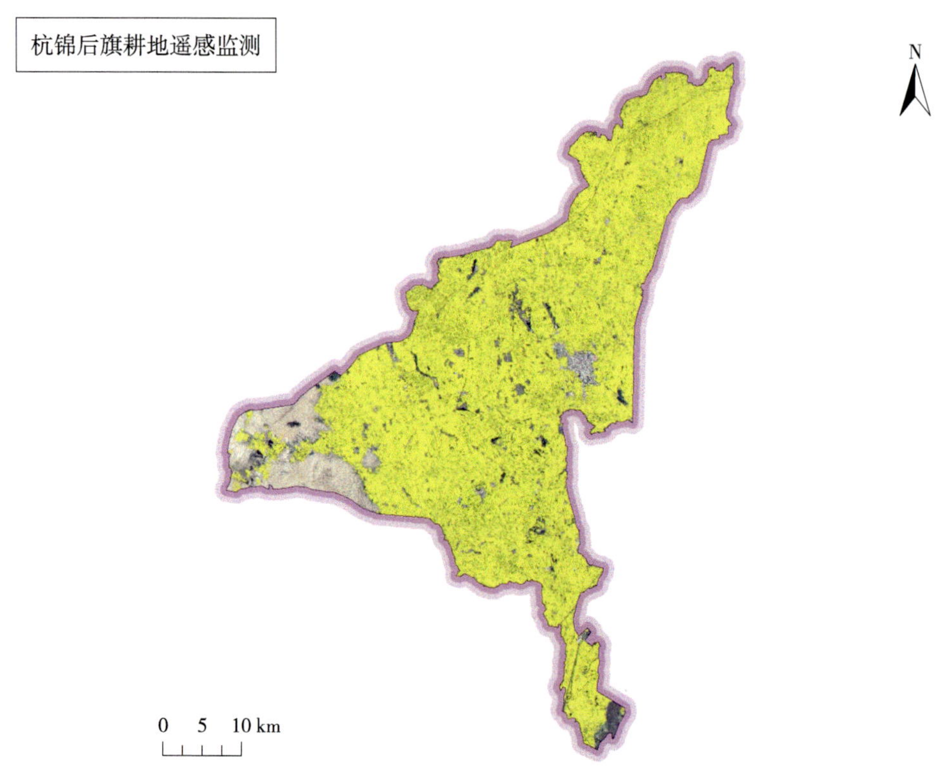
杭锦后旗耕地遥感监测
N
0 5 10 km

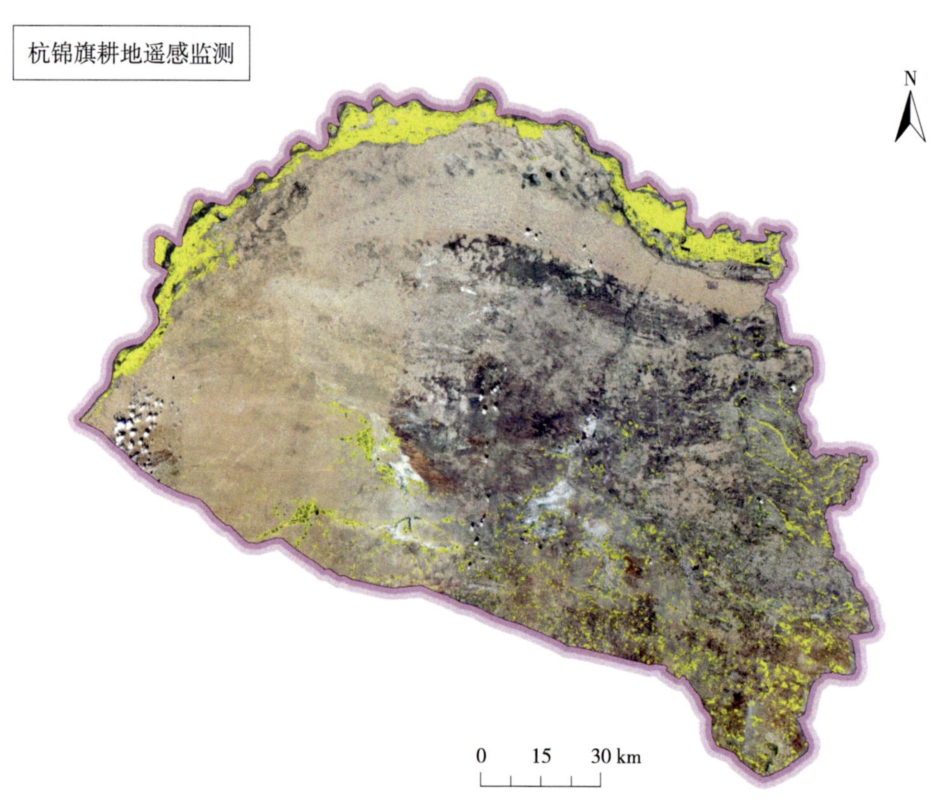
杭锦旗耕地遥感监测
N
0 15 30 km

和林格尔县耕地遥感监测

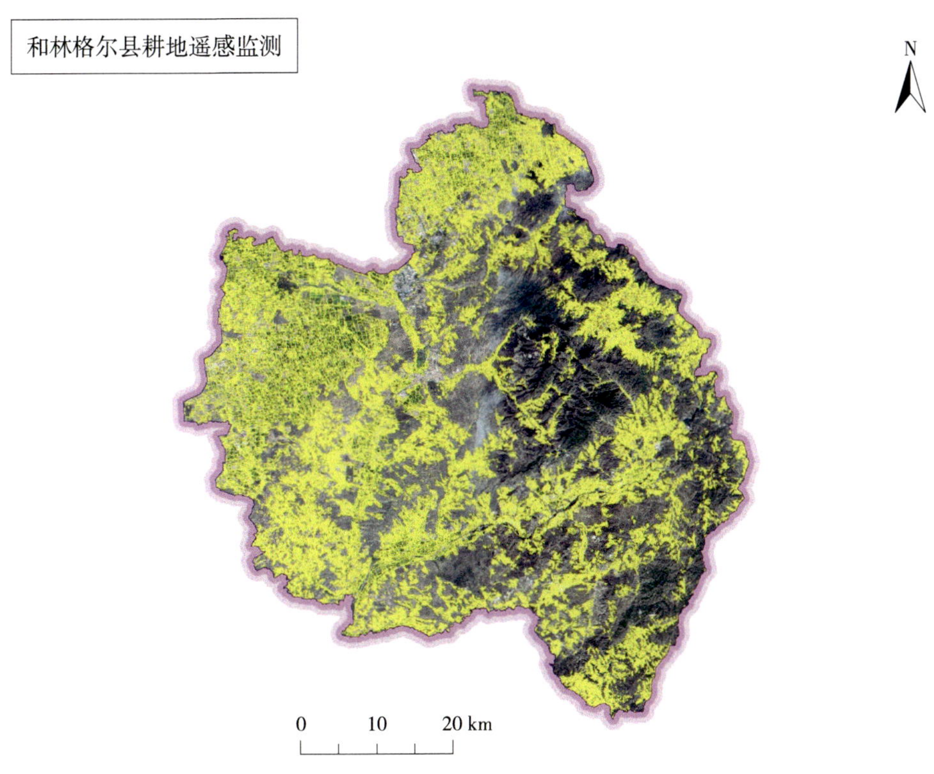

红山区耕地遥感监测

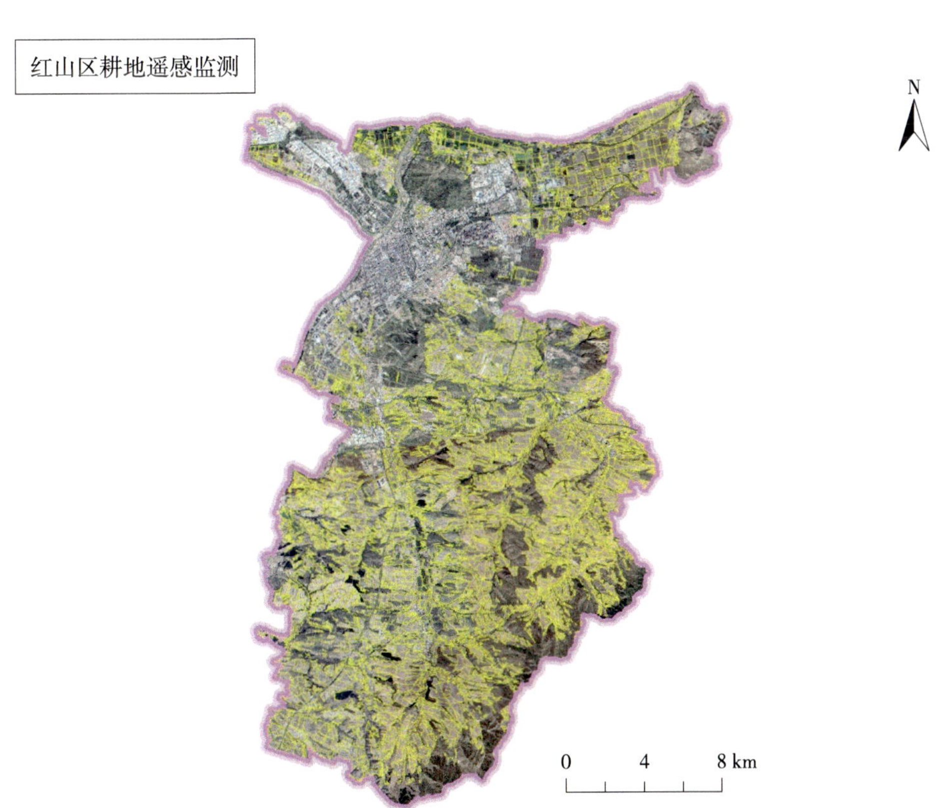

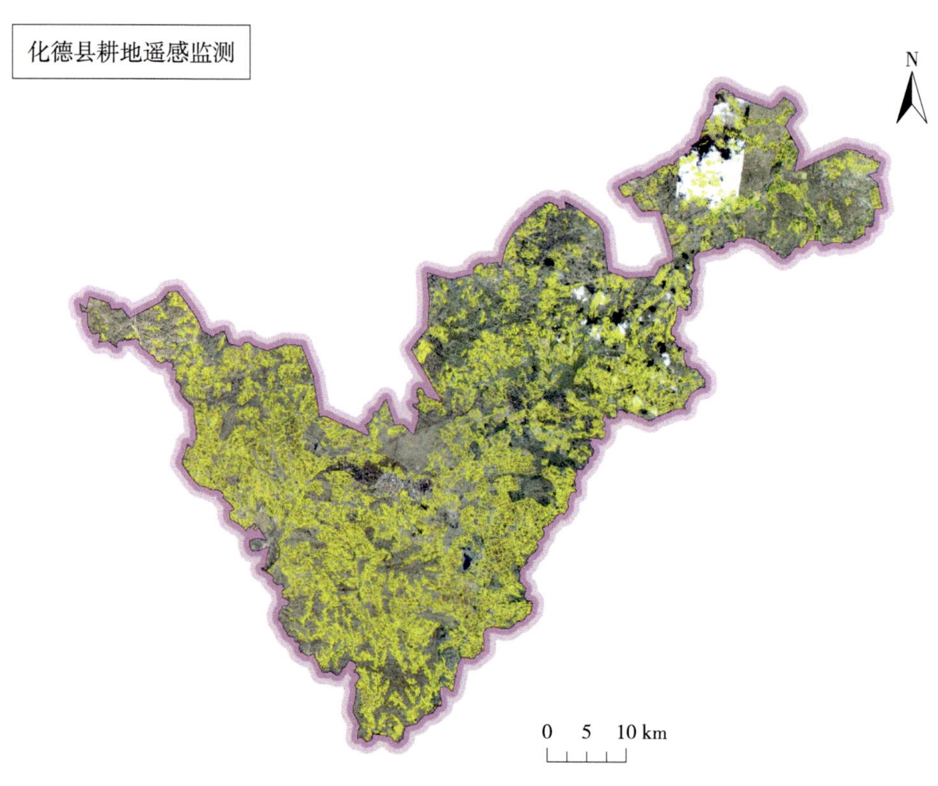
化德县耕地遥感监测
N
0 5 10 km

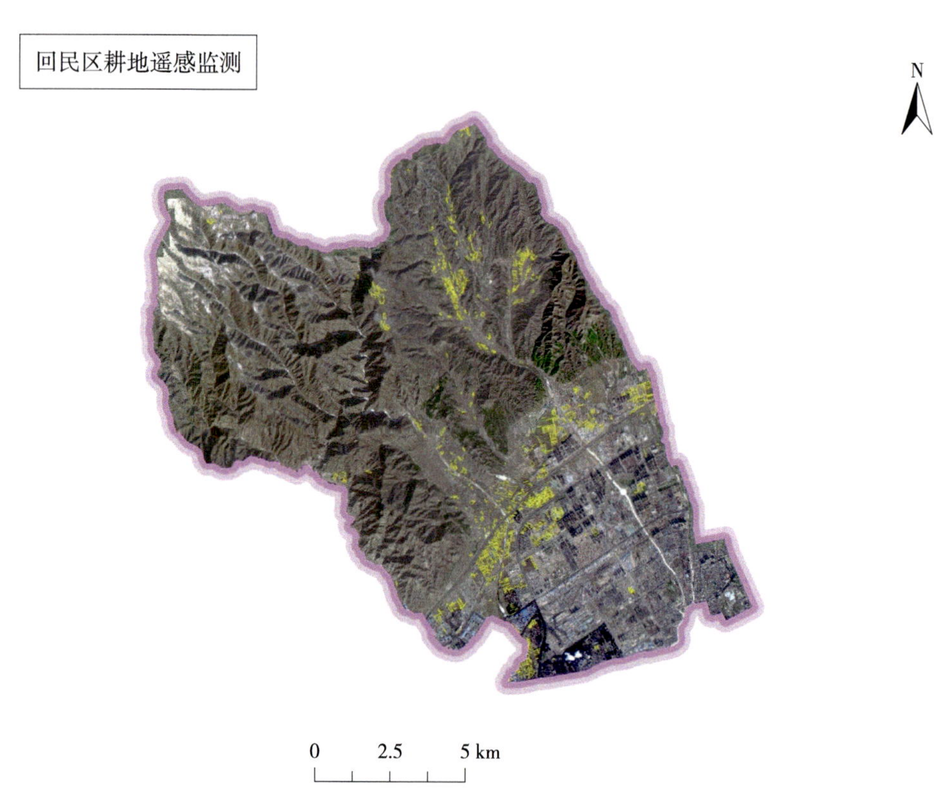
回民区耕地遥感监测
N
0 2.5 5 km

霍林郭勒市耕地遥感监测
N
0
3.75
7.5 km

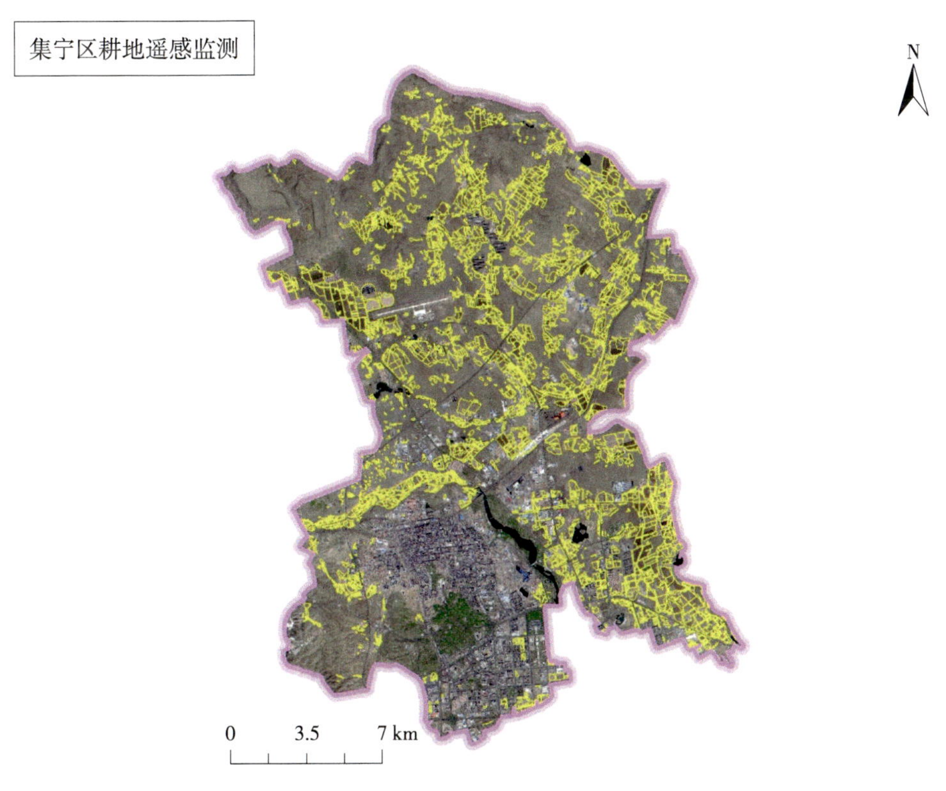
集宁区耕地遥感监测
N
0
3.5
7 km

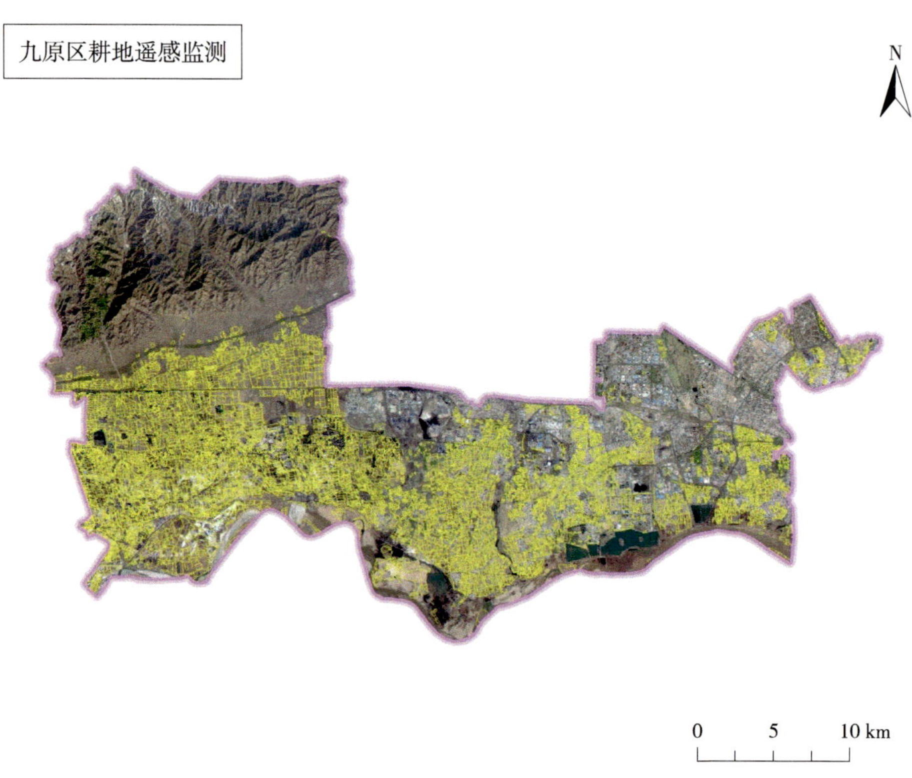
九原区耕地遥感监测
N
0 5 10 km

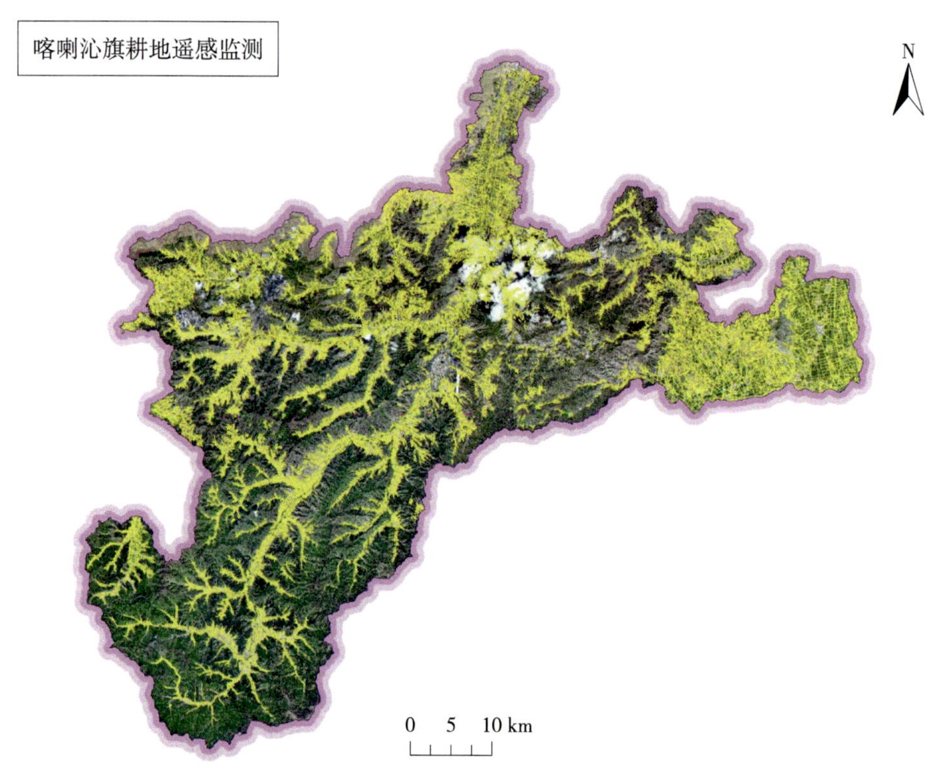
喀喇沁旗耕地遥感监测
N
0 5 10 km

开鲁县耕地遥感监测

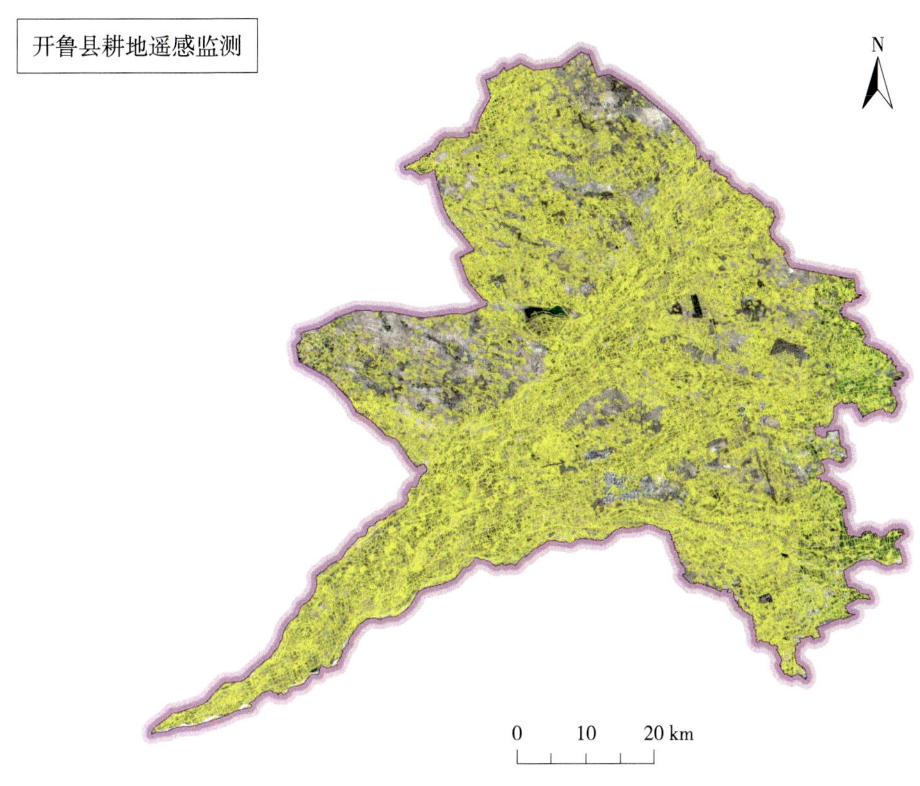

康巴什区耕地遥感监测

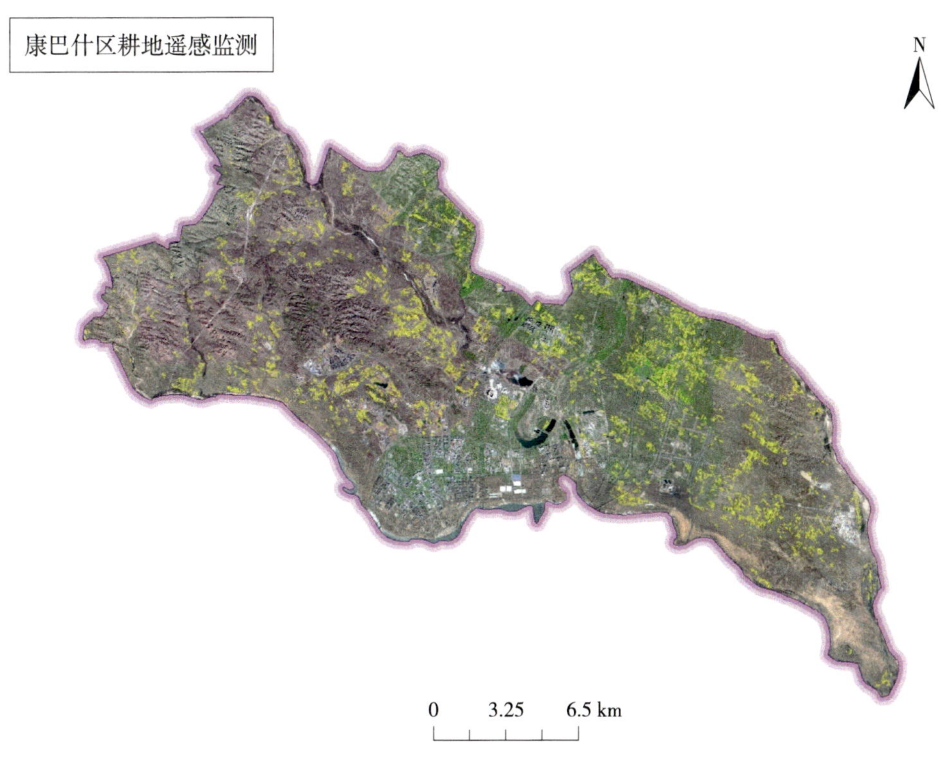

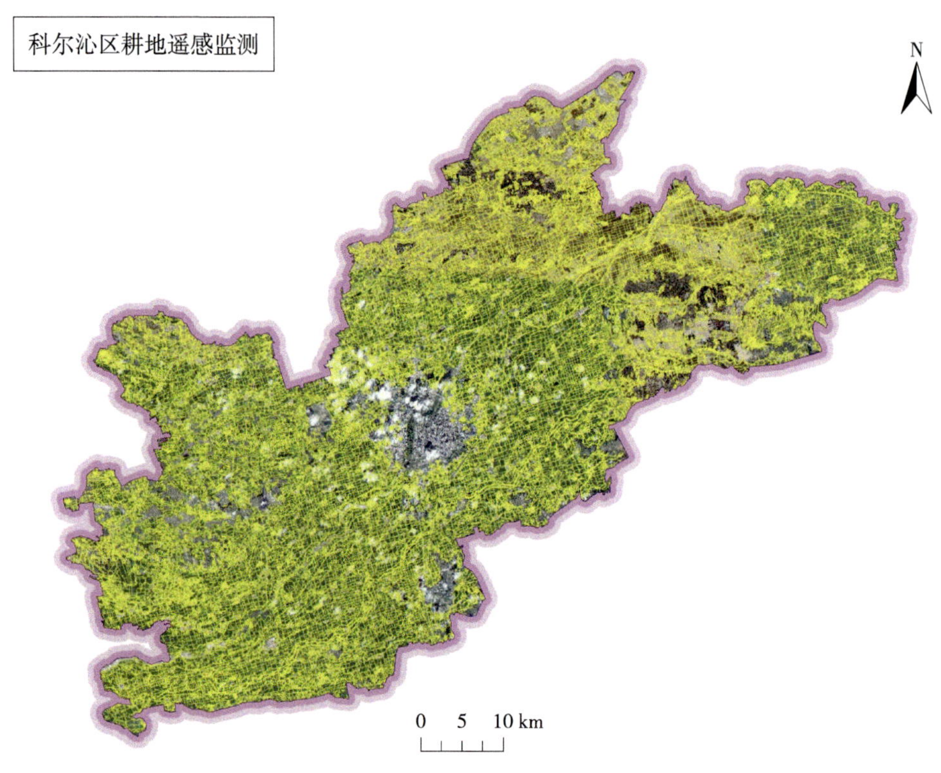
科尔沁区耕地遥感监测
N
0 5 10 km

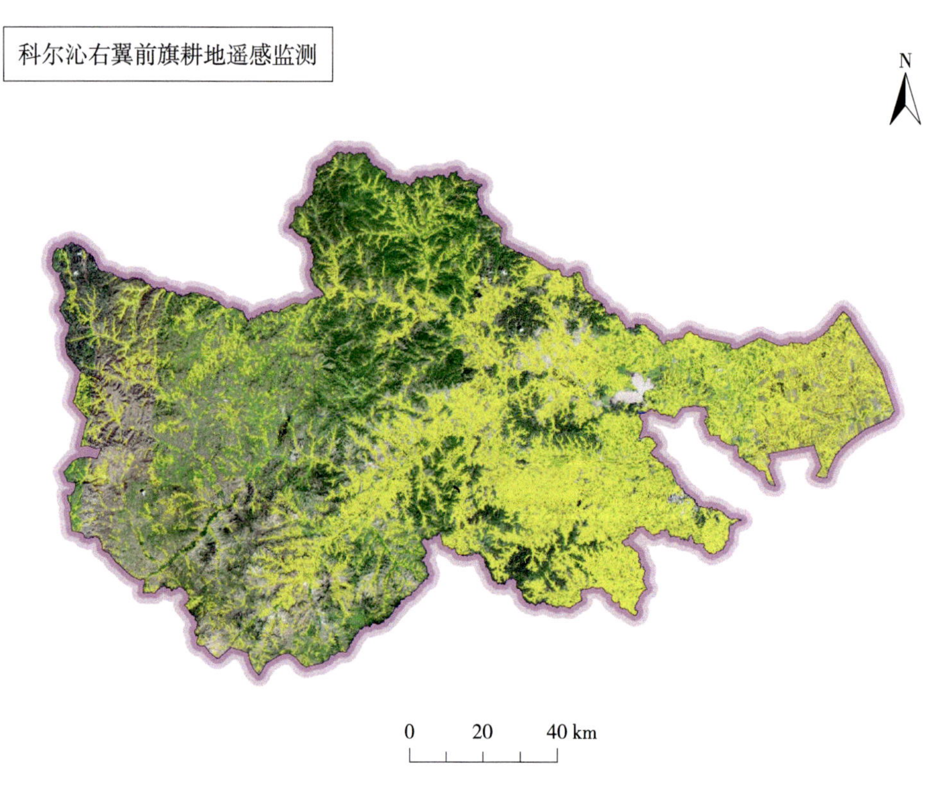
科尔沁右翼前旗耕地遥感监测
N
0 20 40 km

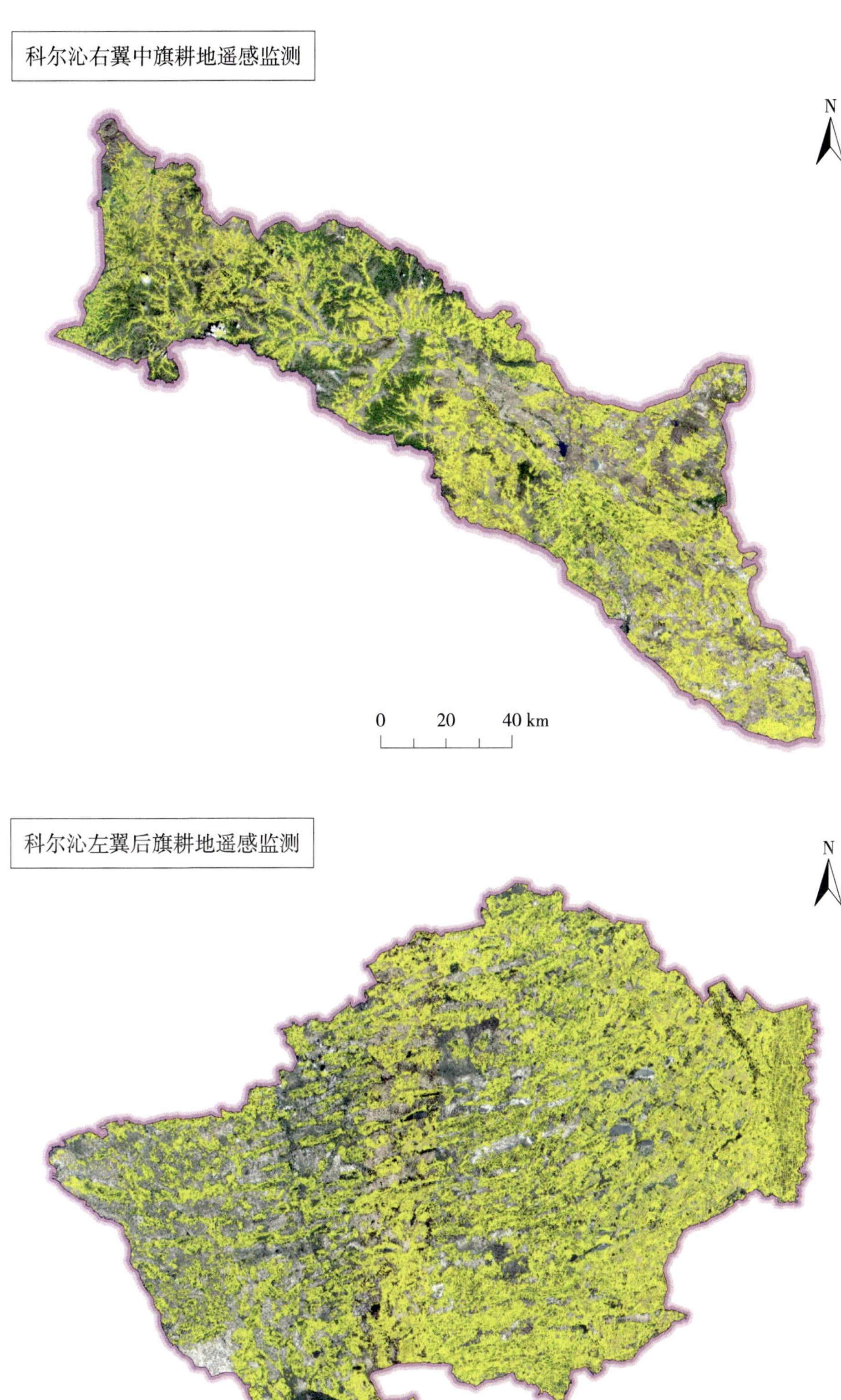
科尔沁右翼中旗耕地遥感监测
N
0 20 40 km
科尔沁左翼后旗耕地遥感监测
N
0 15 30 km

科尔沁左翼中旗耕地遥感监测

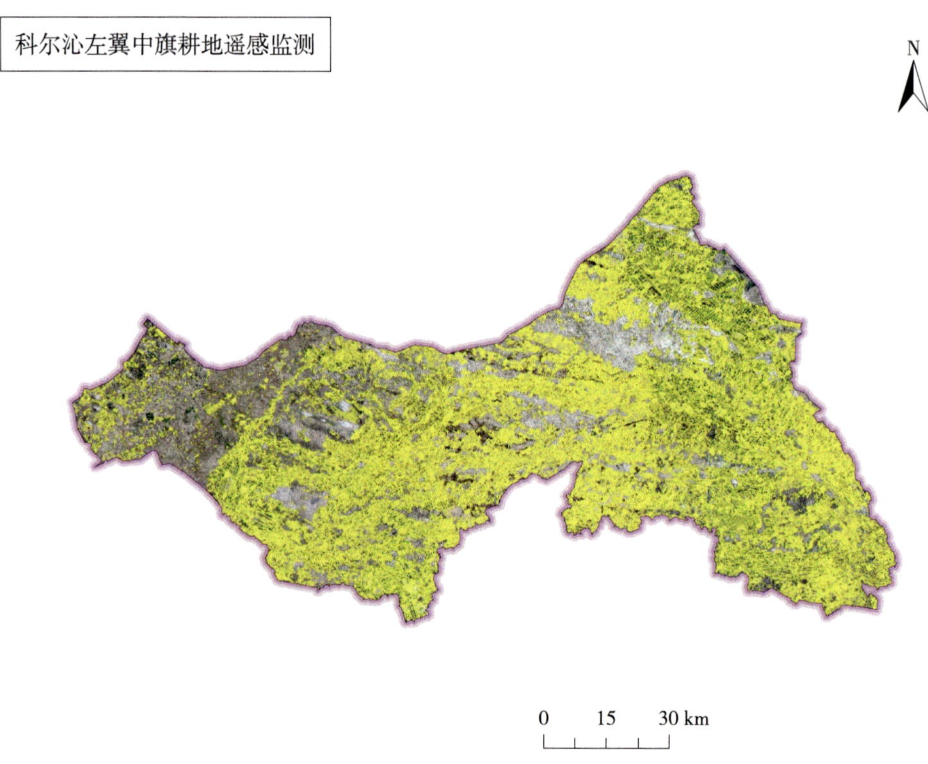

克什克腾旗耕地遥感监测

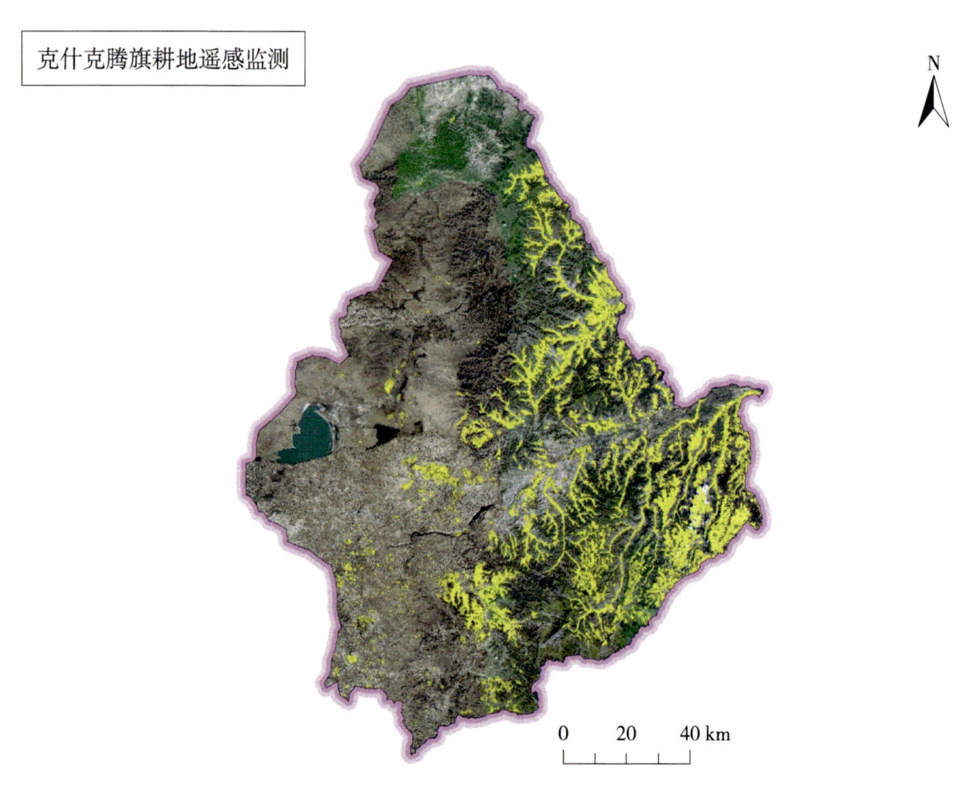

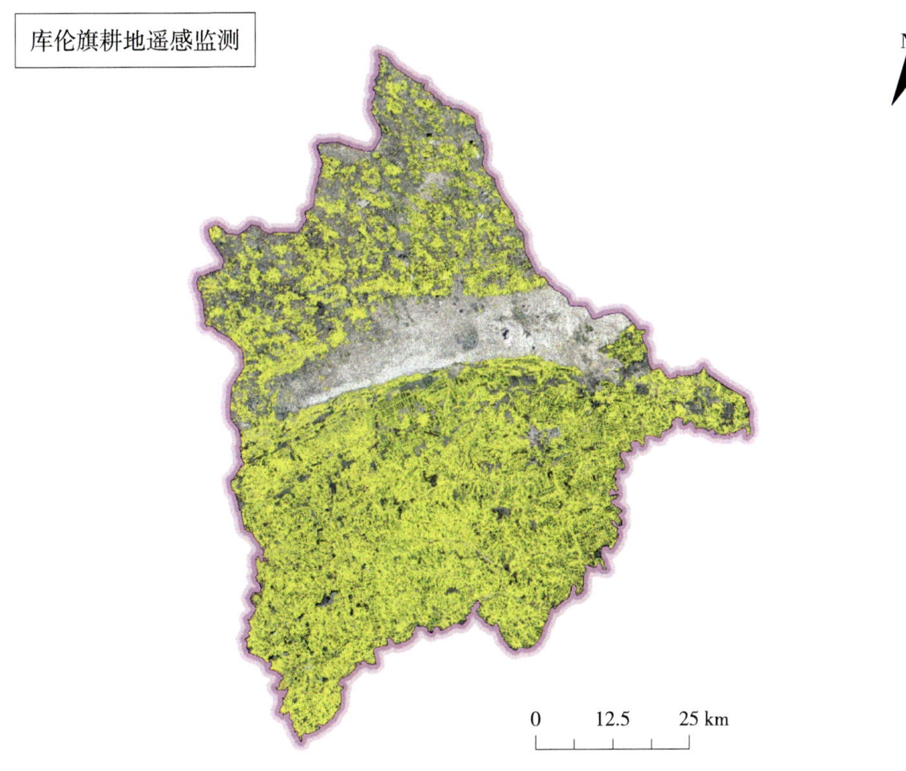
库伦旗耕地遥感监测
N
0 12.5 25 km

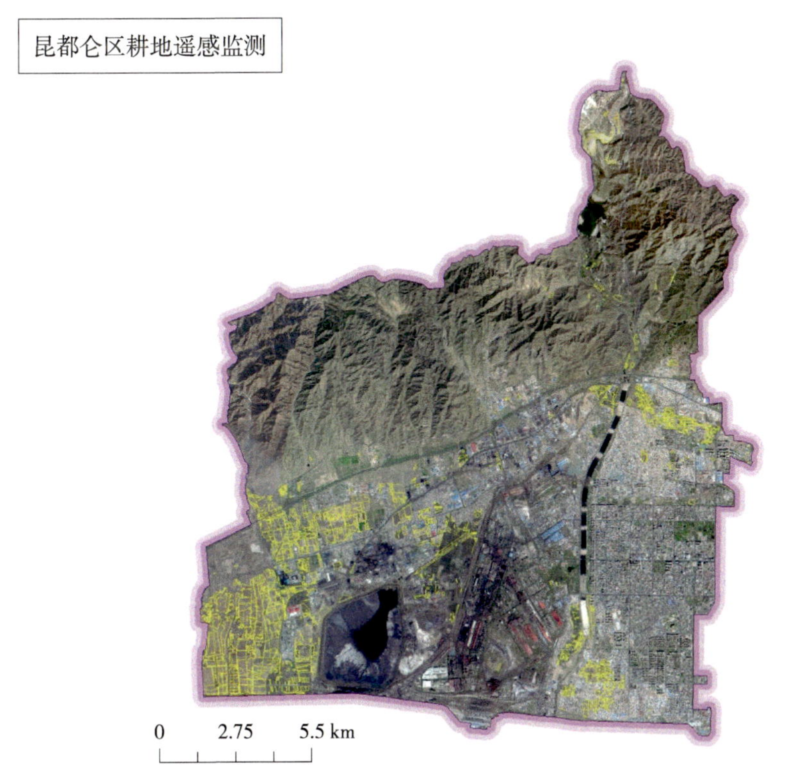
昆都仑区耕地遥感监测
0 2.75 5.5 km

N

凉城县耕地遥感监测

林西县耕地遥感监测

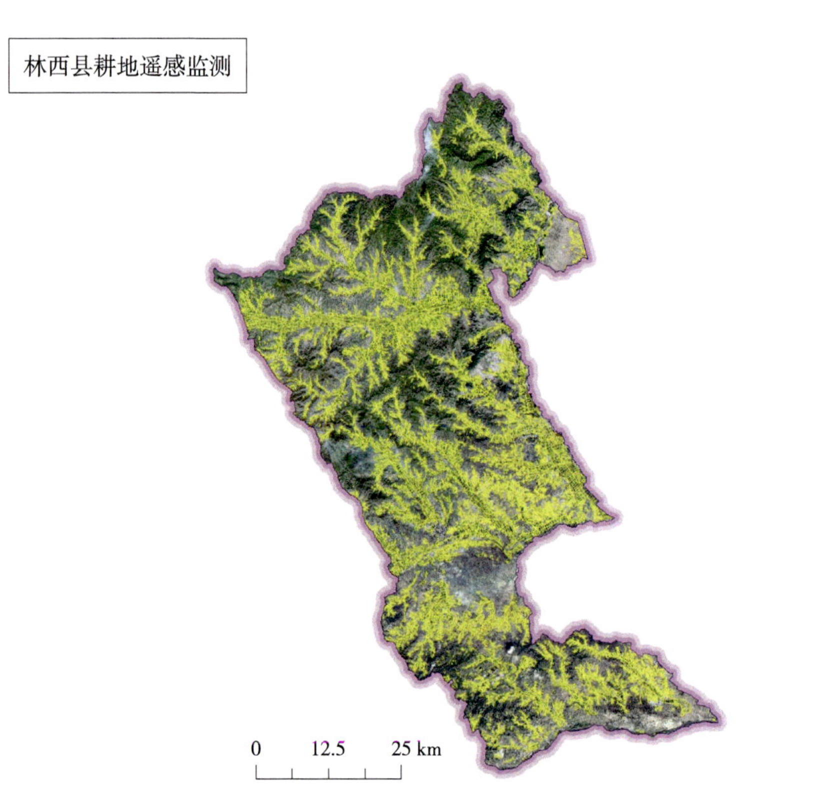

临河区耕地遥感监测

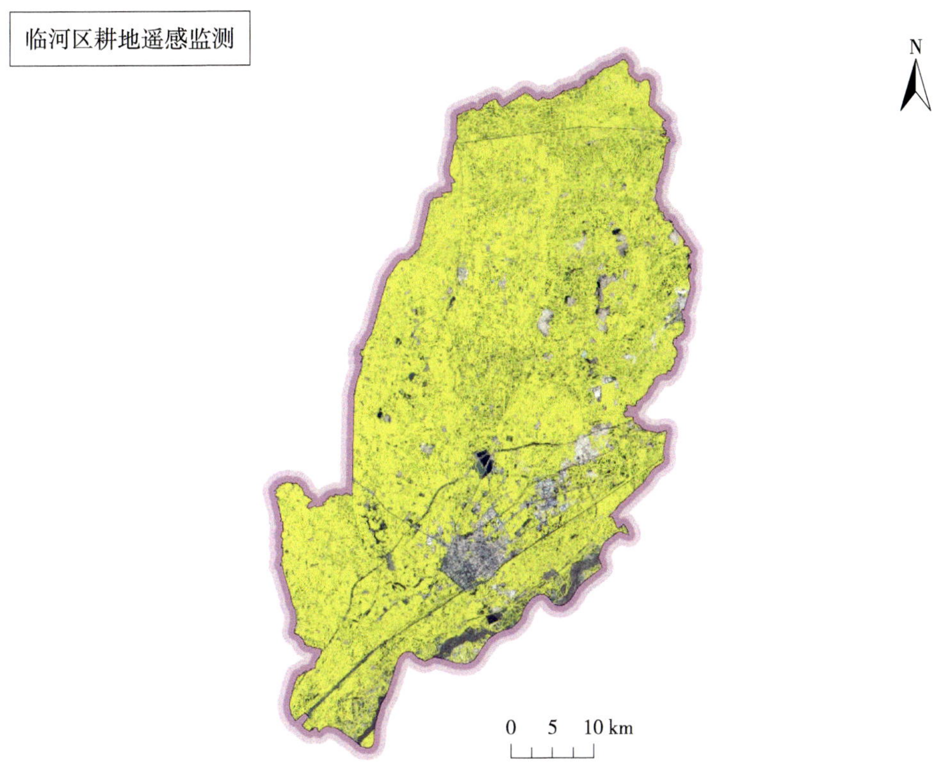

满洲里市耕地遥感监测

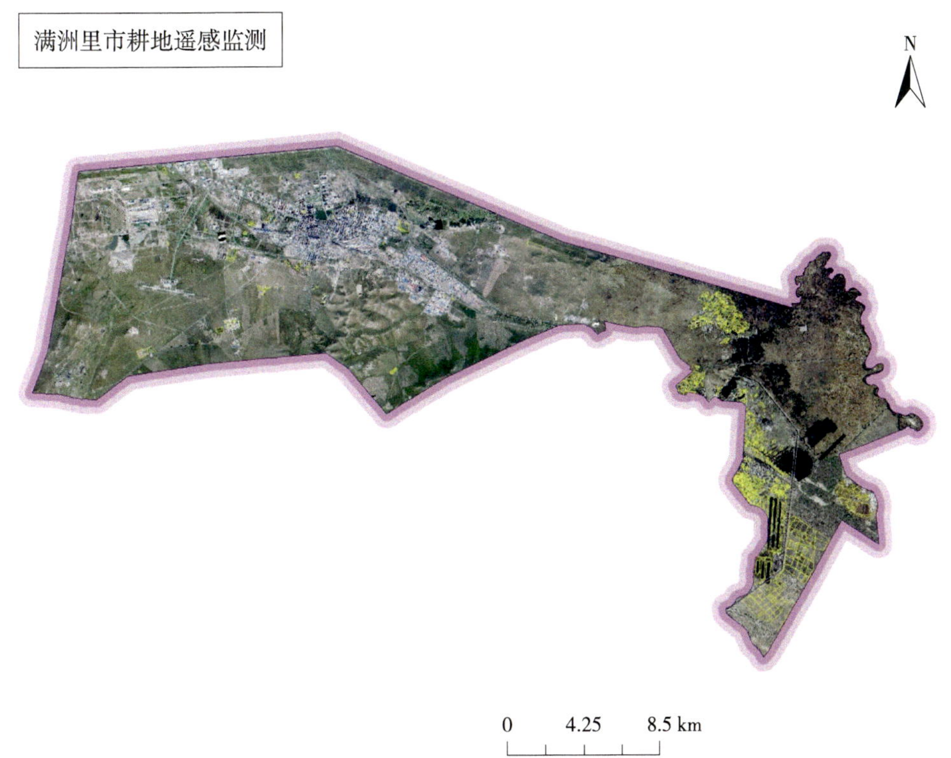

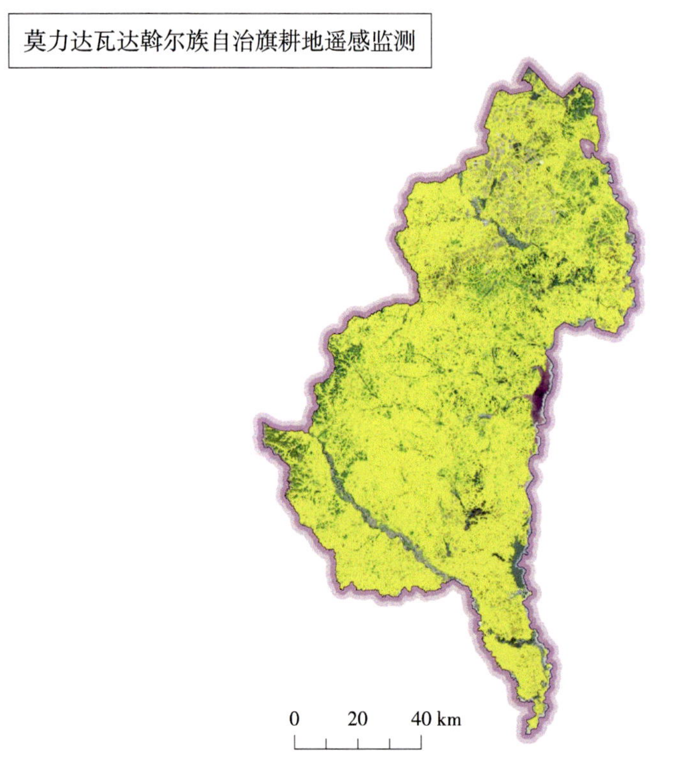
莫力达瓦达斡尔族自治旗耕地遥感监测
0 20 40 km

N

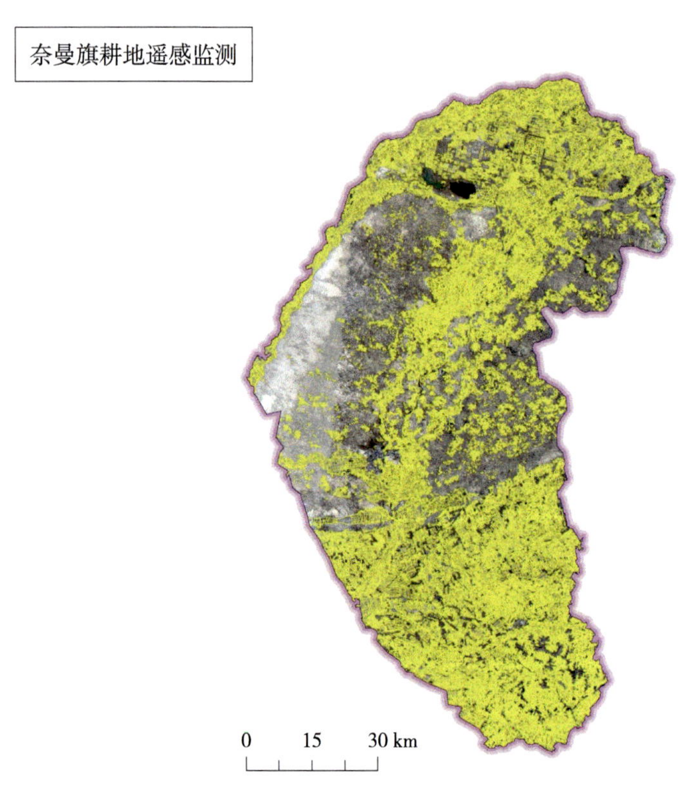
奈曼旗耕地遥感监测
0 15 30 km

N

宁城县耕地遥感监测

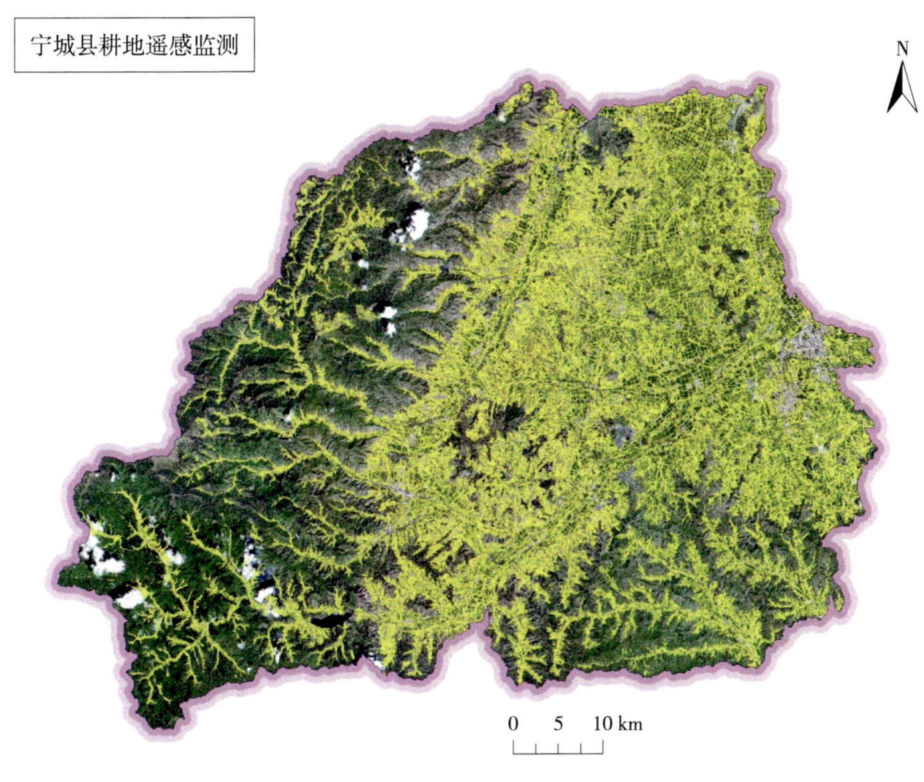

青山区耕地遥感监测

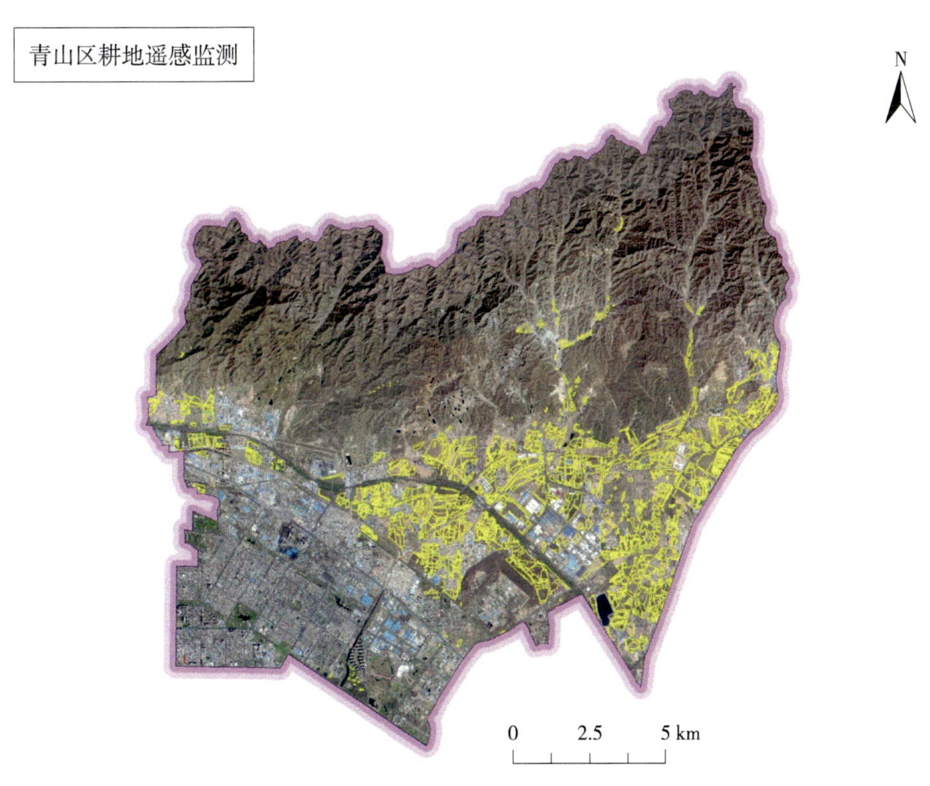

清水河县耕地遥感监测

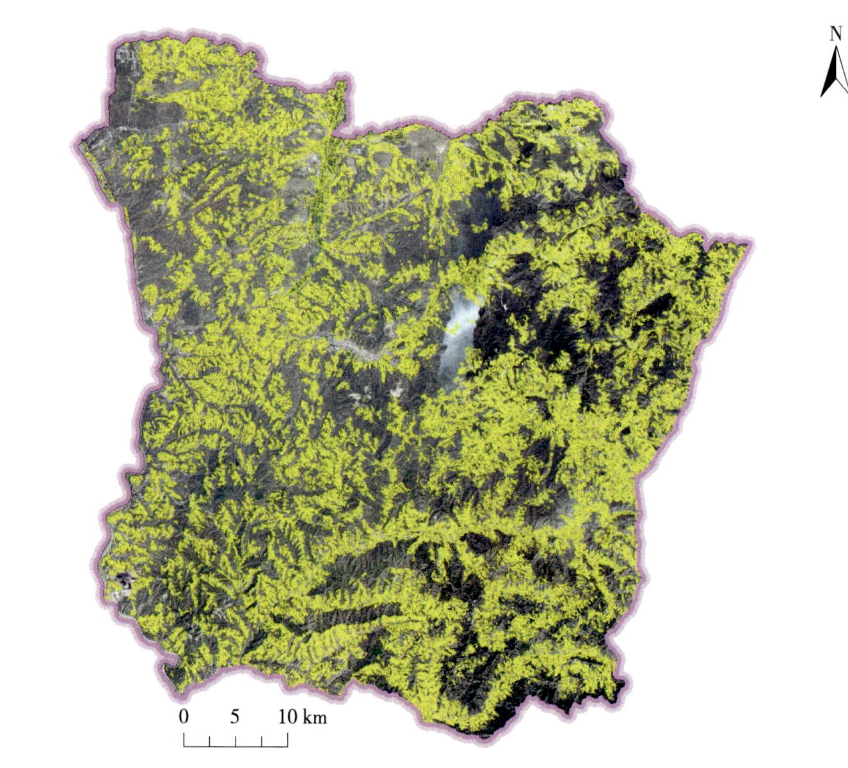

赛罕区耕地遥感监测

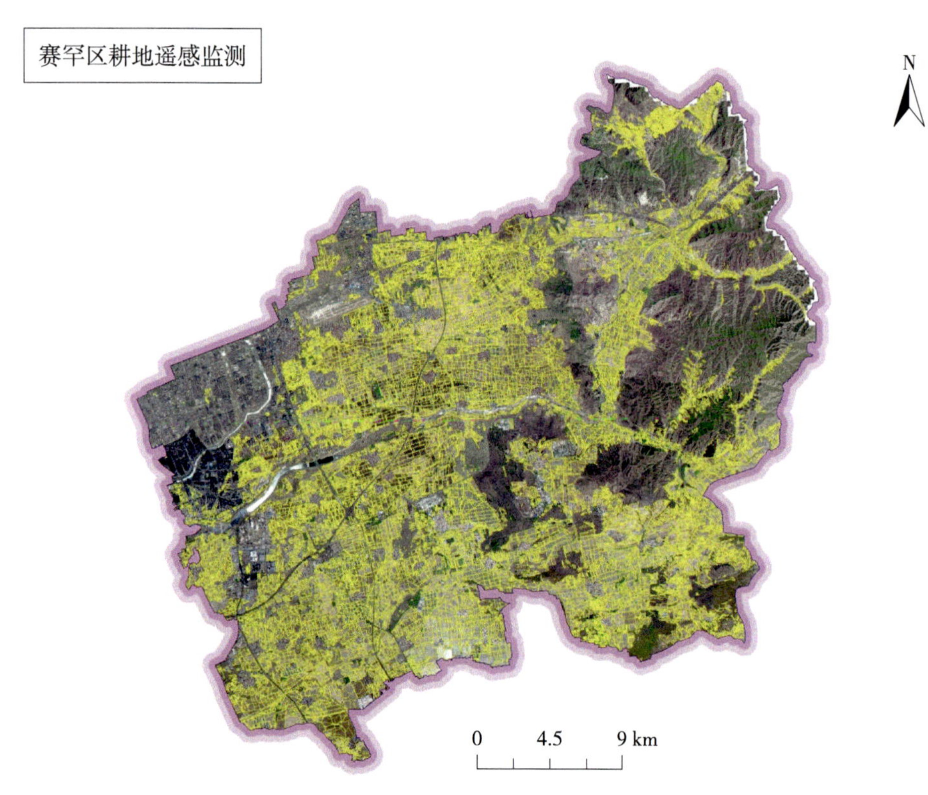

商都县耕地遥感监测

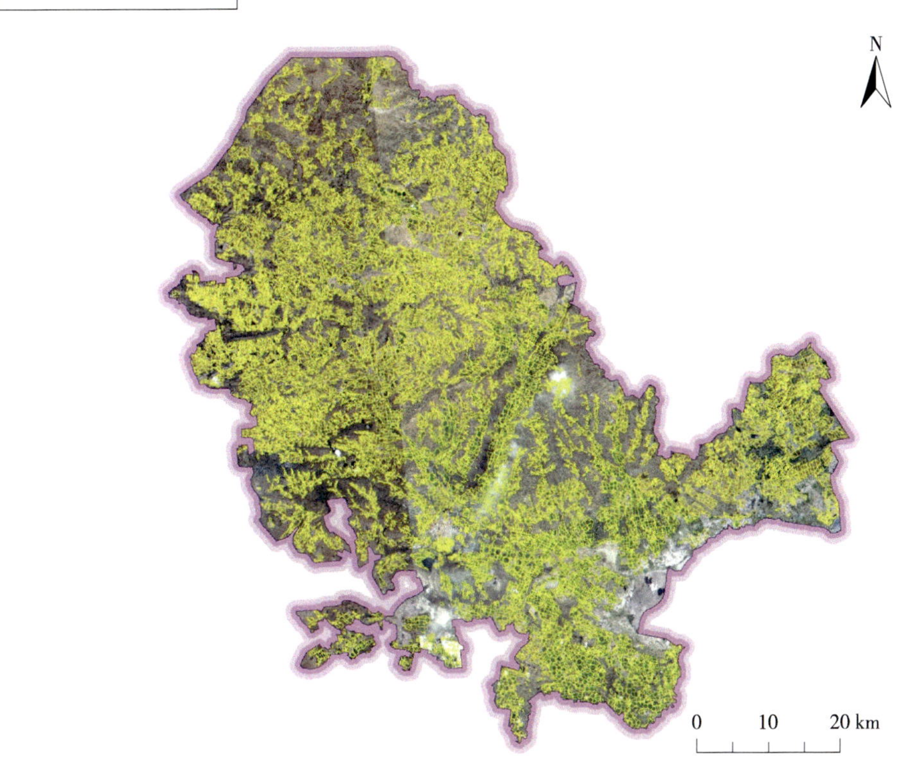

石拐区耕地遥感监测

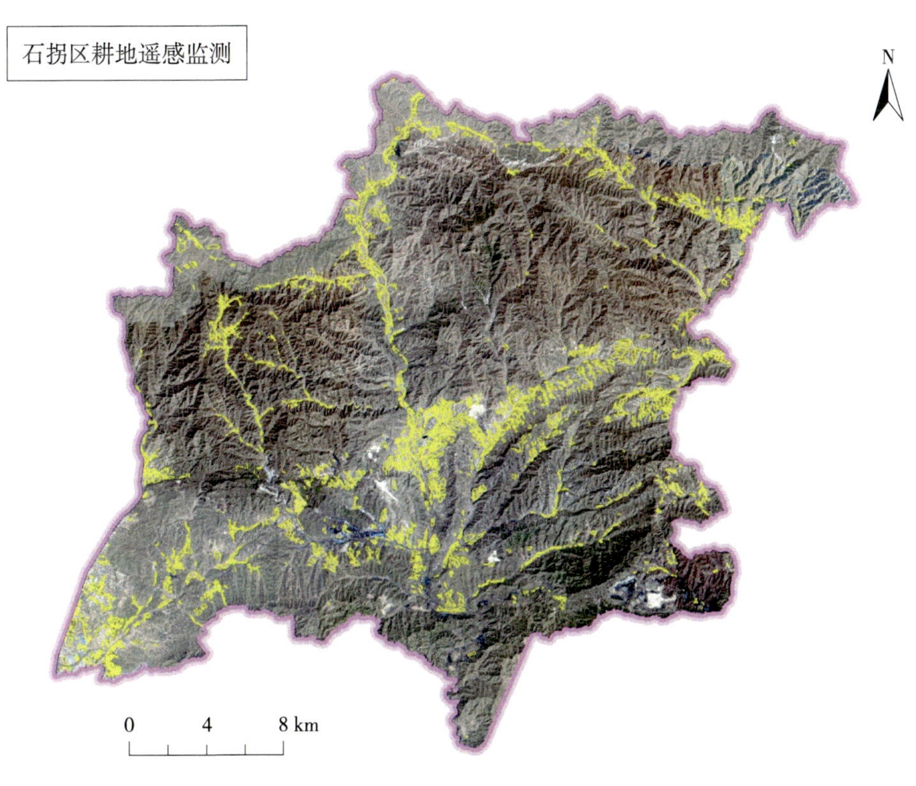

四子王旗耕地遥感监测

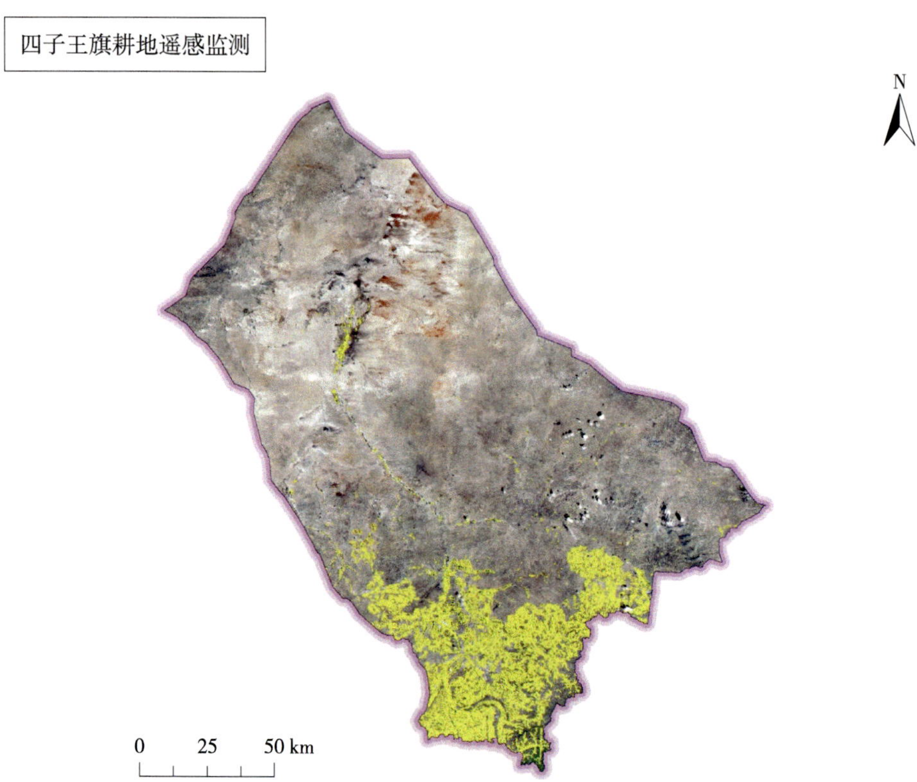

松山区耕地遥感监测

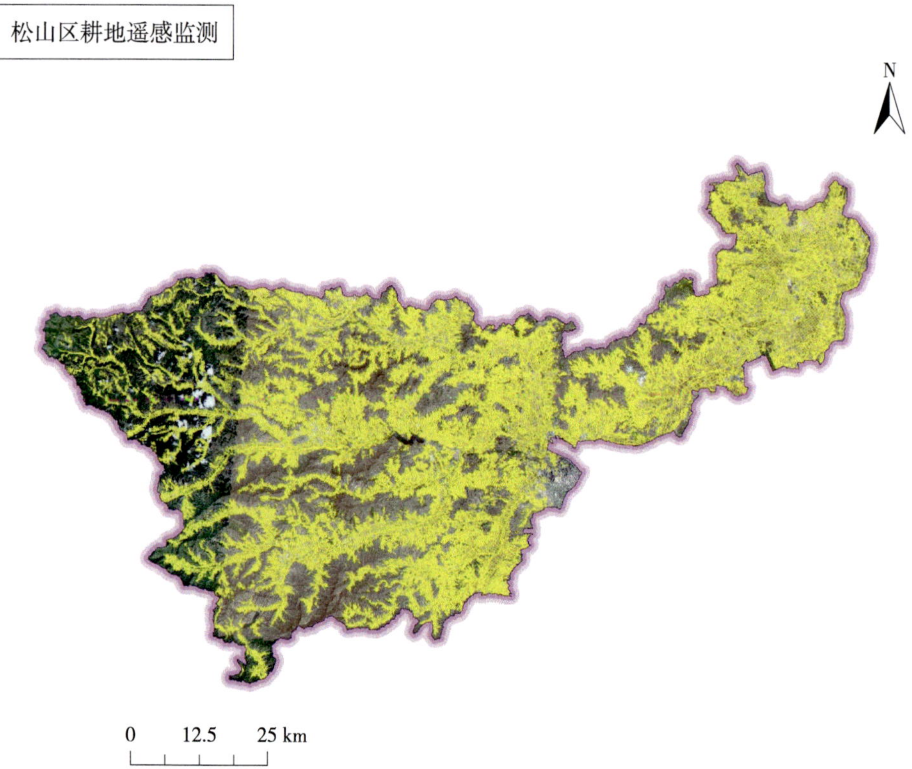

苏尼特右旗耕地遥感监测

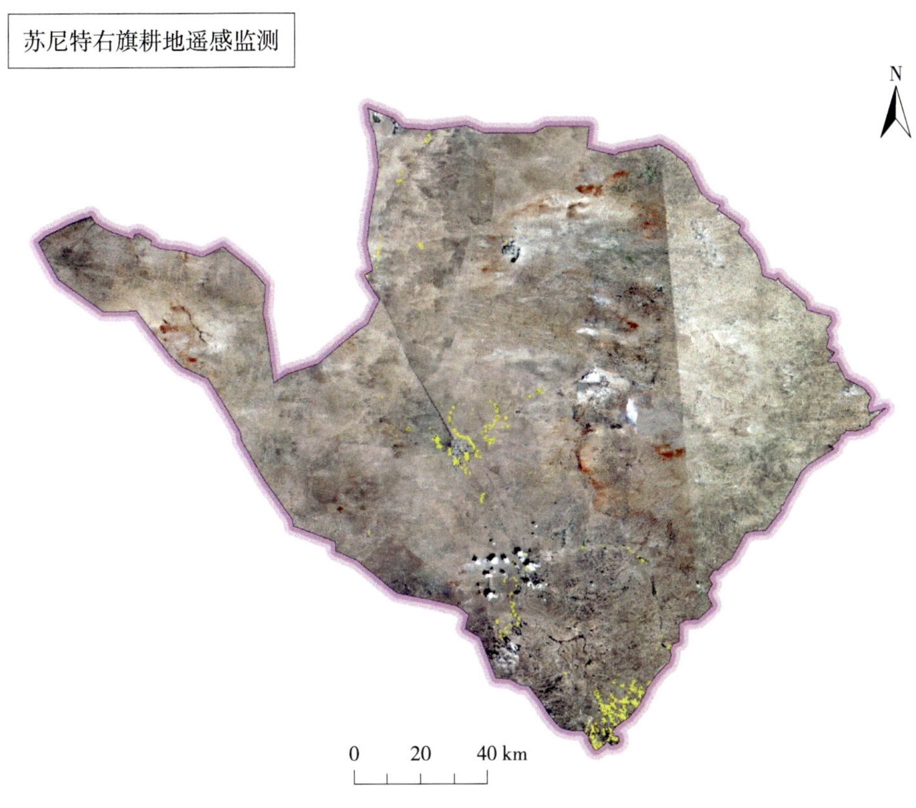

苏尼特左旗耕地遥感监测

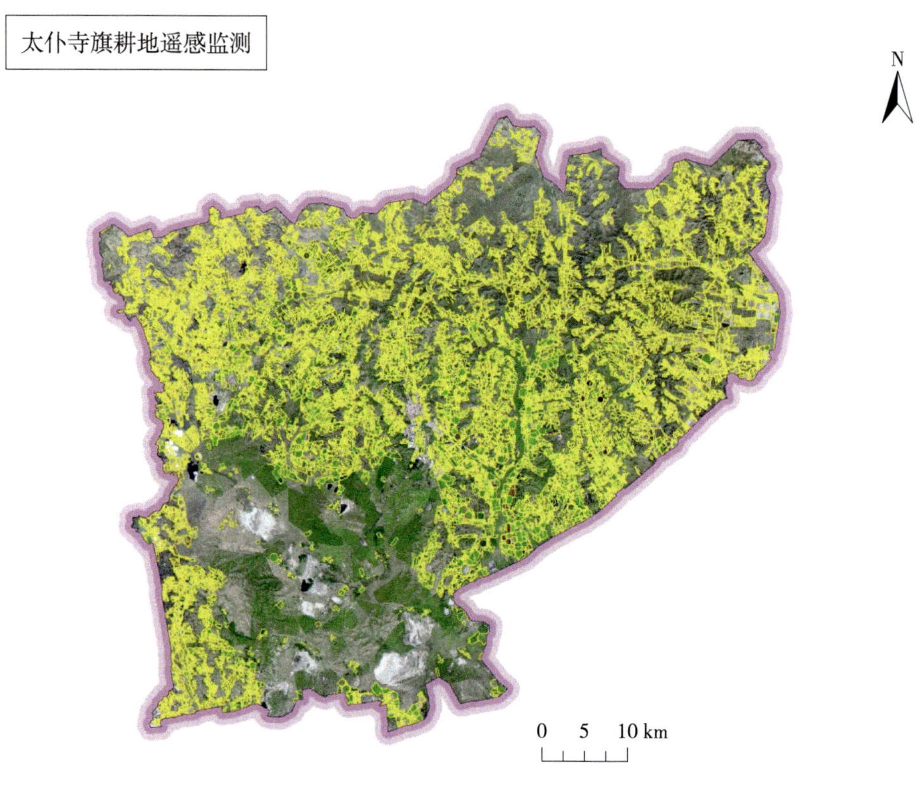
太仆寺旗耕地遥感监测
N
0 5 10 km

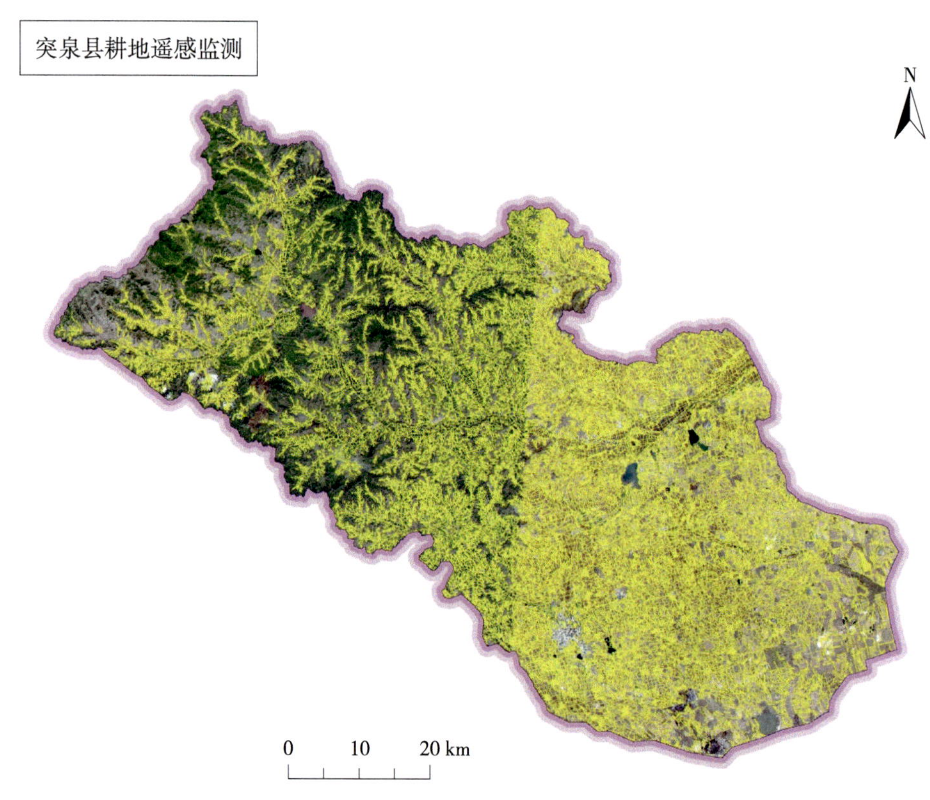
突泉县耕地遥感监测
N
0 10 20 km

土默特右旗耕地遥感监测

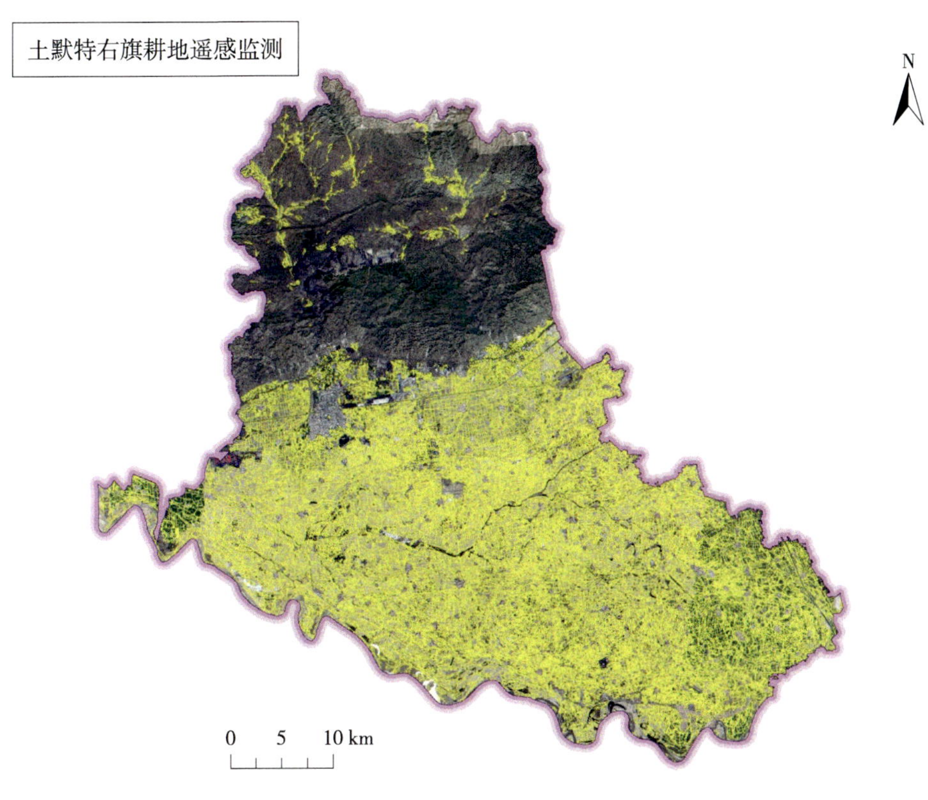

土默特左旗耕地遥感监测

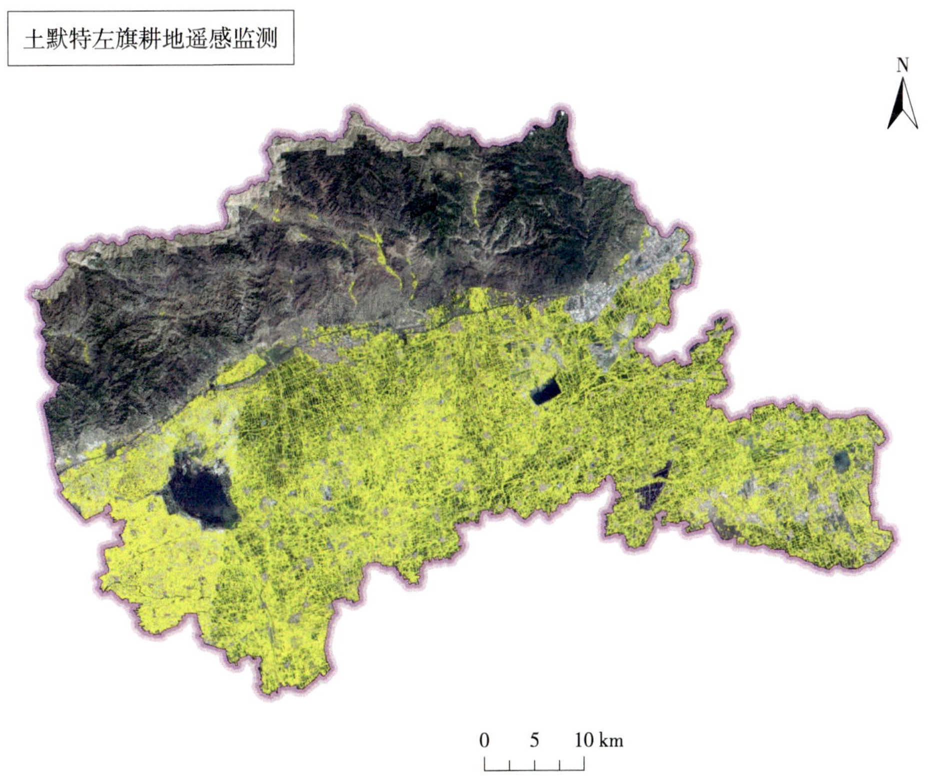

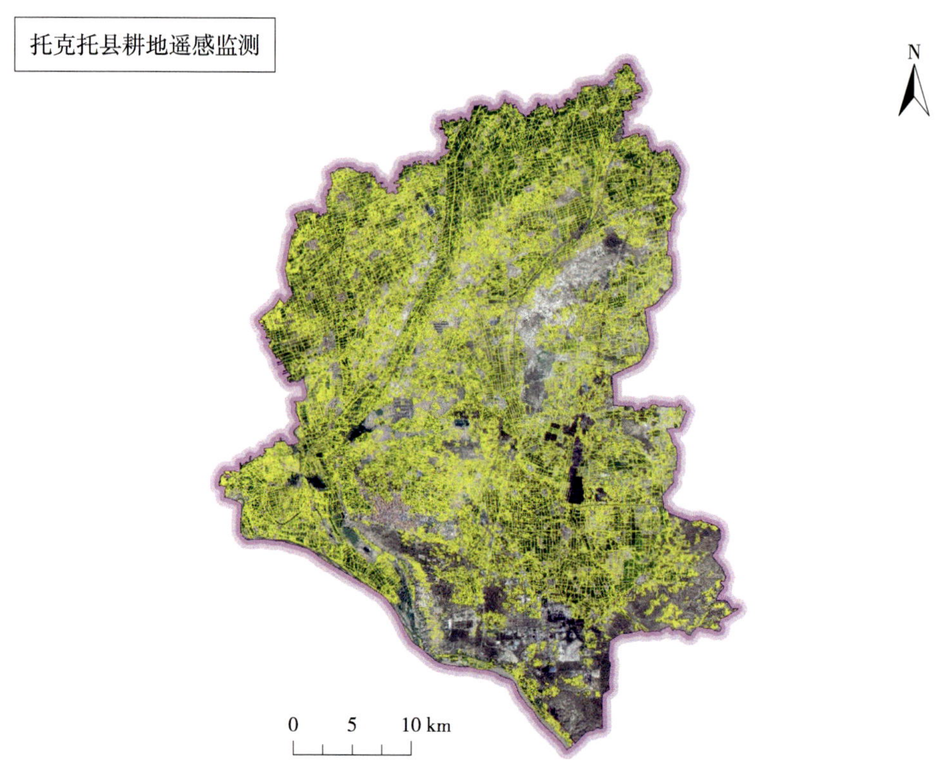
托克托县耕地遥感监测
N
0 5 10 km

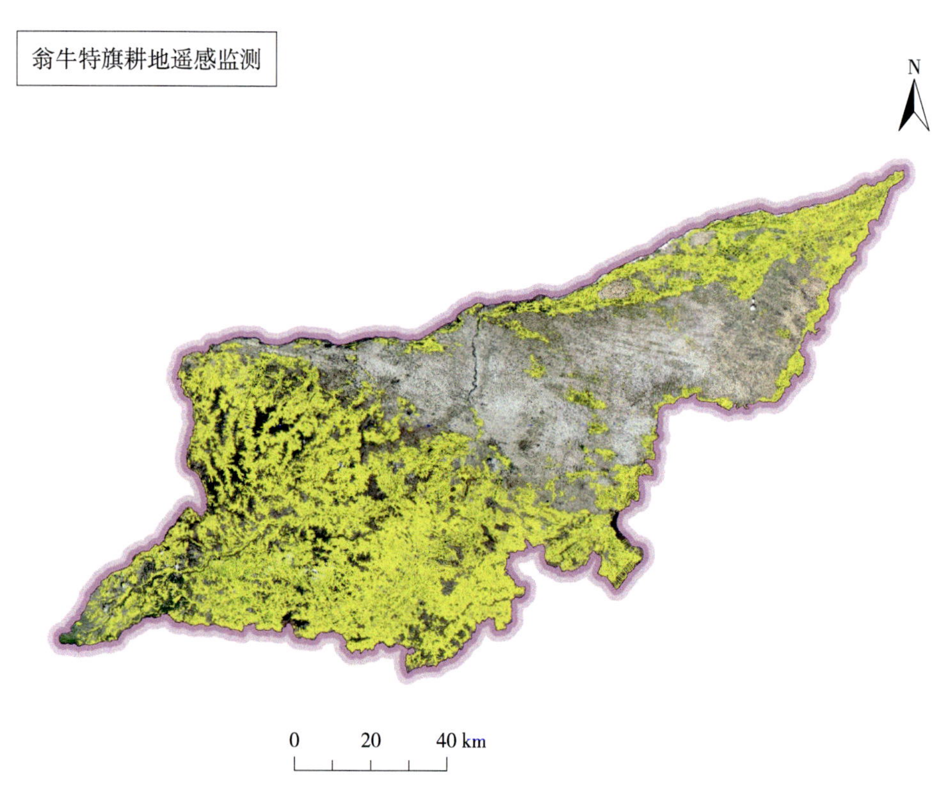
翁牛特旗耕地遥感监测
N
0 20 40 km

乌达区耕地遥感监测

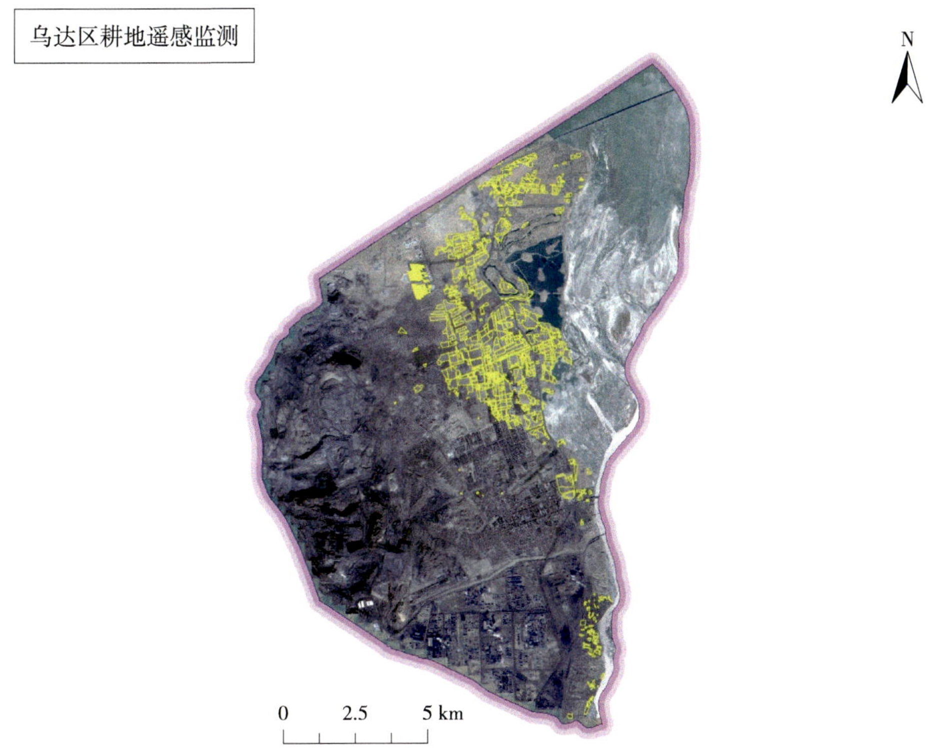

乌拉特后旗耕地遥感监测

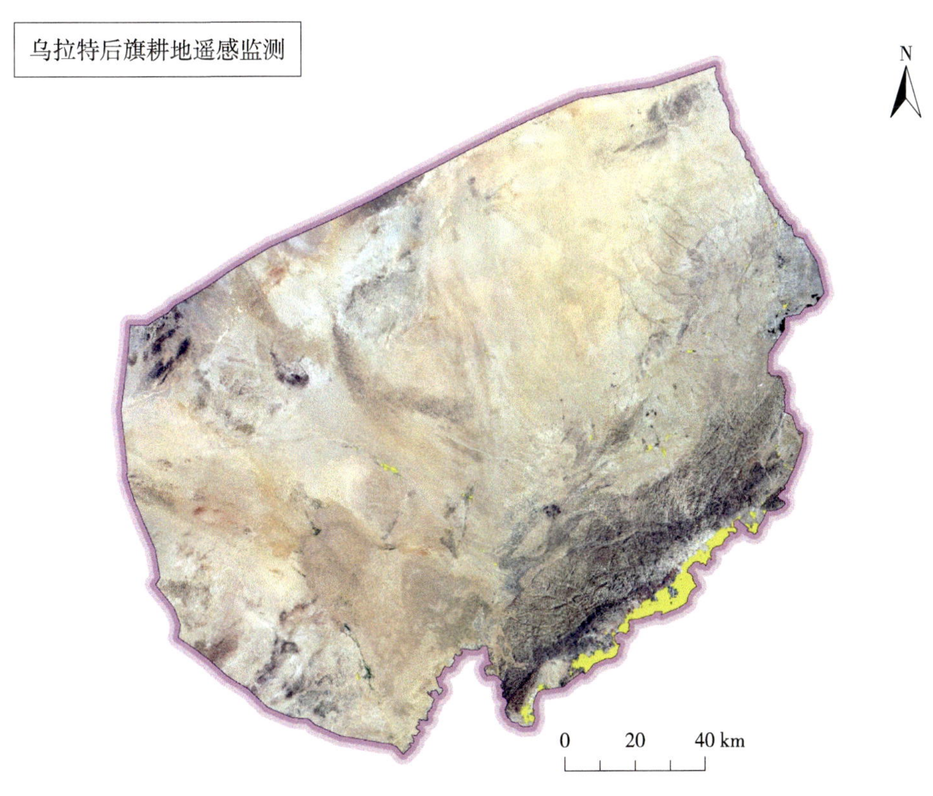

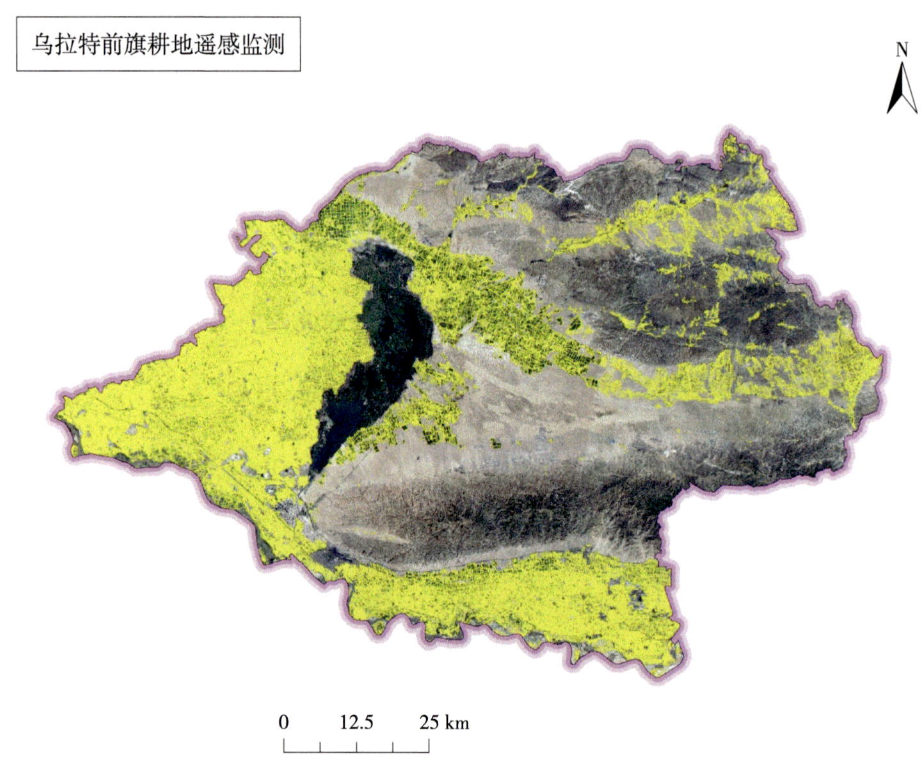
乌拉特前旗耕地遥感监测
N
0
12.5
25 km

乌拉特中旗耕地遥感监测
N
0
15
30 km

乌兰浩特市耕地遥感监测

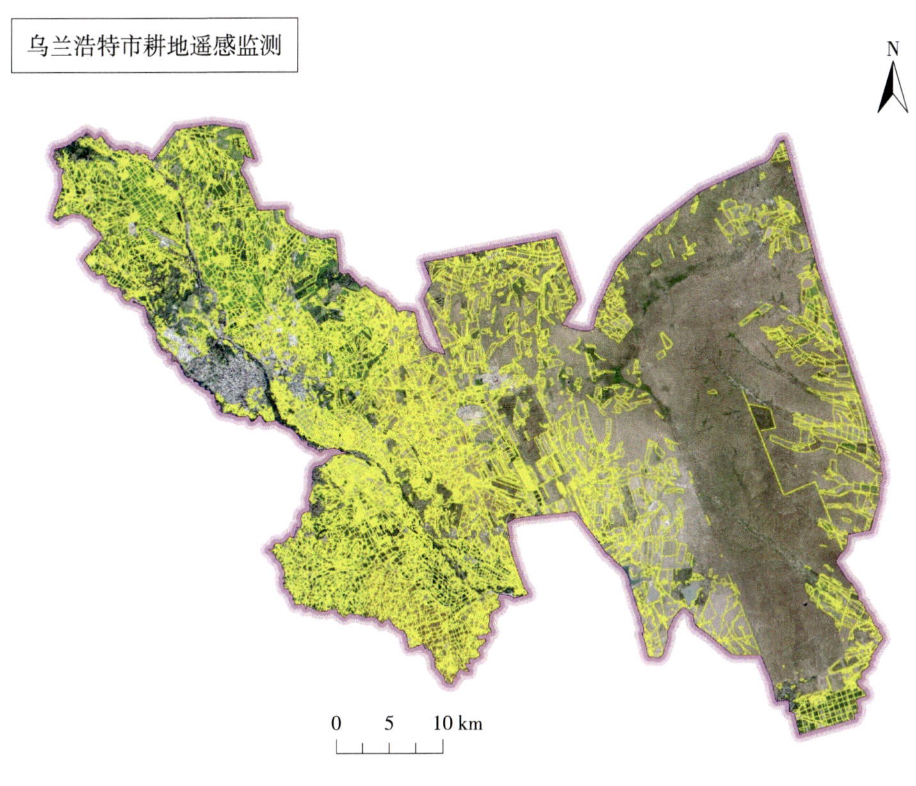

乌审旗耕地遥感监测

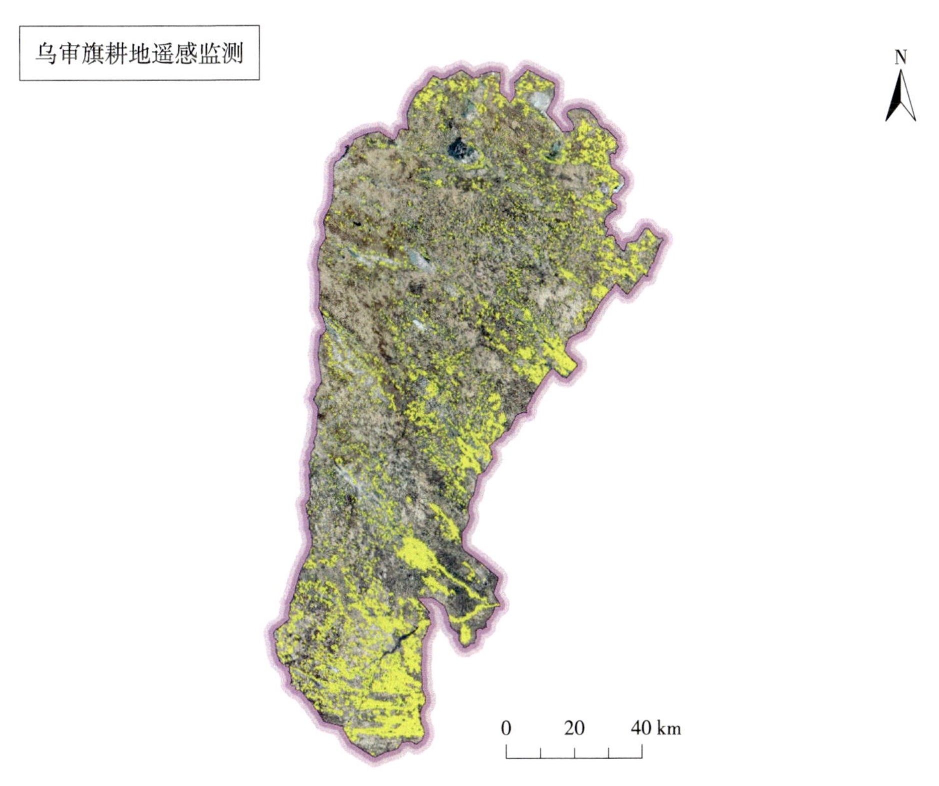

五原县耕地遥感监测

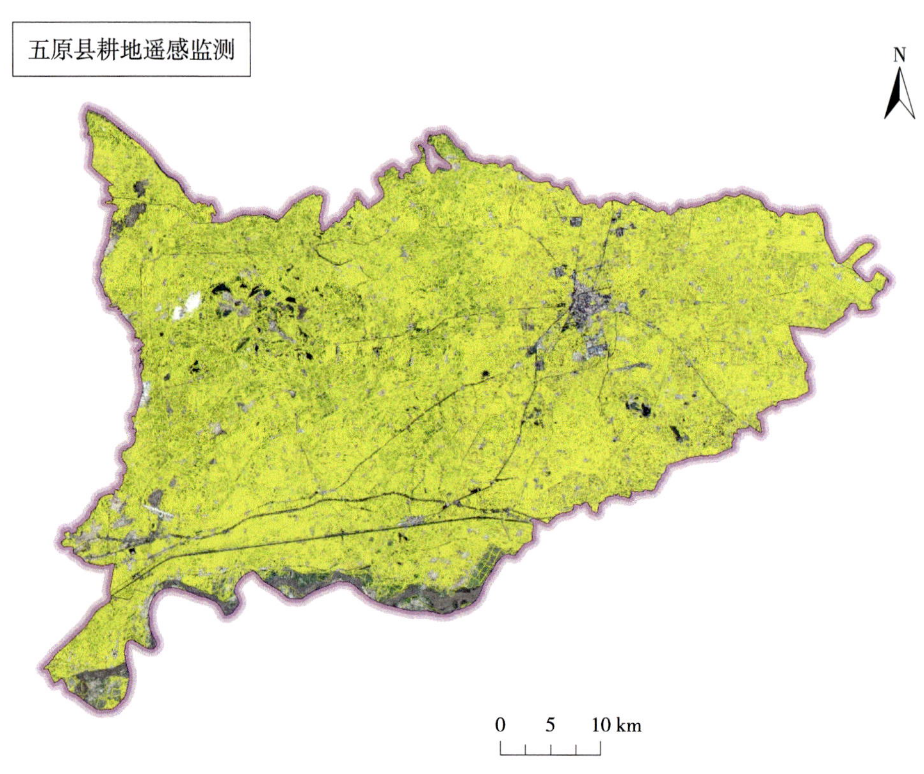

武川县耕地遥感监测

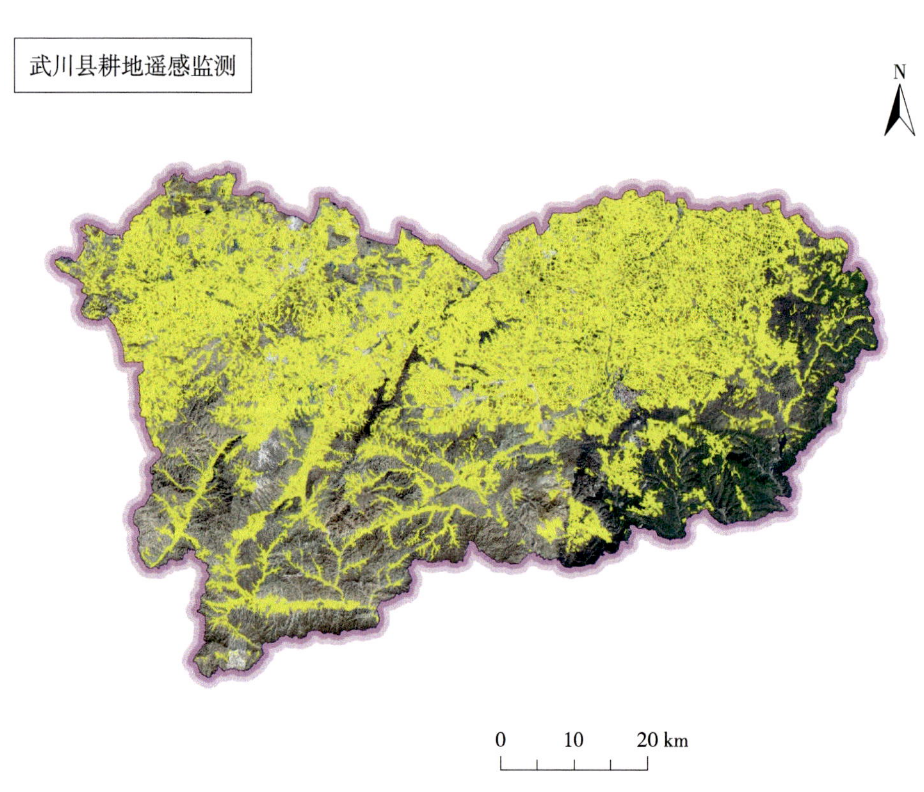

西乌珠穆沁旗耕地遥感监测

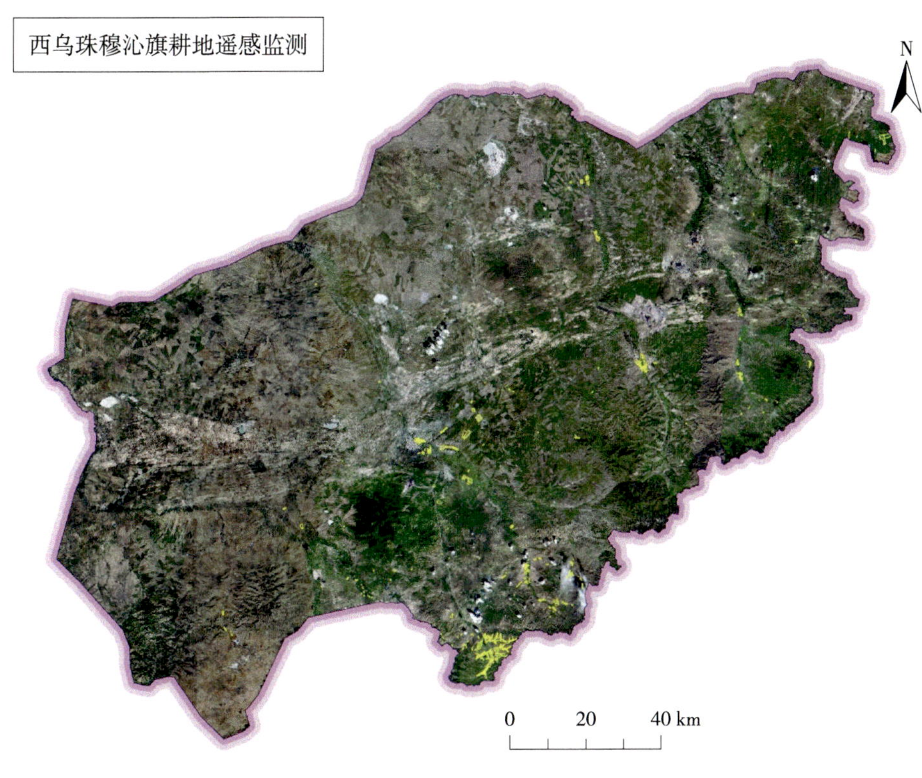

锡林浩特市耕地遥感监测

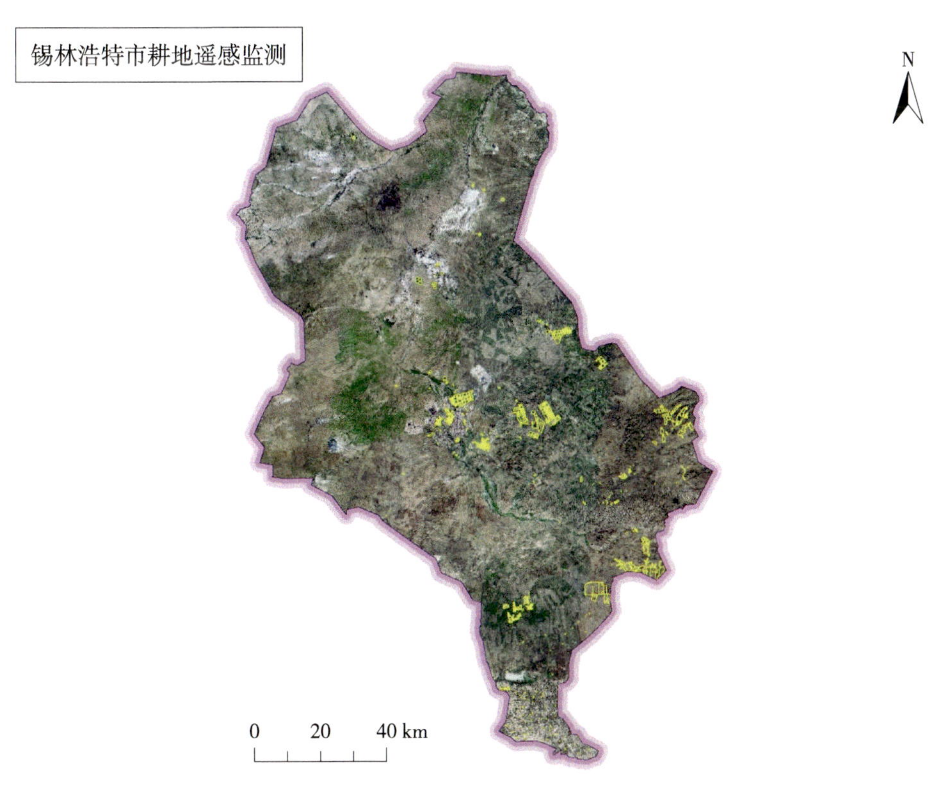

镶黄旗耕地遥感监测
N
0 10 20 km

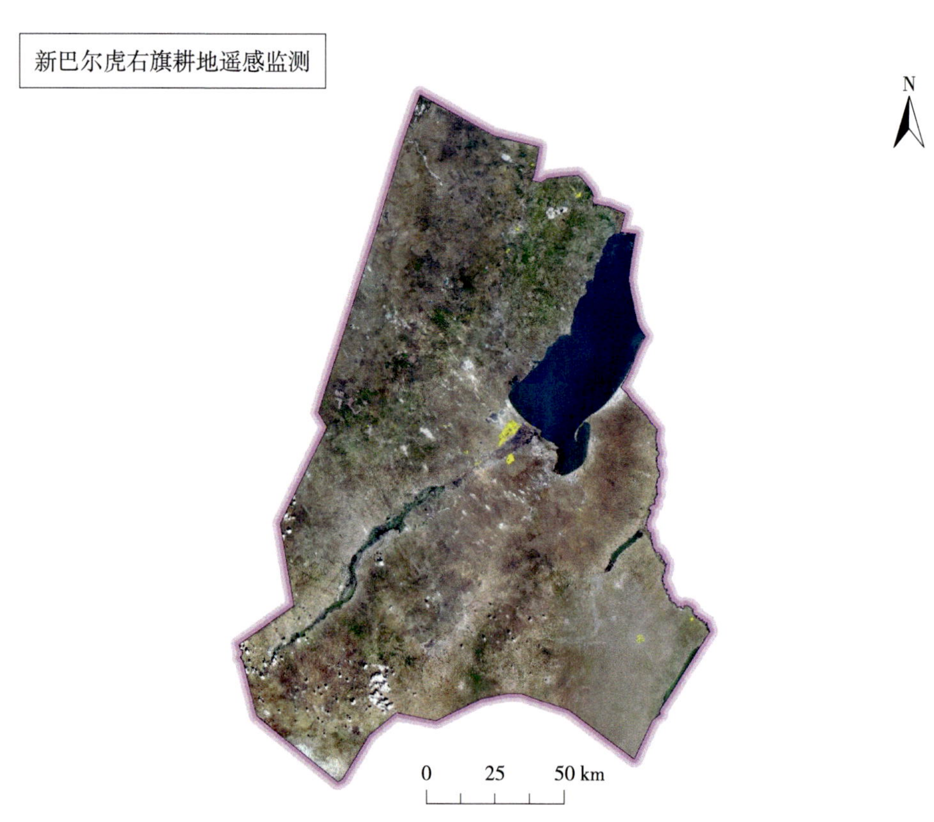
新巴尔虎右旗耕地遥感监测
N
0 25 50 km

新巴尔虎左旗耕地遥感监测

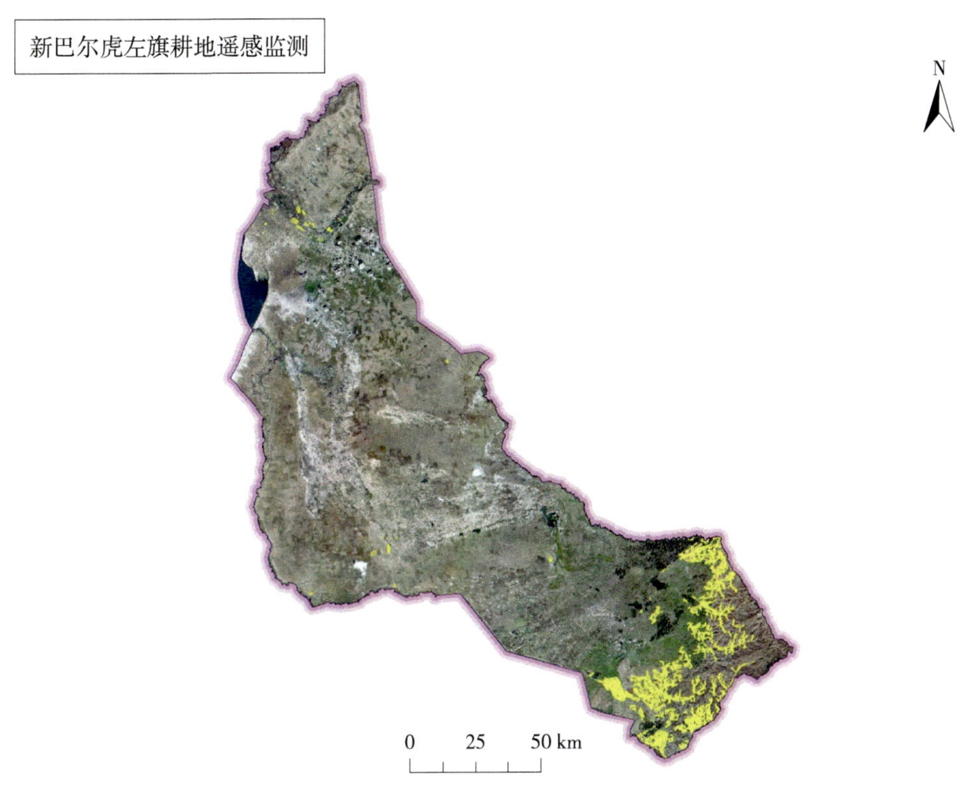

新城区耕地遥感监测

兴和县耕地遥感监测

N

0 12.5 25 km

牙克石市耕地遥感监测

0 40 80 km

伊金霍洛旗耕地遥感监测

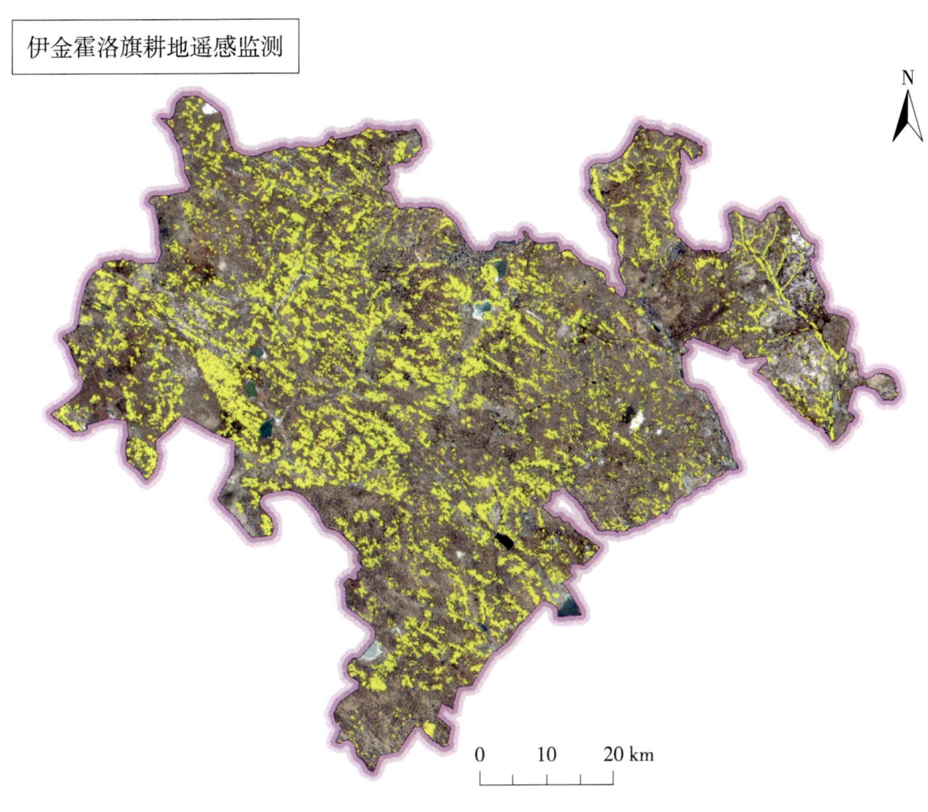

玉泉区耕地遥感监测

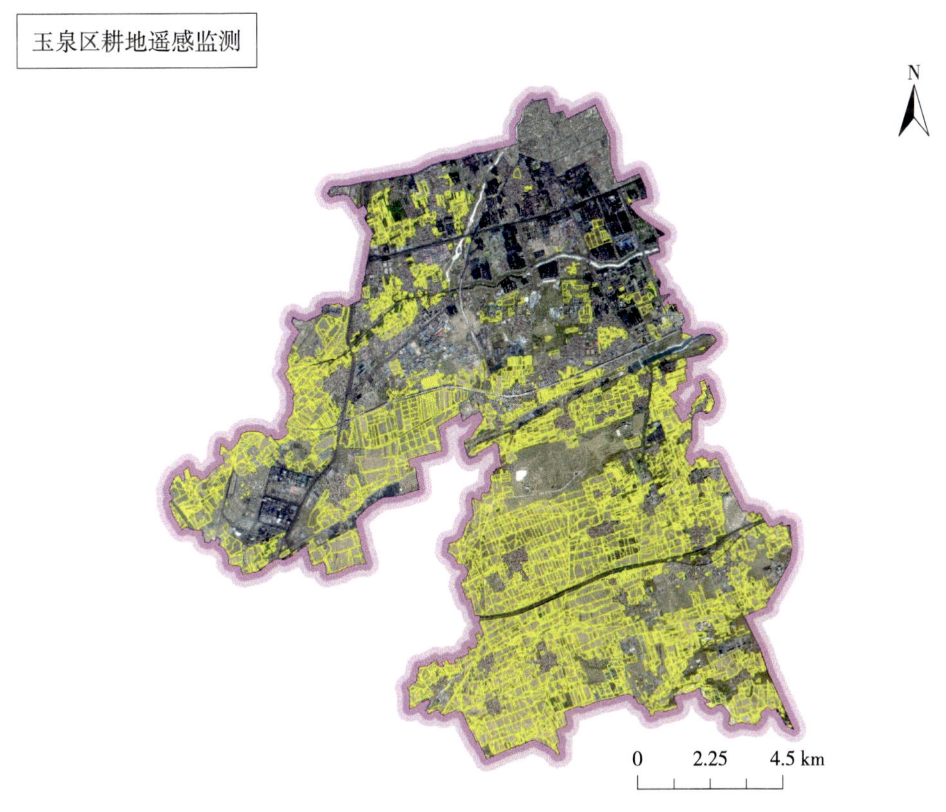

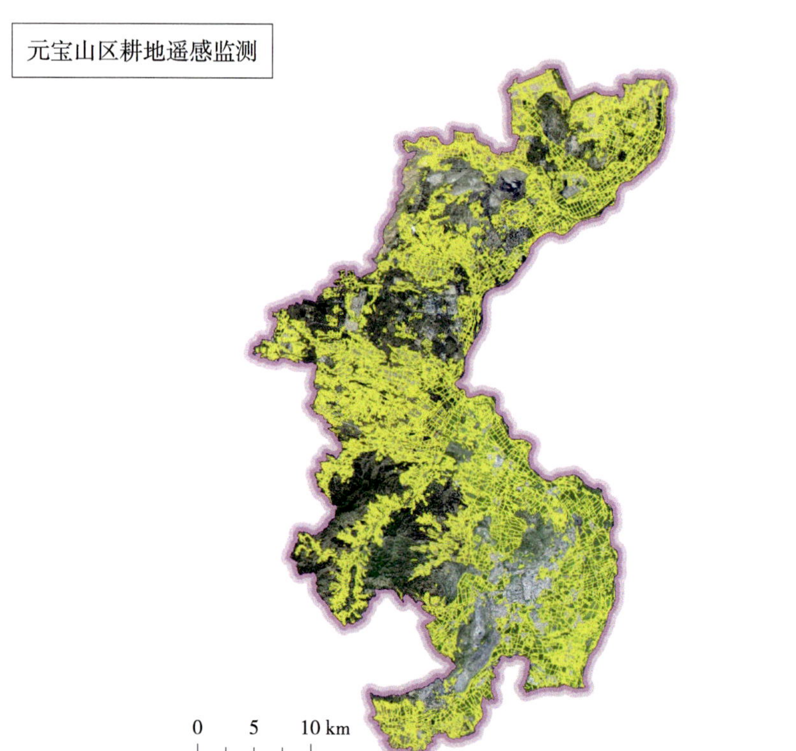
元宝山区耕地遥感监测
N
0 5 10 km

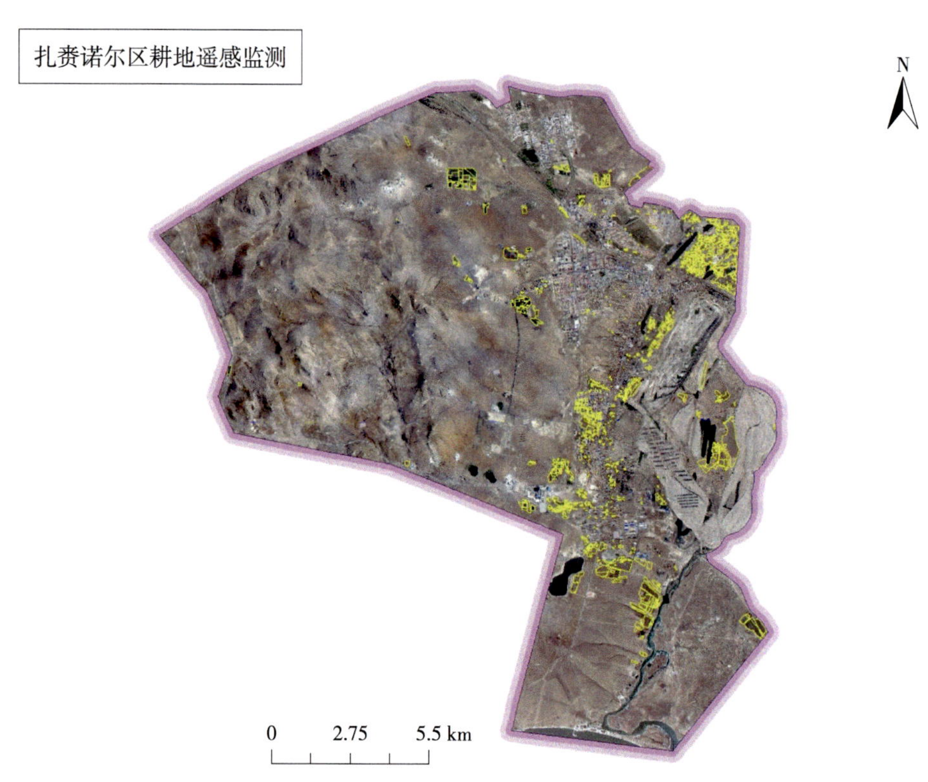
扎赉诺尔区耕地遥感监测
N
0 2.75 5.5 km

扎赉特旗耕地遥感监测

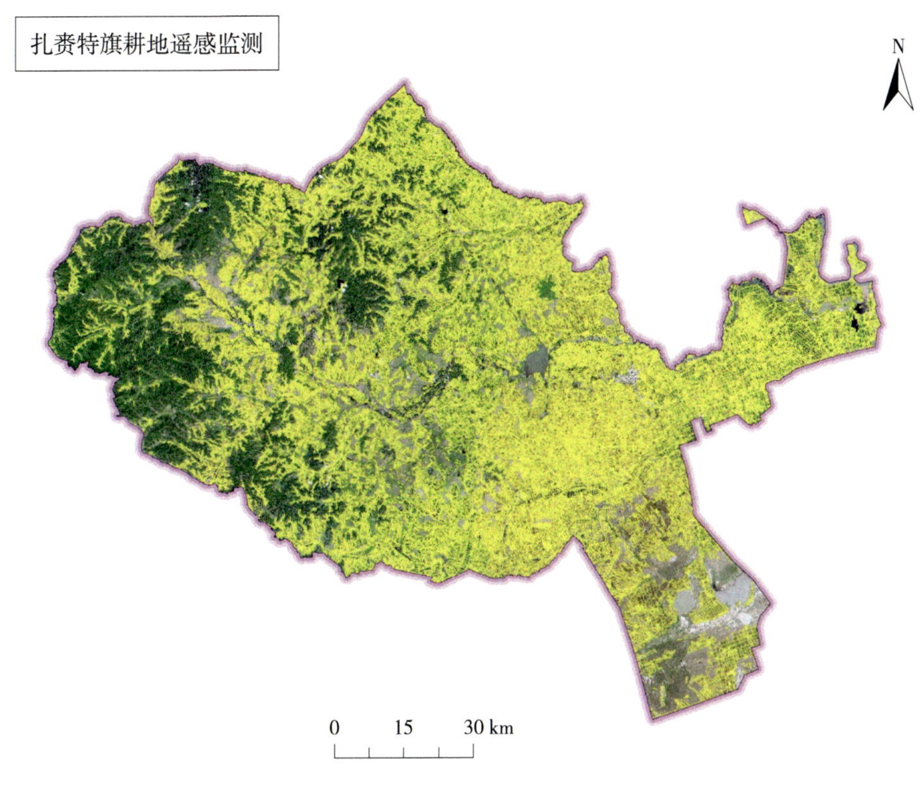

扎兰屯市耕地遥感监测

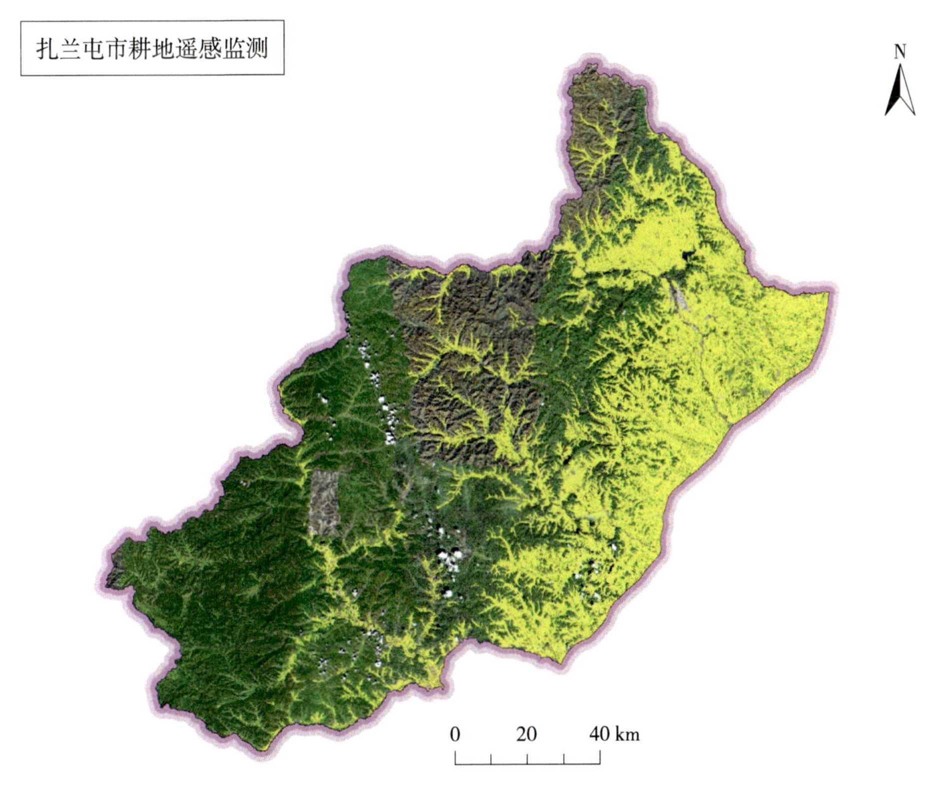

扎鲁特旗耕地遥感监测

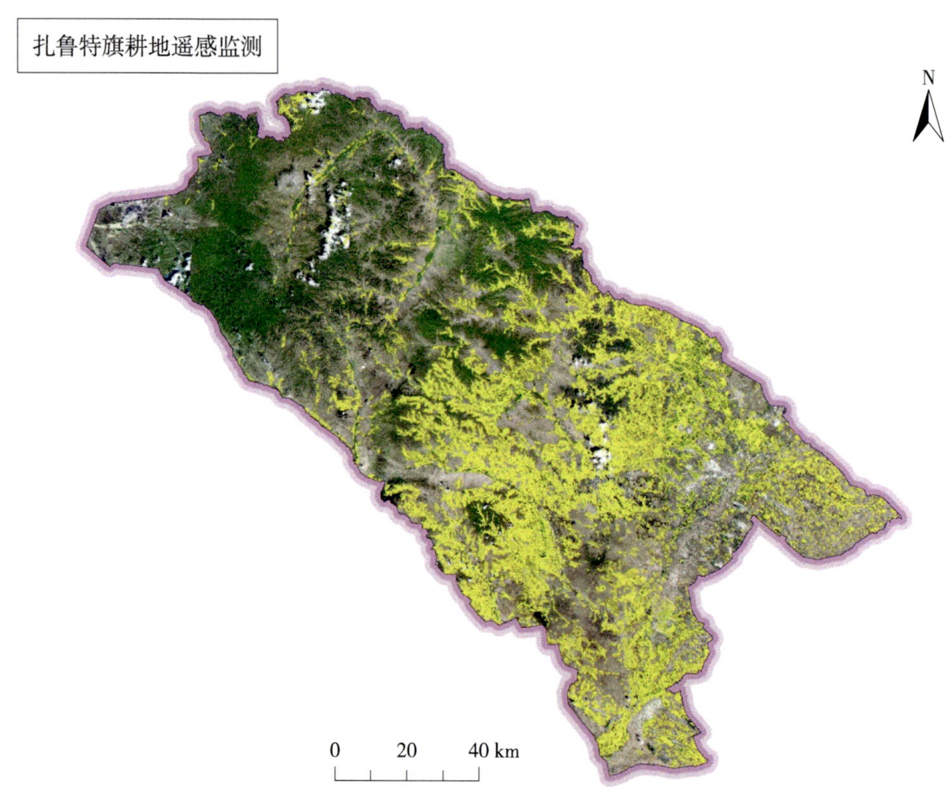

正蓝旗耕地遥感监测

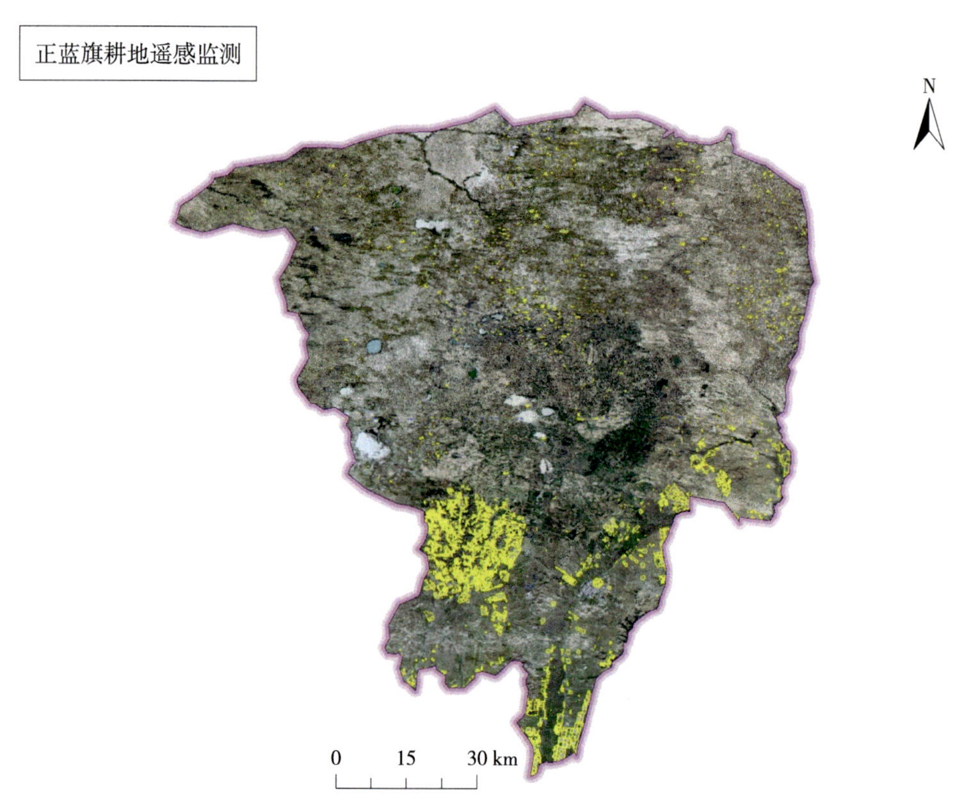

正镶白旗耕地遥感监测

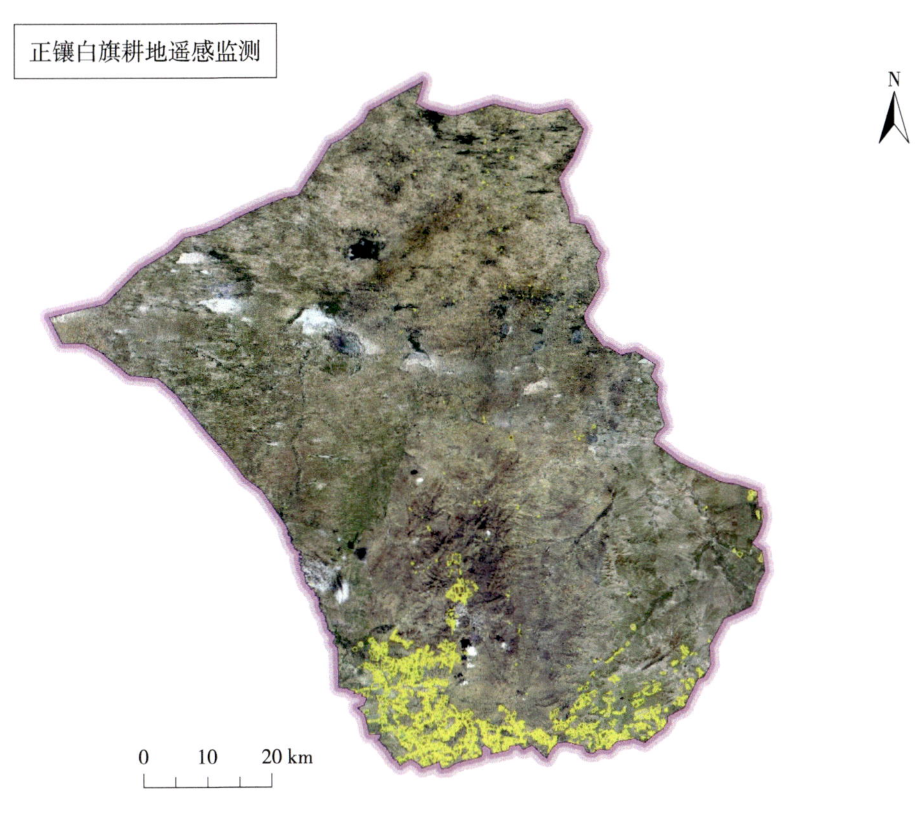

准格尔旗耕地遥感监测

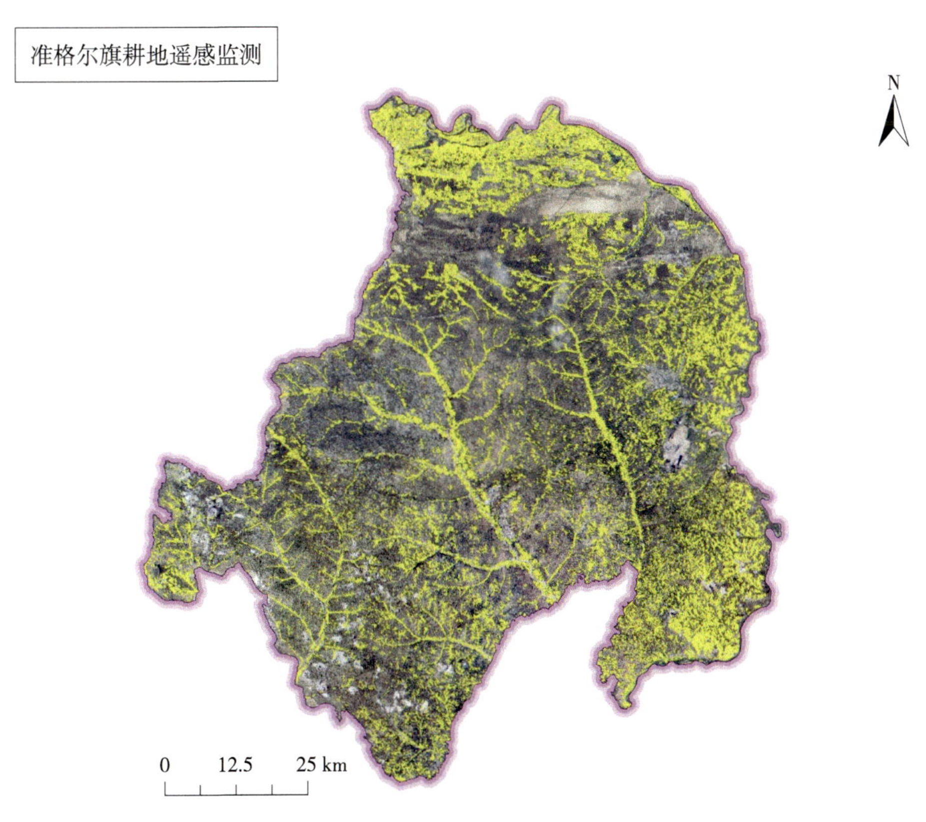

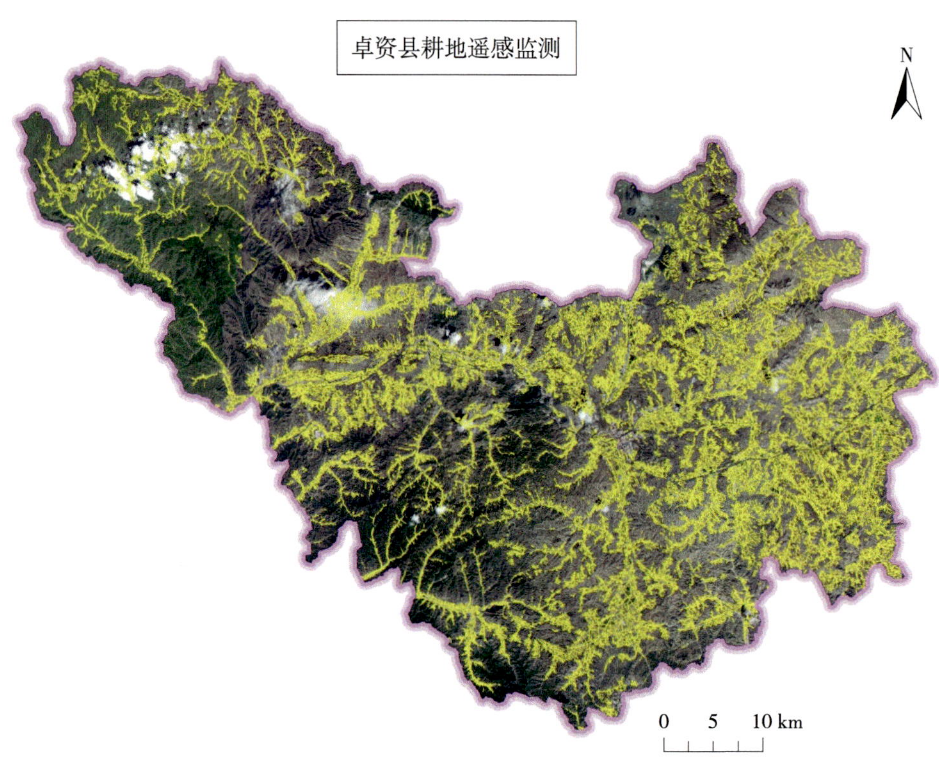
卓资县耕地遥感监测
N
0 5 10 km

第三部分

耕地种植结构
遥感监测

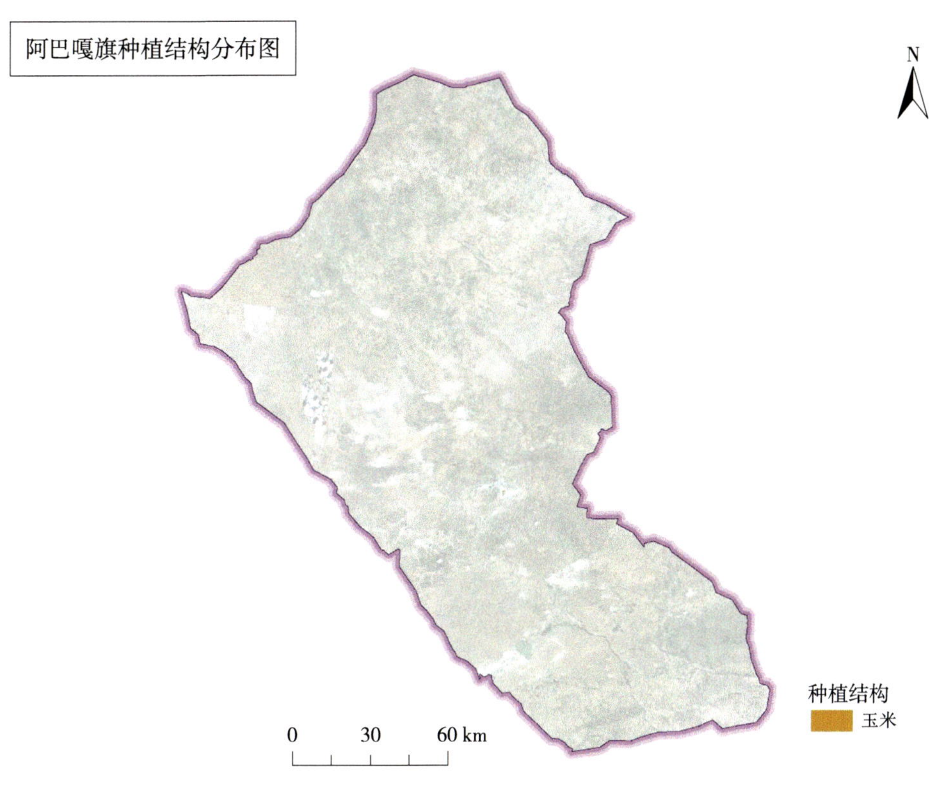
阿巴嘎旗种植结构分布图
N
种植结构
玉米
0 30 60 km

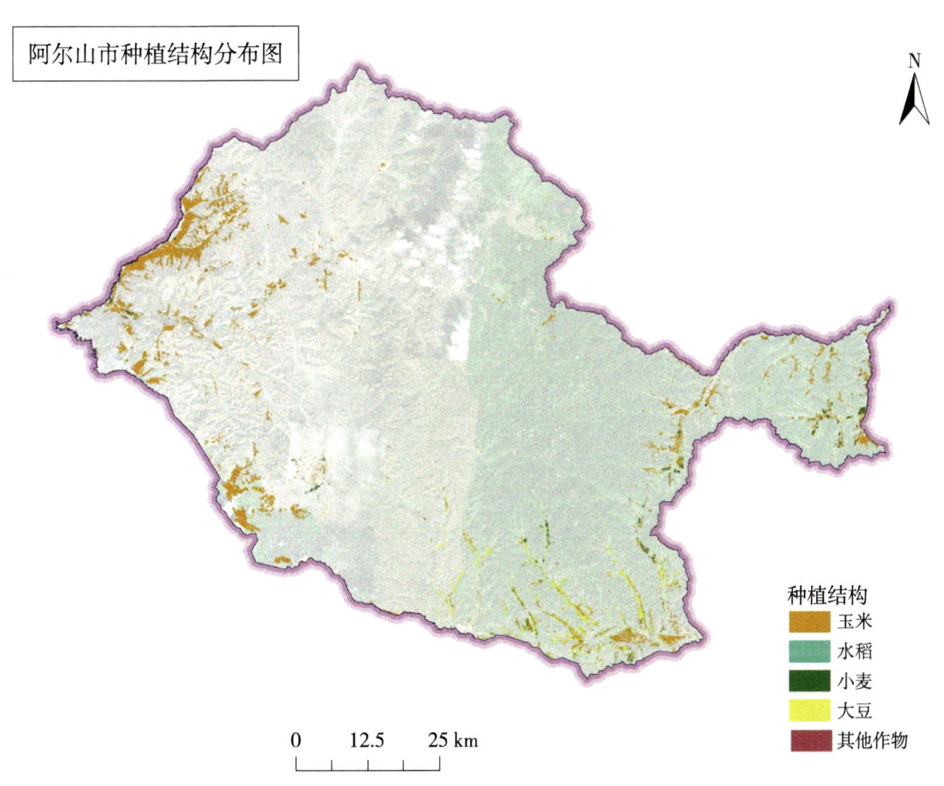
阿尔山市种植结构分布图
N
种植结构
玉米
水稻
小麦
大豆
其他作物
0 12.5 25 km

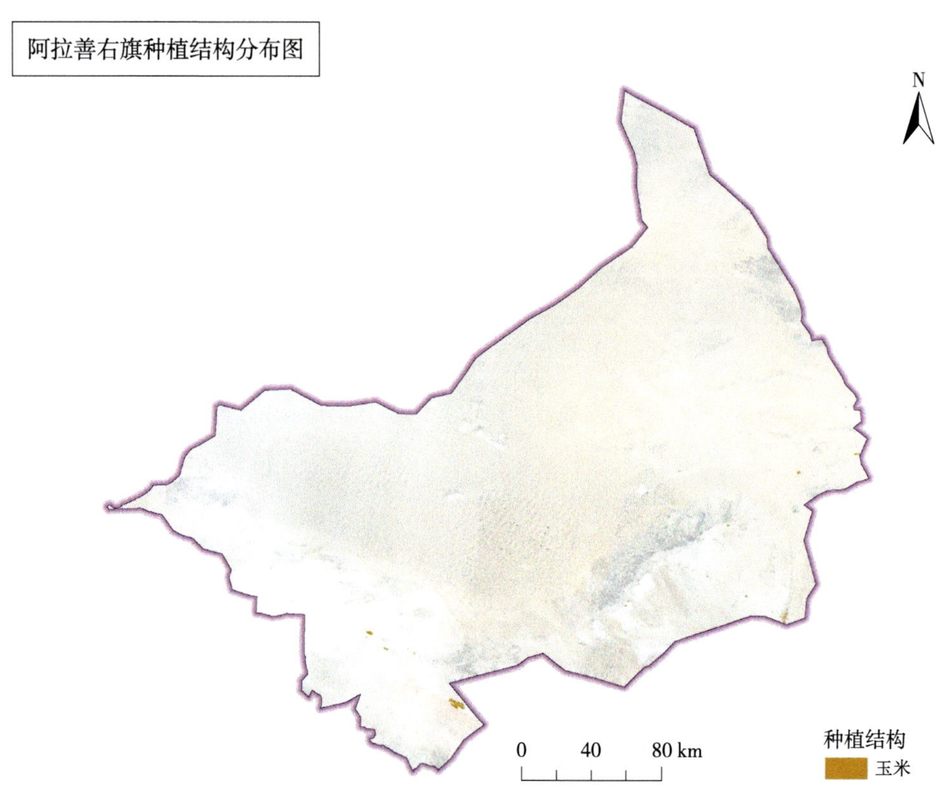
阿拉善右旗种植结构分布图
N
0 40 80 km
种植结构
玉米

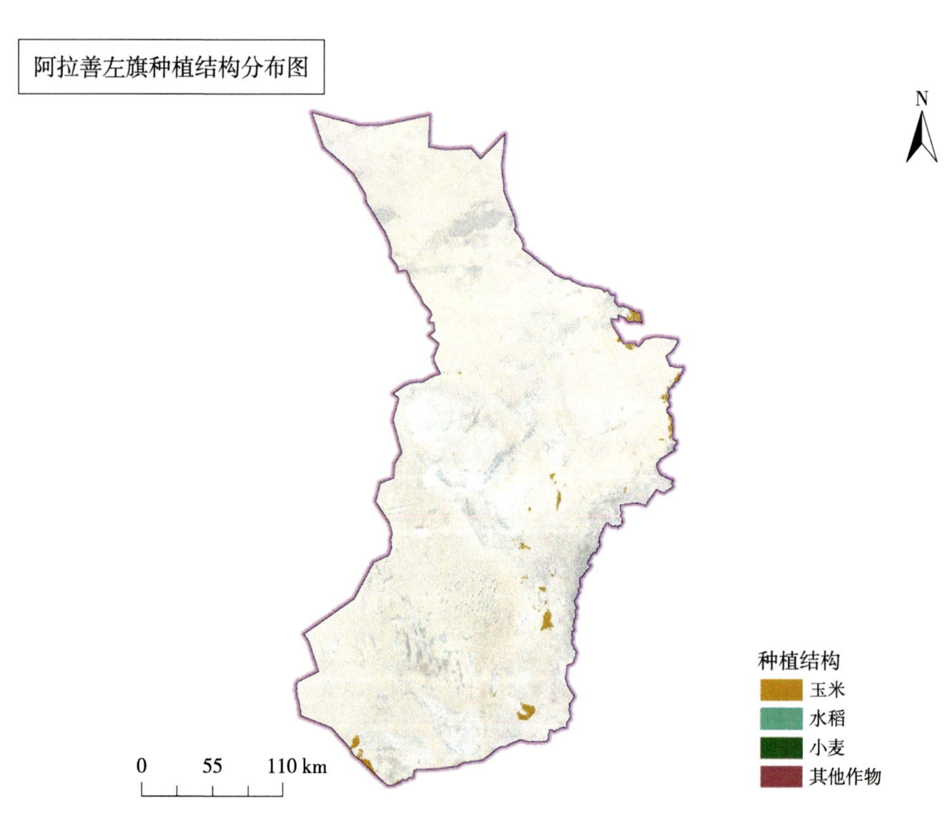
阿拉善左旗种植结构分布图
N
0 55 110 km
种植结构
玉米
水稻
小麦
其他作物

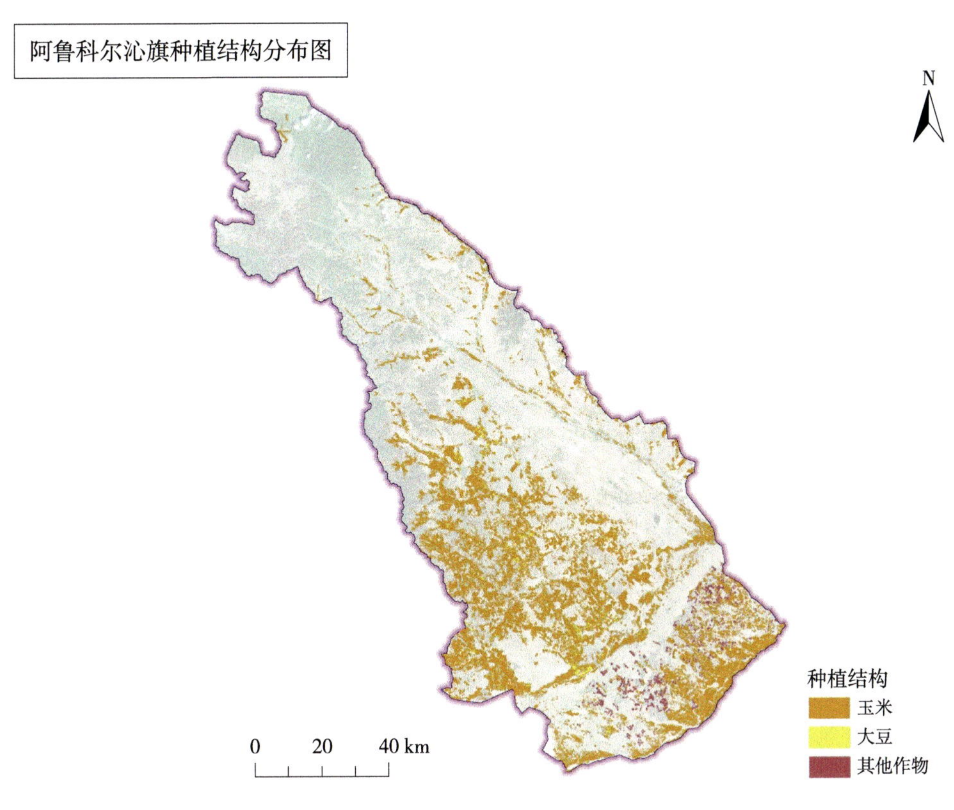
阿鲁科尔沁旗种植结构分布图
N
0 20 40 km
种植结构
玉米
大豆
其他作物

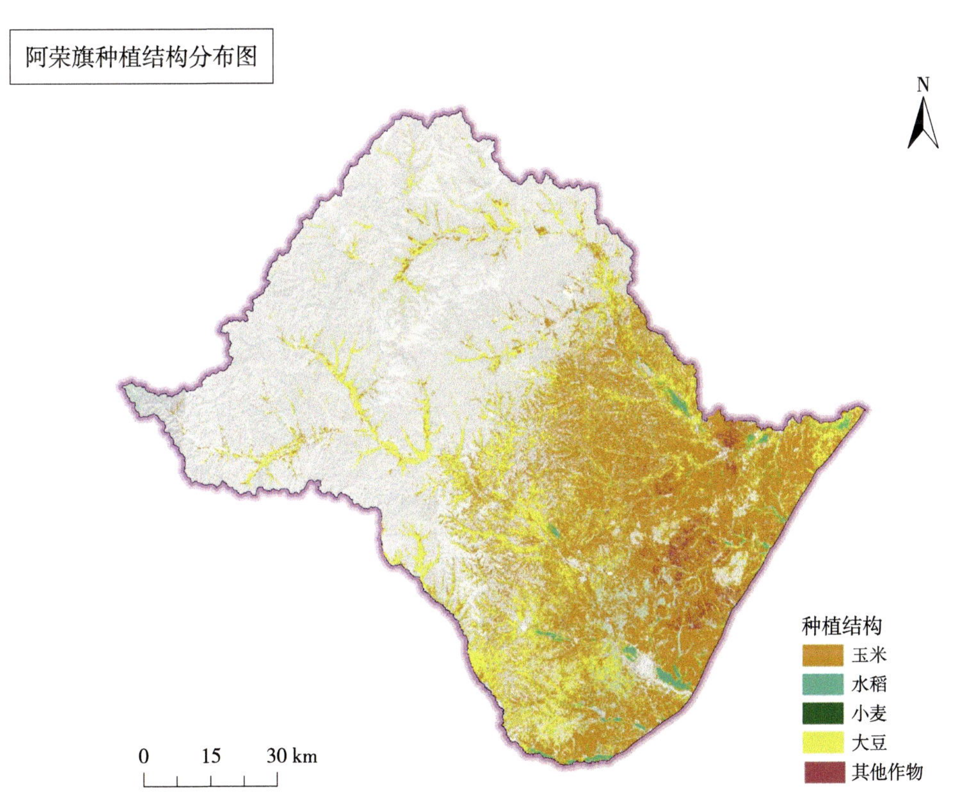
阿荣旗种植结构分布图
N
0 15 30 km
种植结构
玉米
水稻
小麦
大豆
其他作物

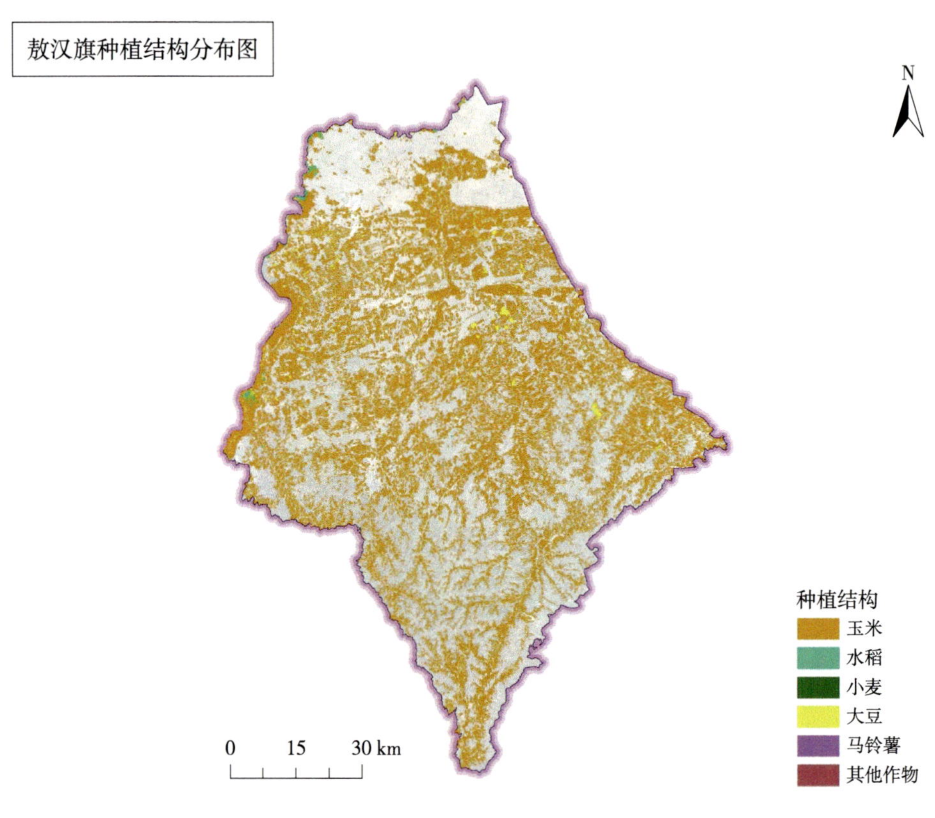
敖汉旗种植结构分布图
N
种植结构
玉米
水稻
小麦
大豆
马铃薯
其他作物
0 15 30 km

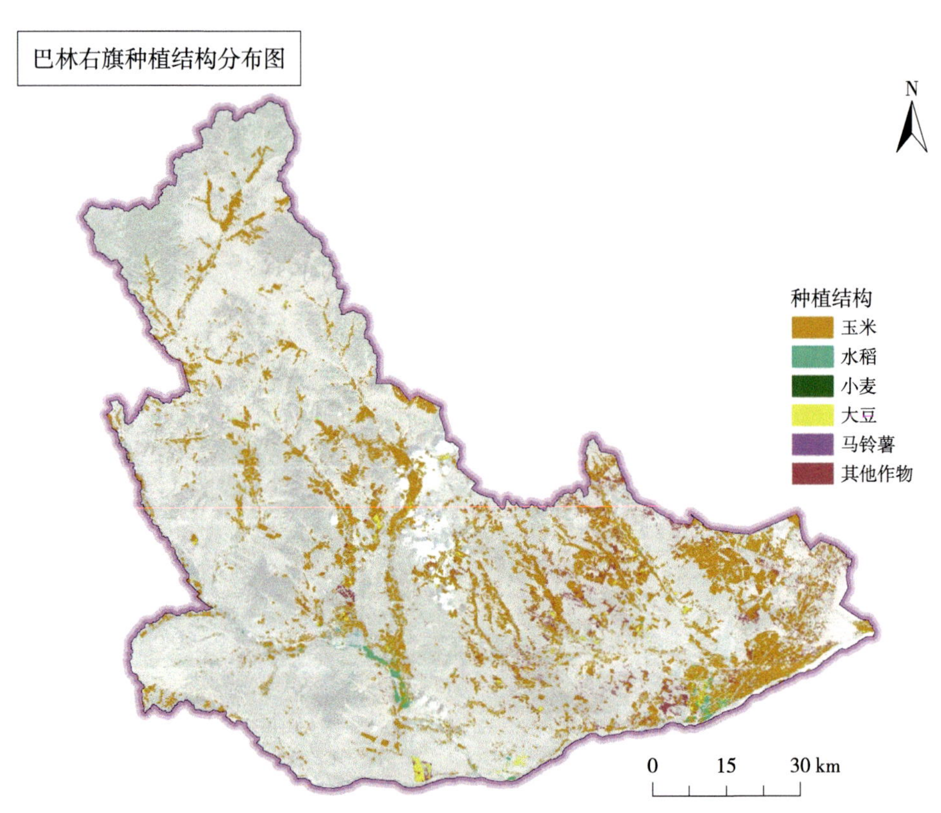
巴林右旗种植结构分布图
N
种植结构
玉米
水稻
小麦
大豆
马铃薯
其他作物
0 15 30 km

巴林左旗种植结构分布图

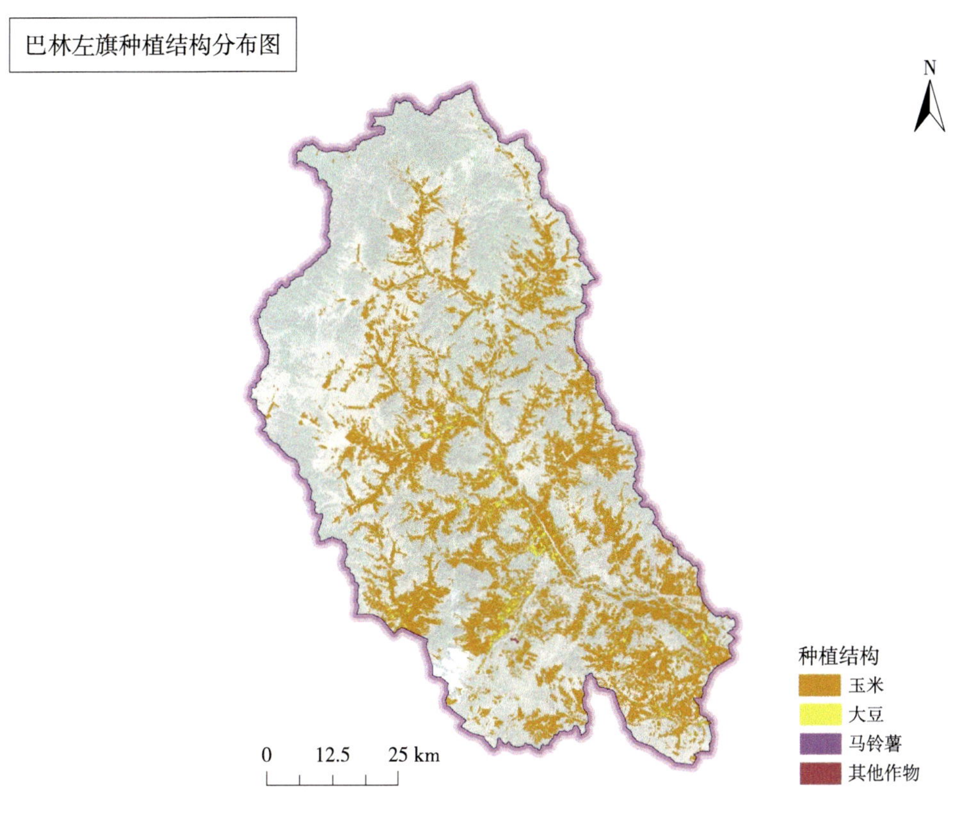

察哈尔右翼后旗种植结构分布图

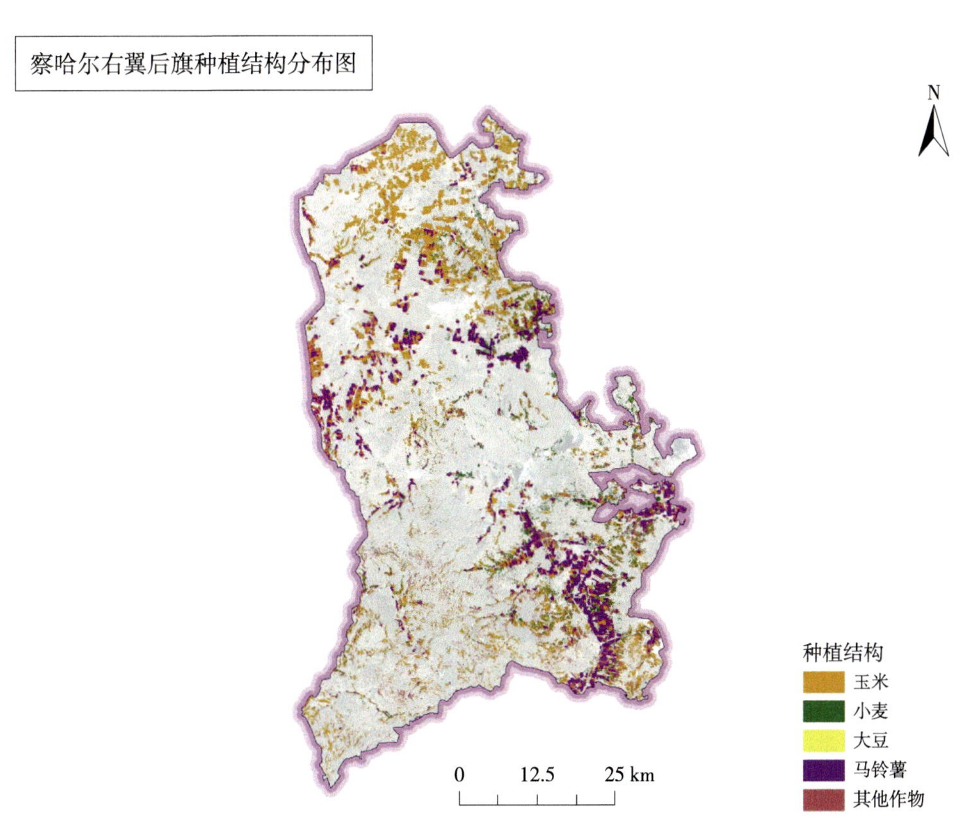

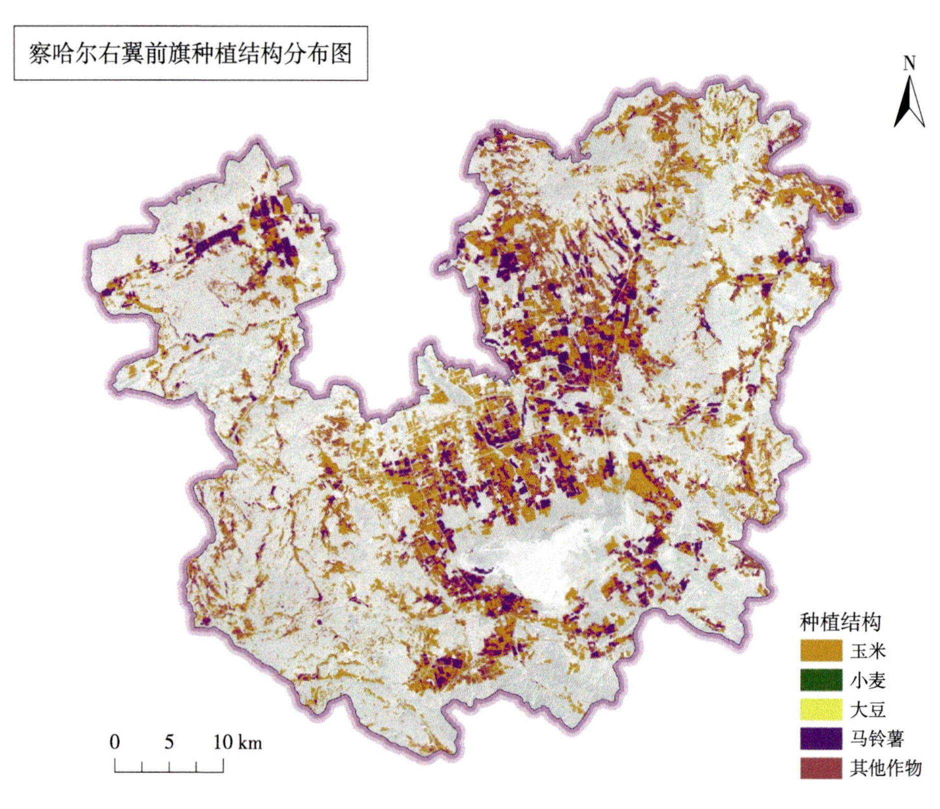
察哈尔右翼前旗种植结构分布图
N
种植结构
玉米
小麦
大豆
马铃薯
其他作物
0 5 10 km

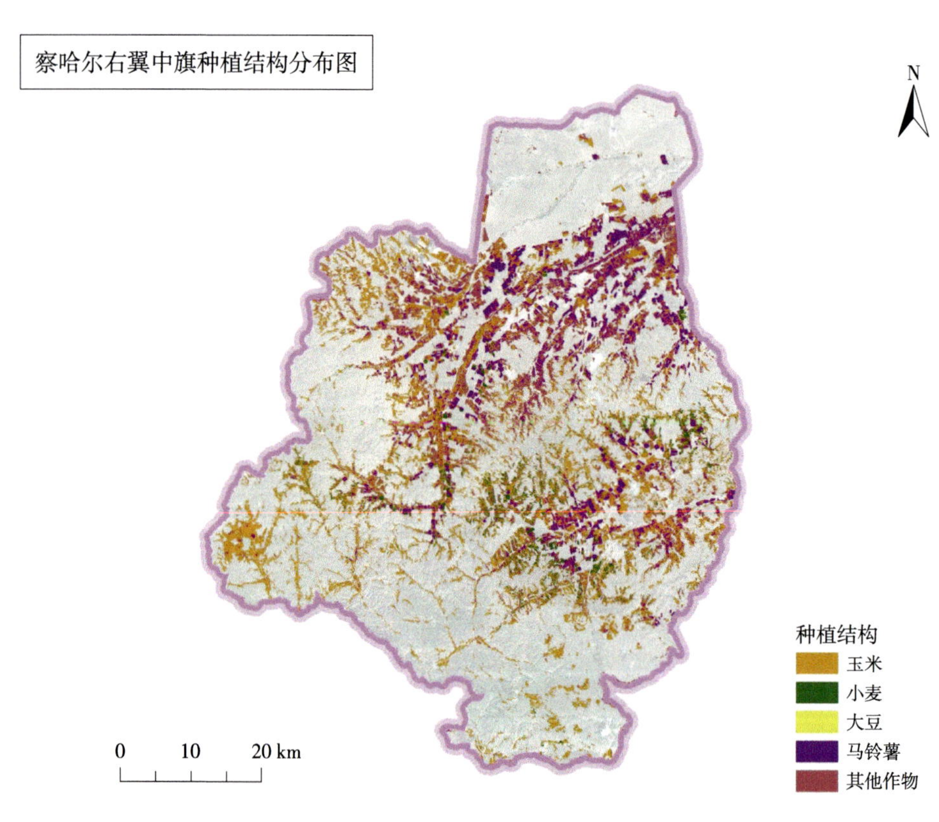
察哈尔右翼中旗种植结构分布图
N
种植结构
玉米
小麦
大豆
马铃薯
其他作物
0 10 20 km

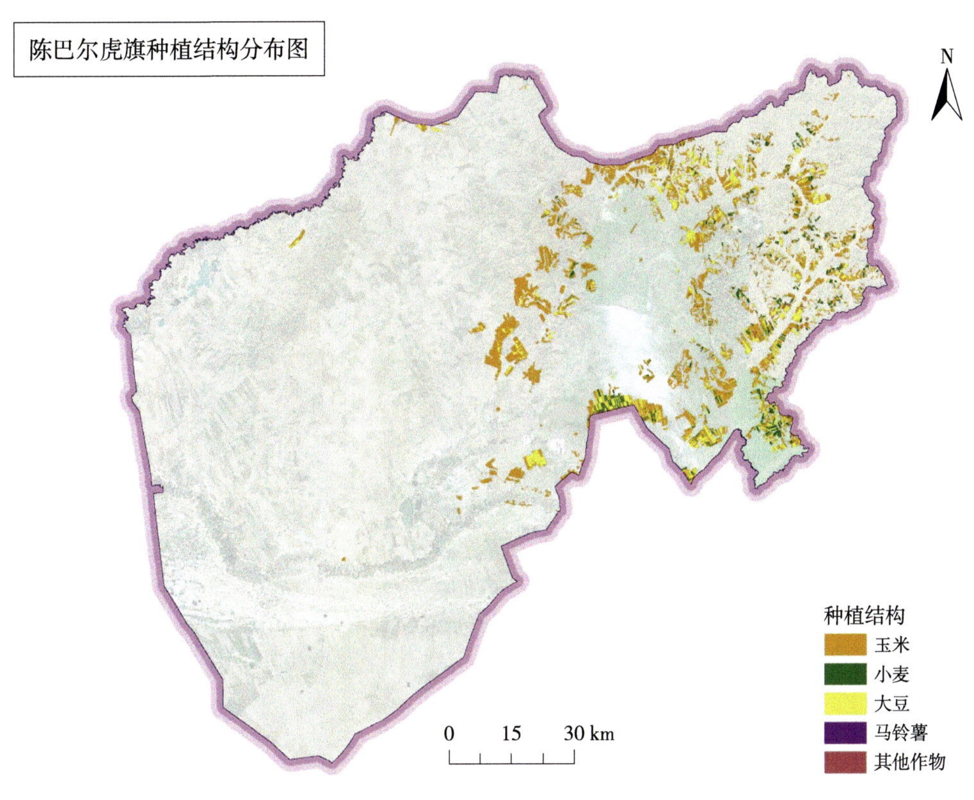
陈巴尔虎旗种植结构分布图
N
种植结构
玉米
小麦
大豆
马铃薯
其他作物
0 15 30 km

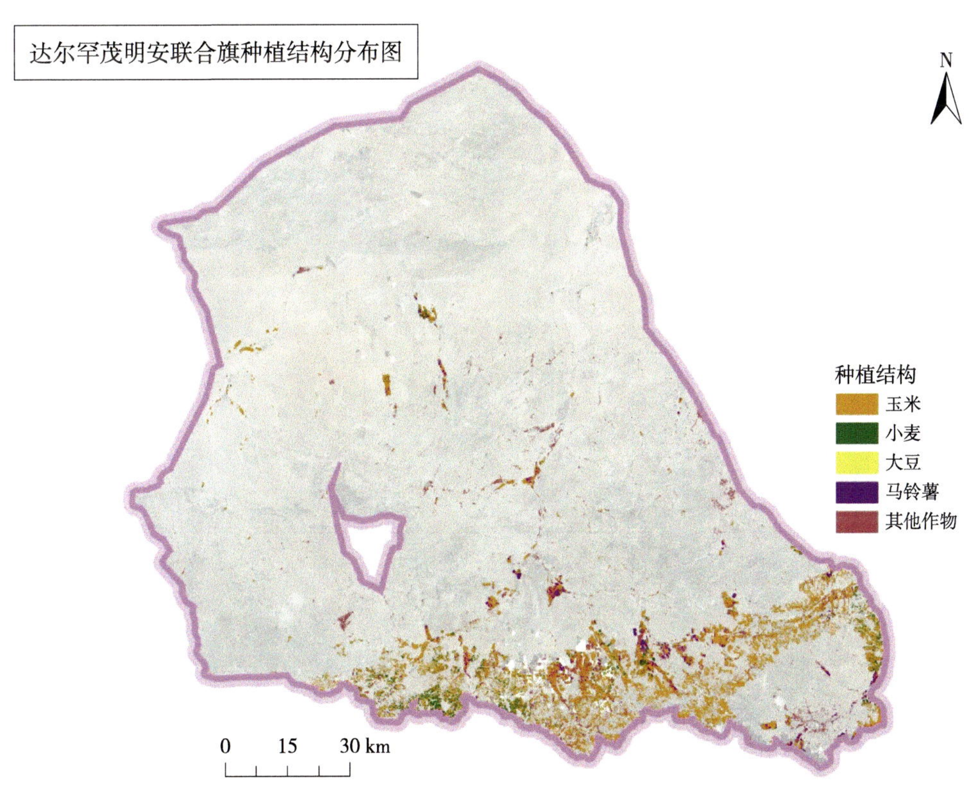
达尔罕茂明安联合旗种植结构分布图
N
种植结构
玉米
小麦
大豆
马铃薯
其他作物
0 15 30 km

达拉特旗种植结构分布图

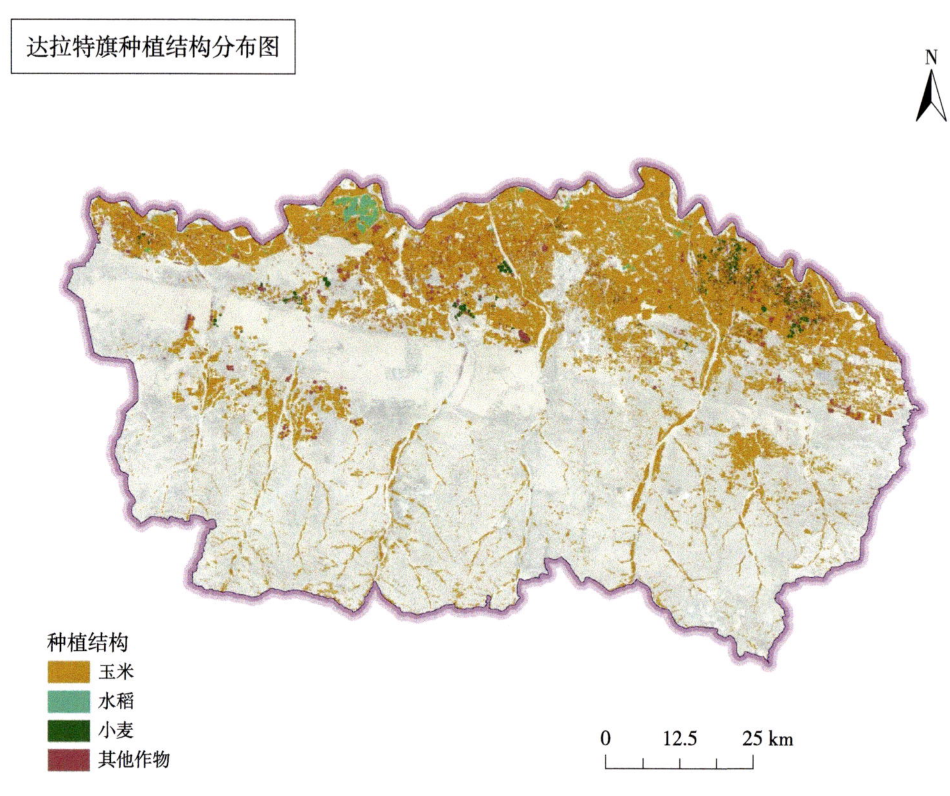

磴口县种植结构分布图

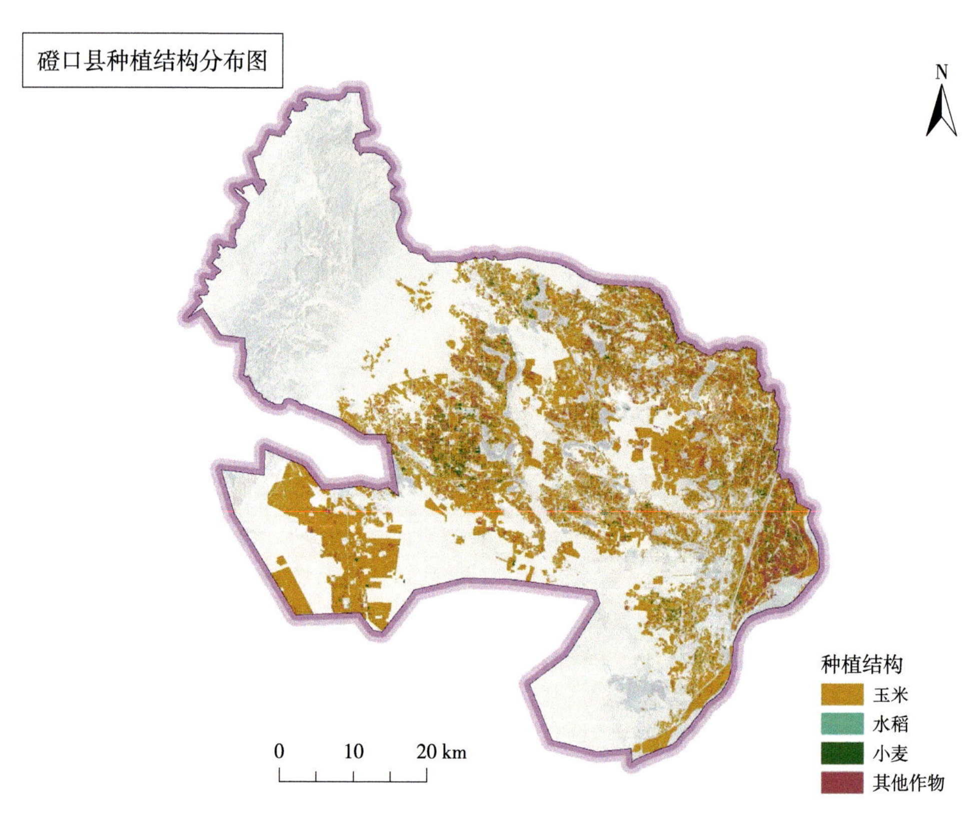

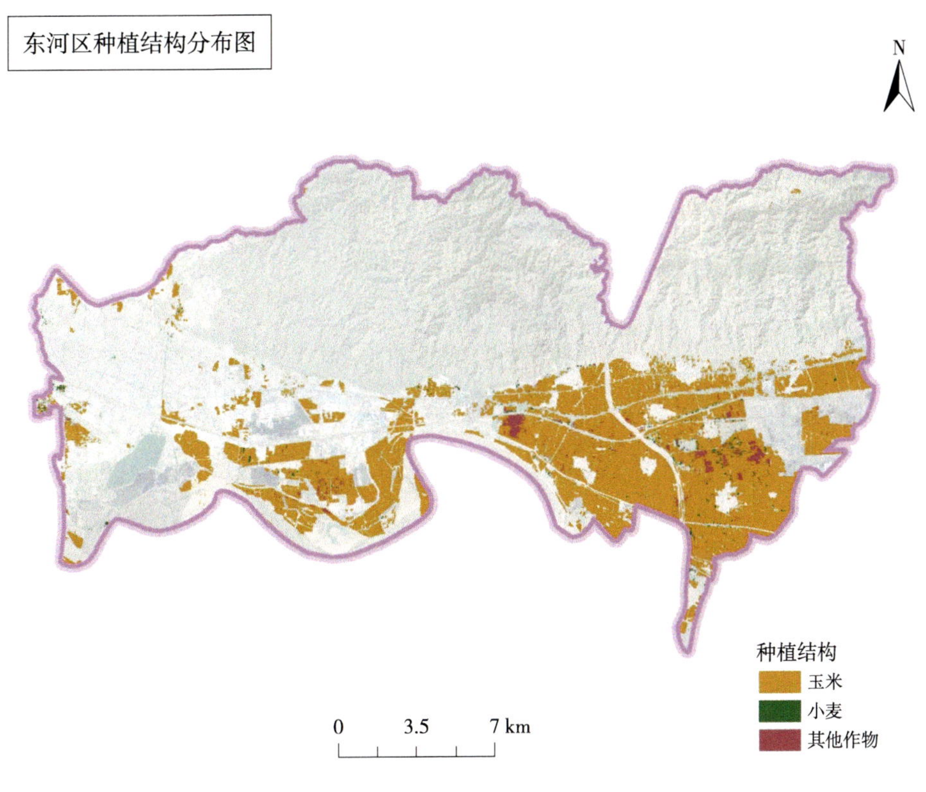
东河区种植结构分布图
N
种植结构
玉米
小麦
其他作物
0 3.5 7 km

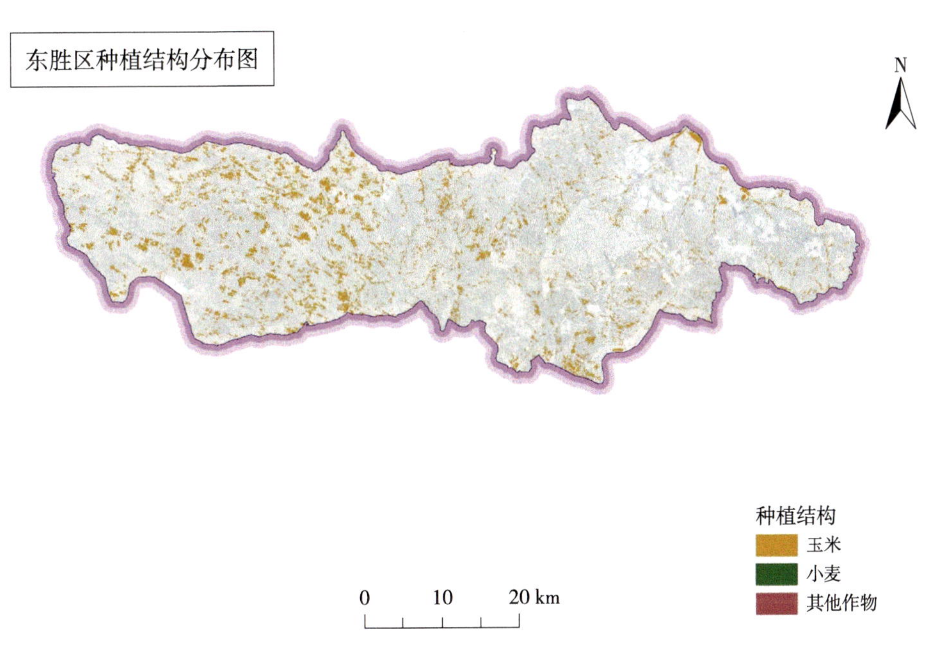
东胜区种植结构分布图
N
种植结构
玉米
小麦
其他作物
0 10 20 km

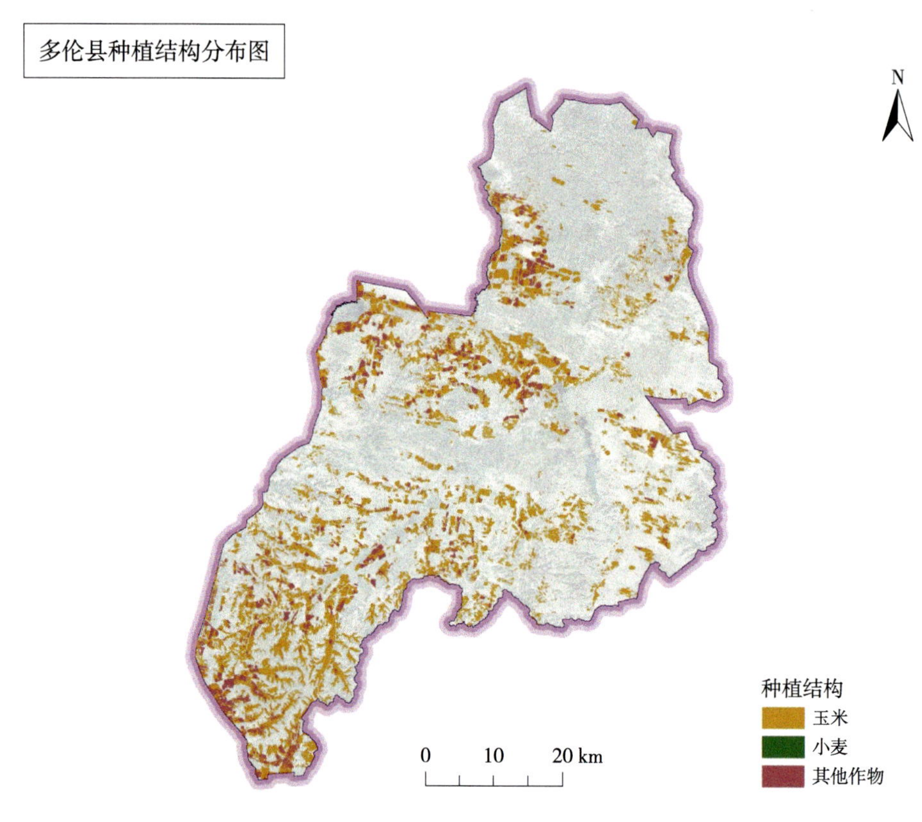
多伦县种植结构分布图
N
0 10 20 km
种植结构
玉米
小麦
其他作物

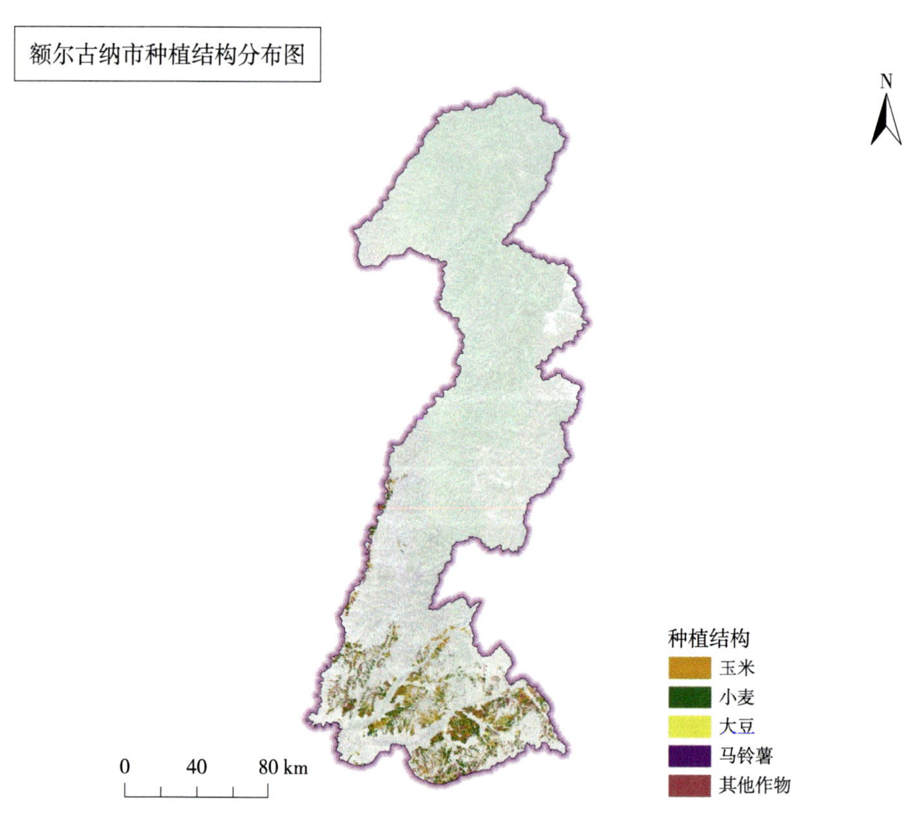
额尔古纳市种植结构分布图
N
0 40 80 km
种植结构
玉米
小麦
大豆
马铃薯
其他作物

额济纳旗种植结构分布图

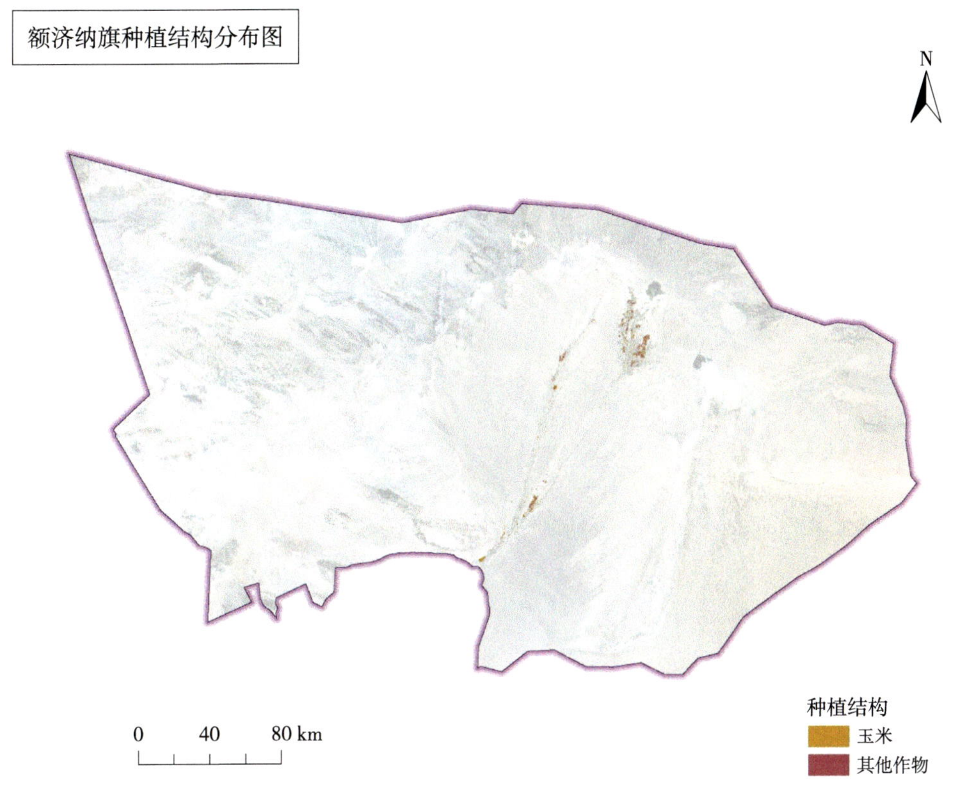

鄂伦春自治旗种植结构分布图

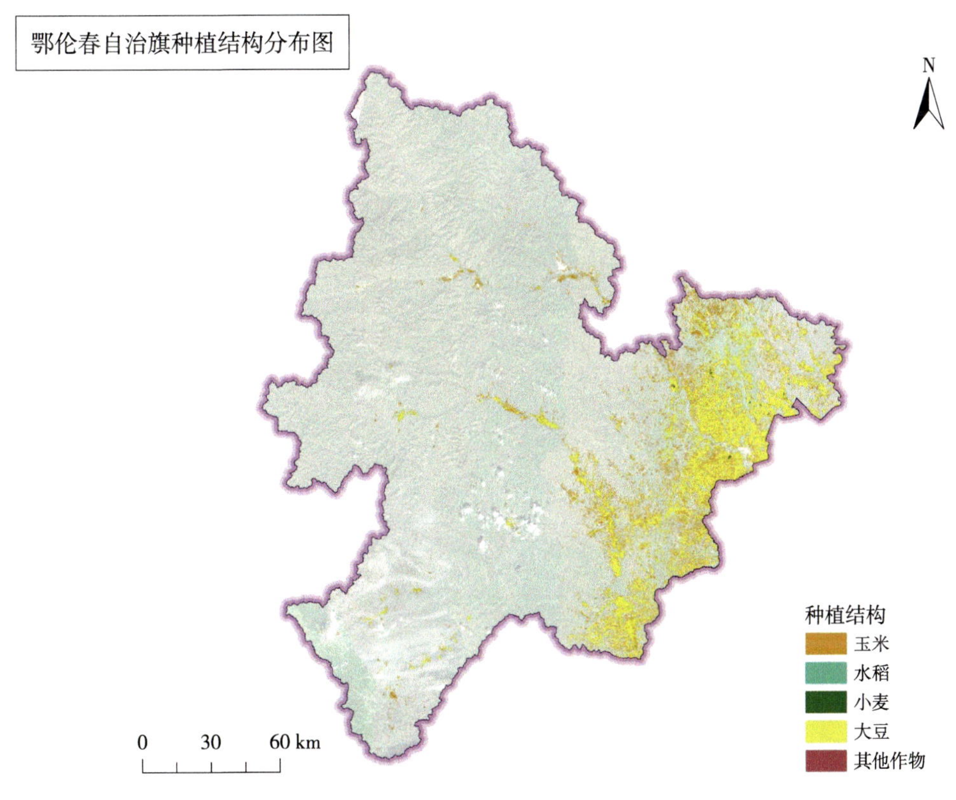

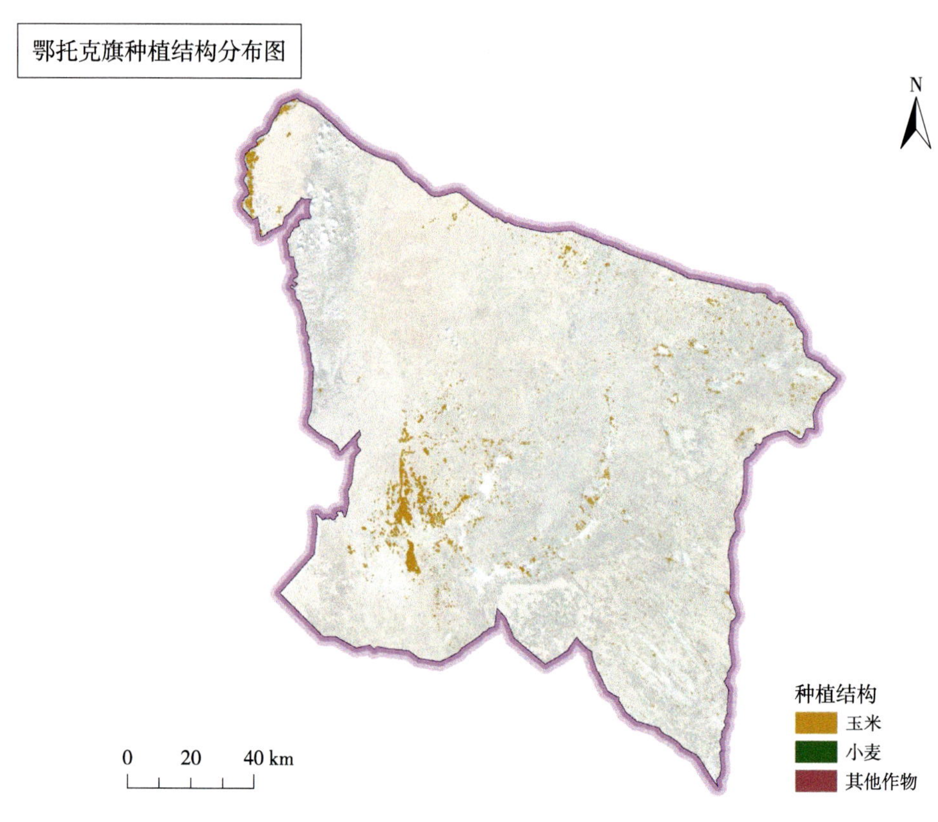
鄂托克旗种植结构分布图
N
种植结构
玉米
小麦
其他作物
0 20 40 km

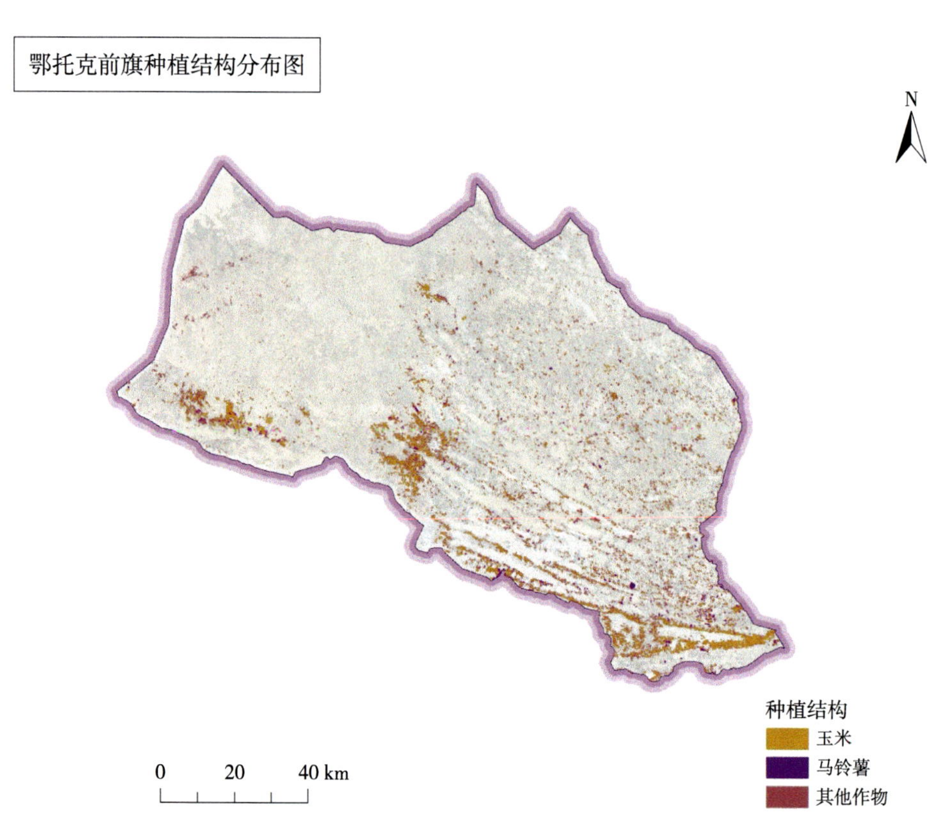
鄂托克前旗种植结构分布图
N
种植结构
玉米
马铃薯
其他作物
0 20 40 km

丰镇市种植结构分布图

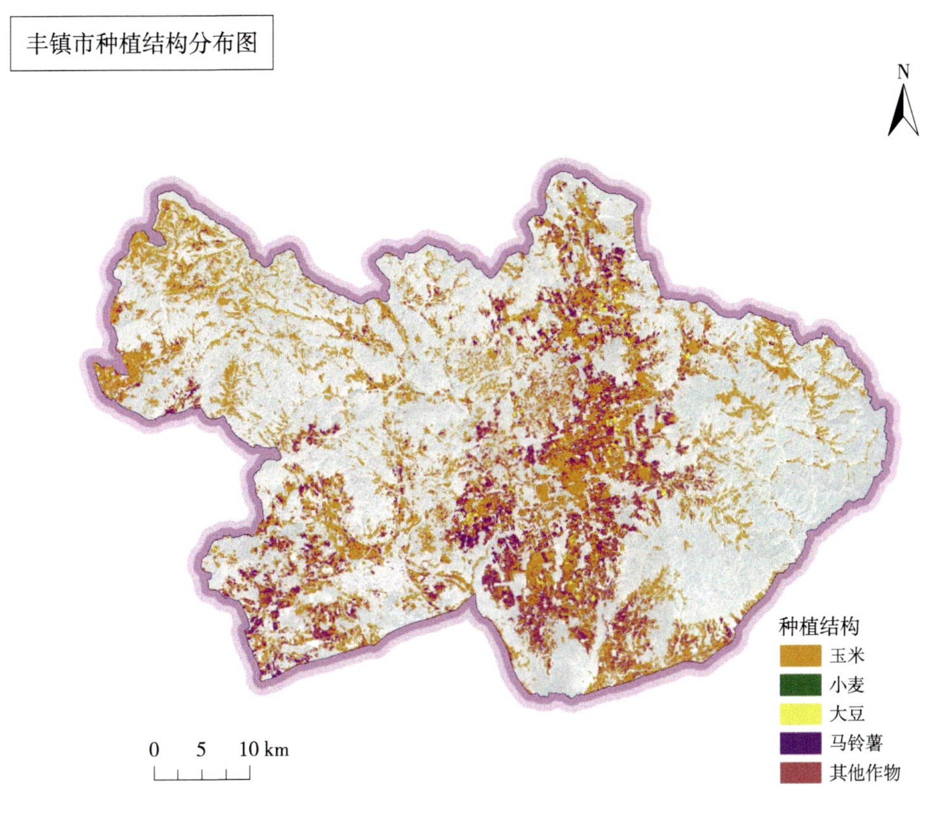

固阳县种植结构分布图

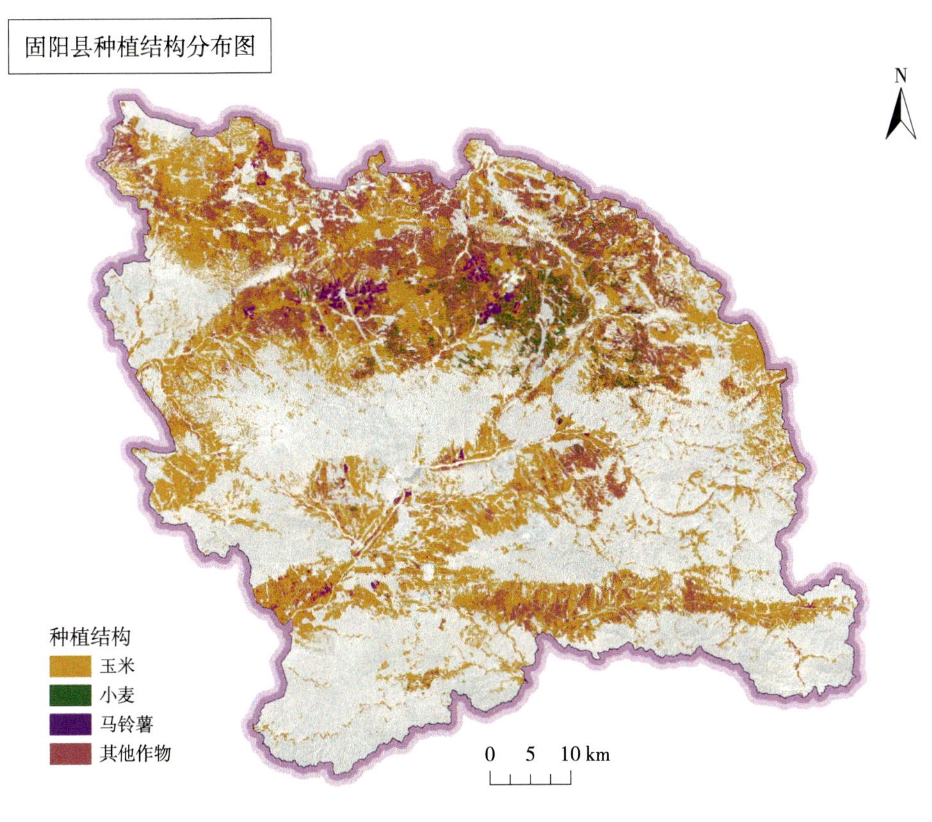

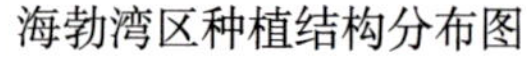

海勃湾区种植结构分布图

海拉尔区种植结构分布图

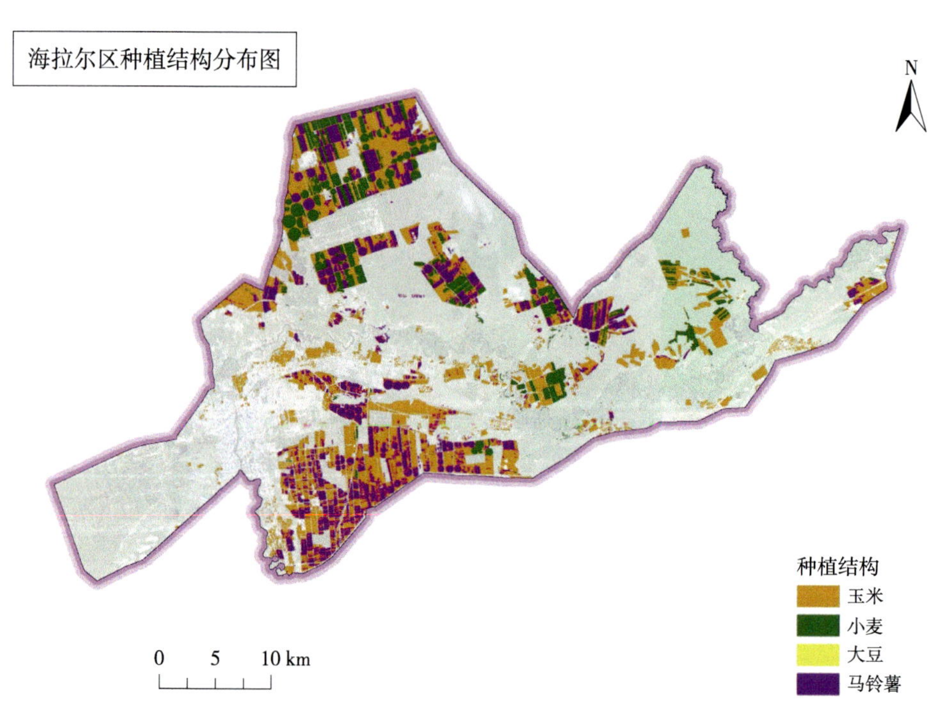

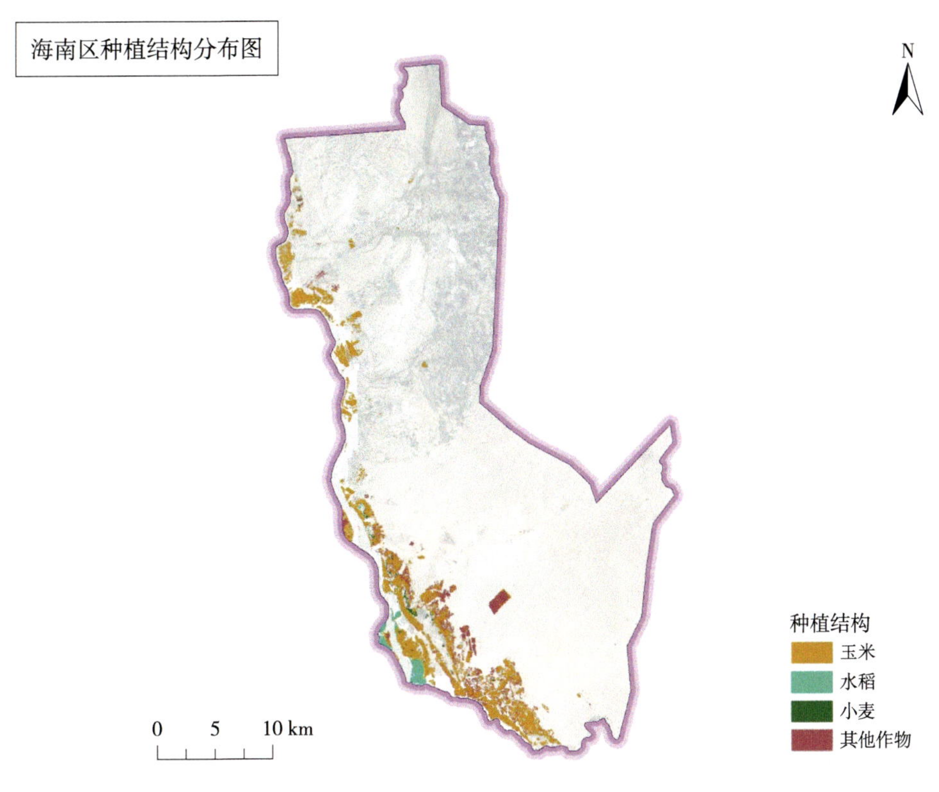
海南区种植结构分布图
N
种植结构
玉米
水稻
小麦
其他作物
0 5 10 km

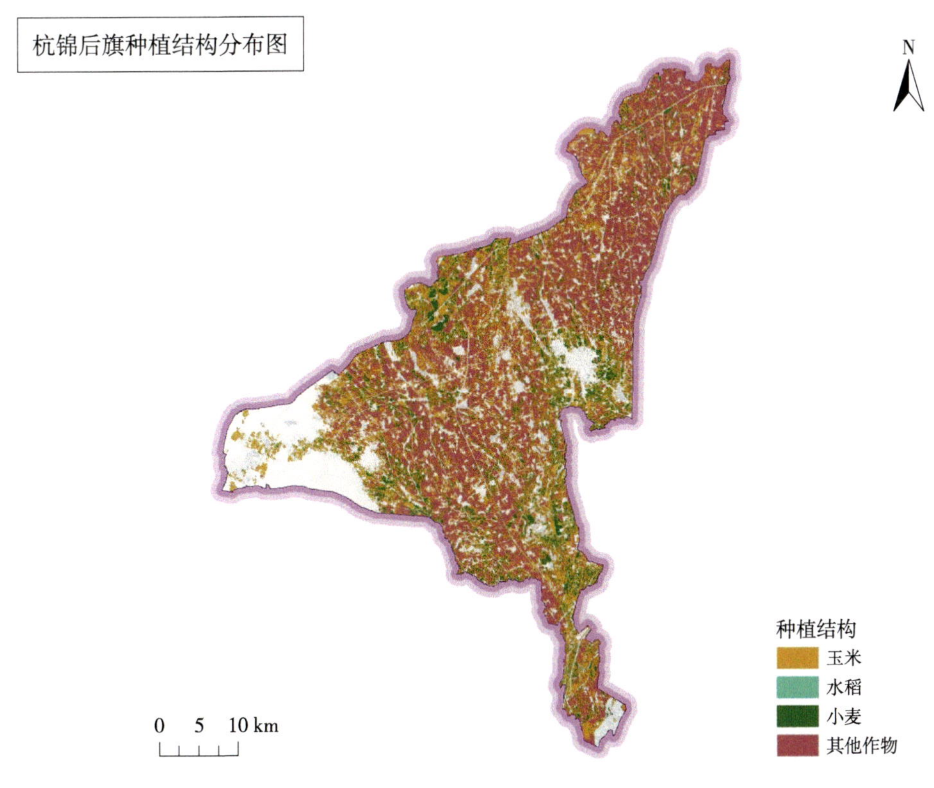
杭锦后旗种植结构分布图
N
种植结构
玉米
水稻
小麦
其他作物
0 5 10 km

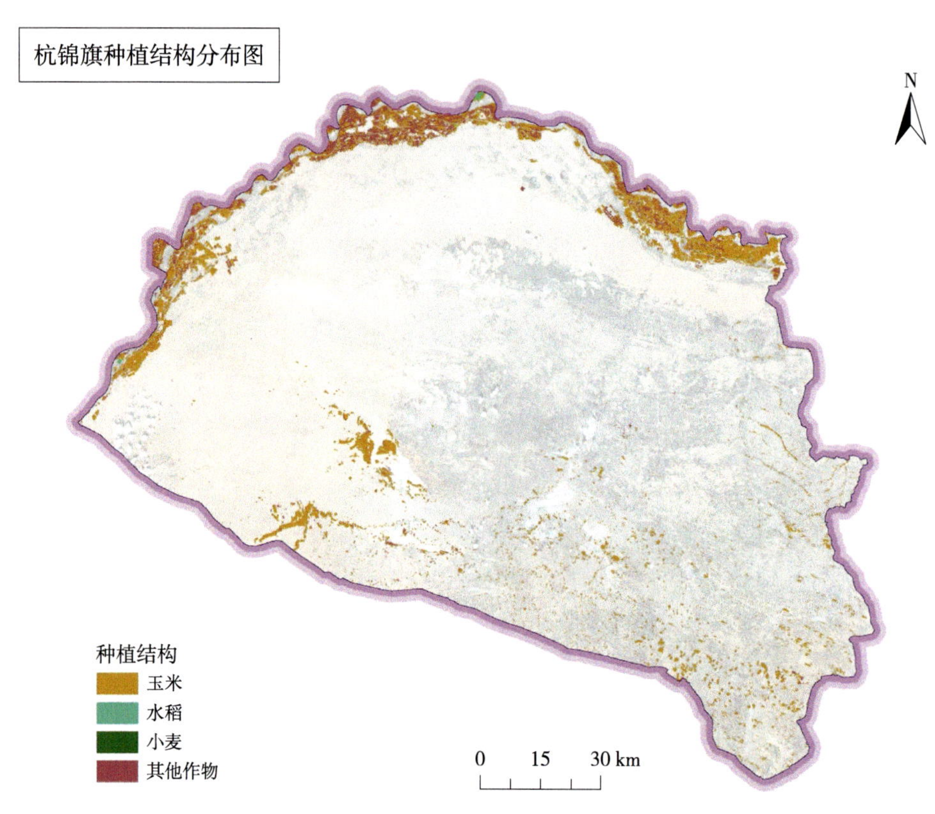
杭锦旗种植结构分布图
N
种植结构
玉米
水稻
小麦
其他作物
0 15 30 km

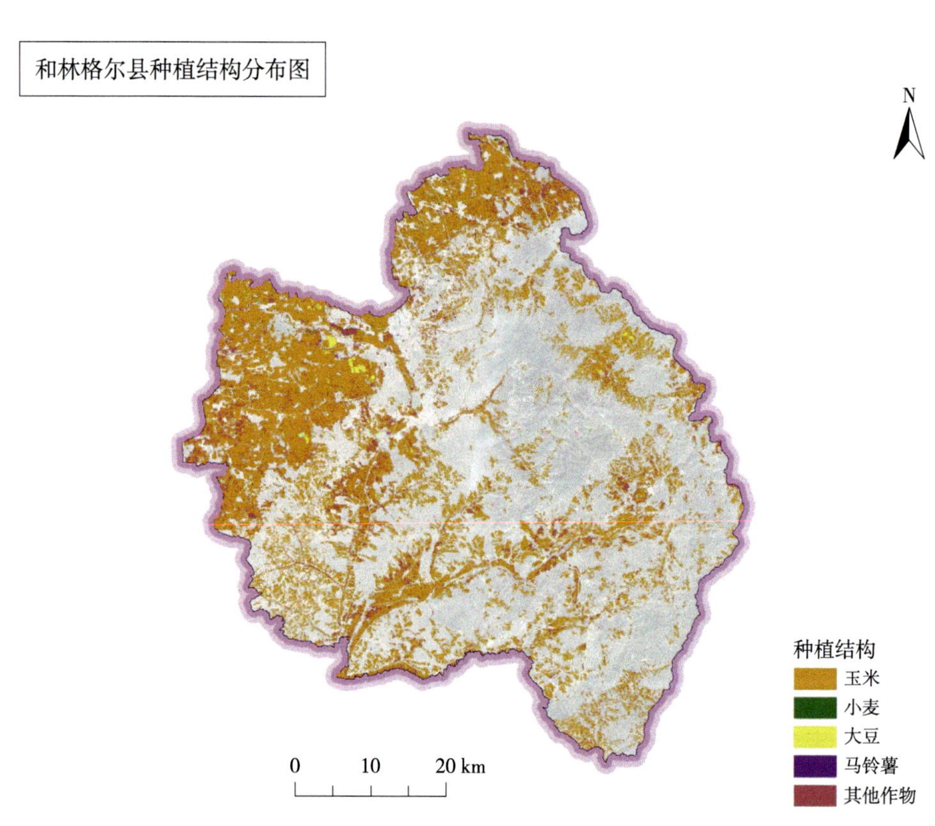
和林格尔县种植结构分布图
N
种植结构
玉米
小麦
大豆
马铃薯
其他作物
0 10 20 km

红山区种植结构分布图

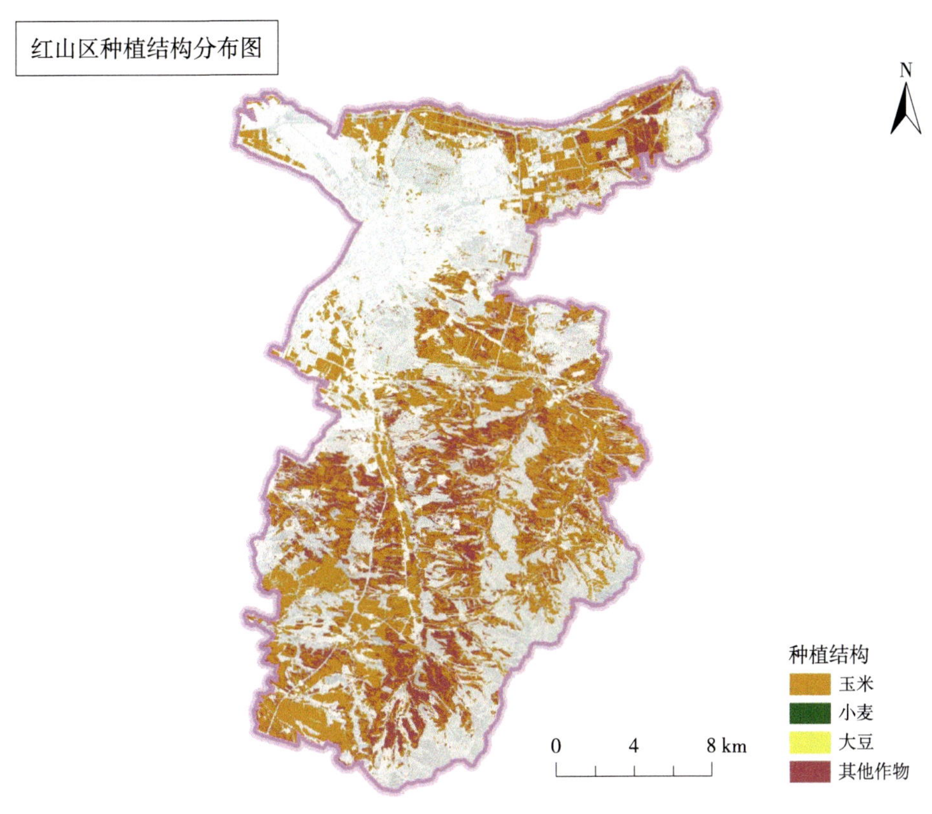

化德县种植结构分布图

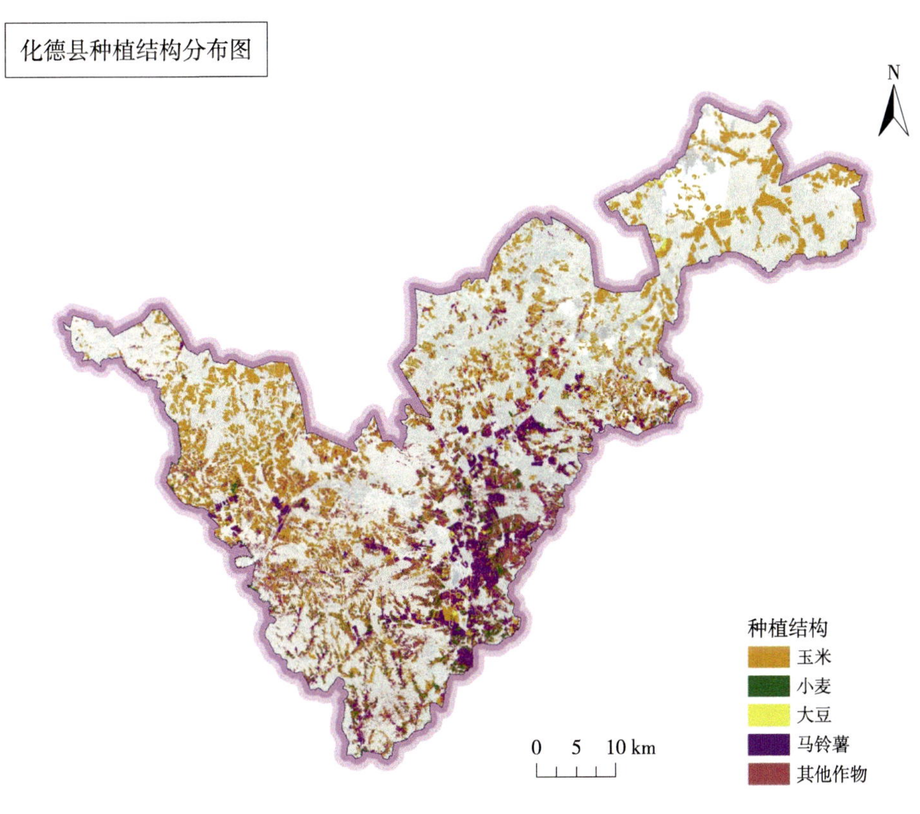

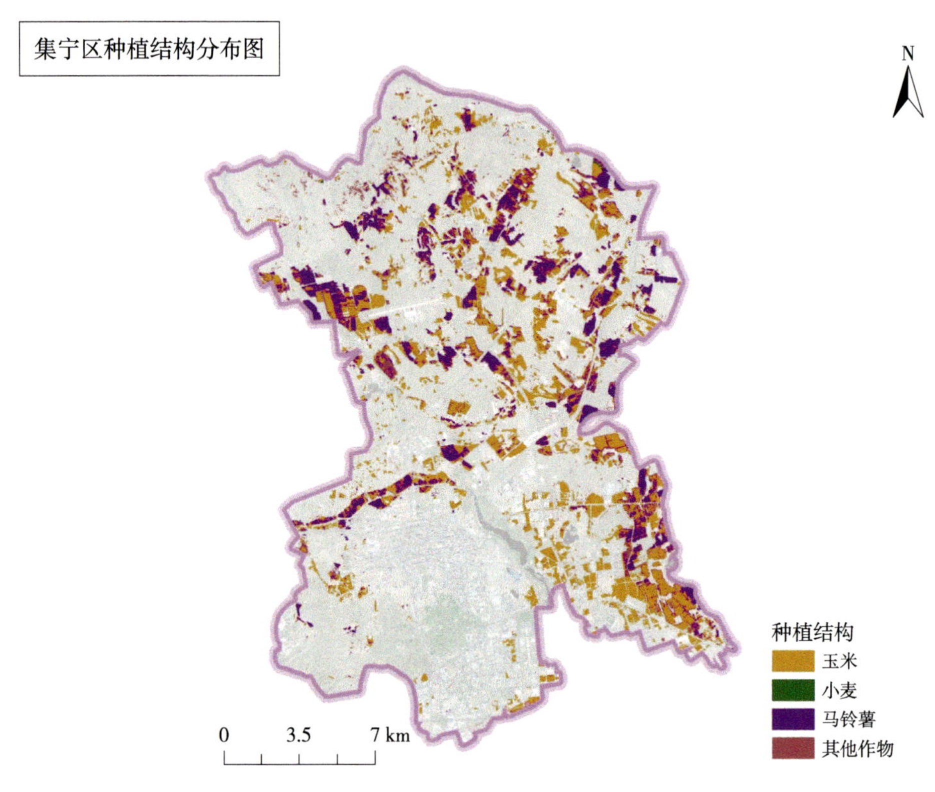
集宁区种植结构分布图
N
0
3.5
7 km
种植结构
玉米
小麦
马铃薯
其他作物

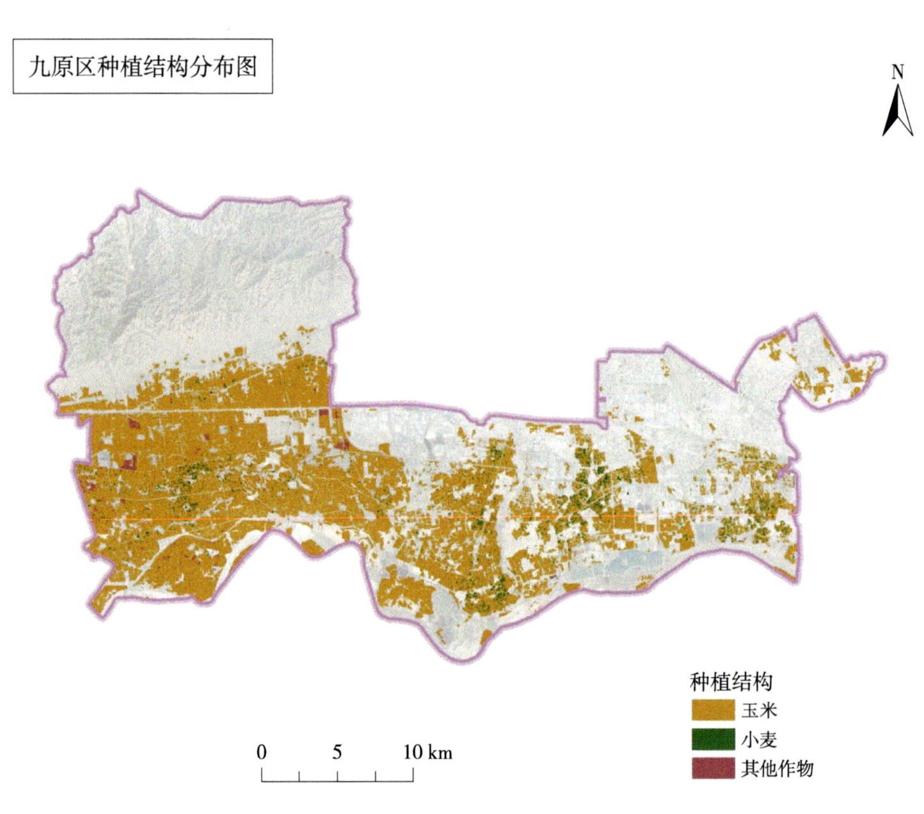
九原区种植结构分布图
N
0
5
10 km
种植结构
玉米
小麦
其他作物

喀喇沁旗种植结构分布图

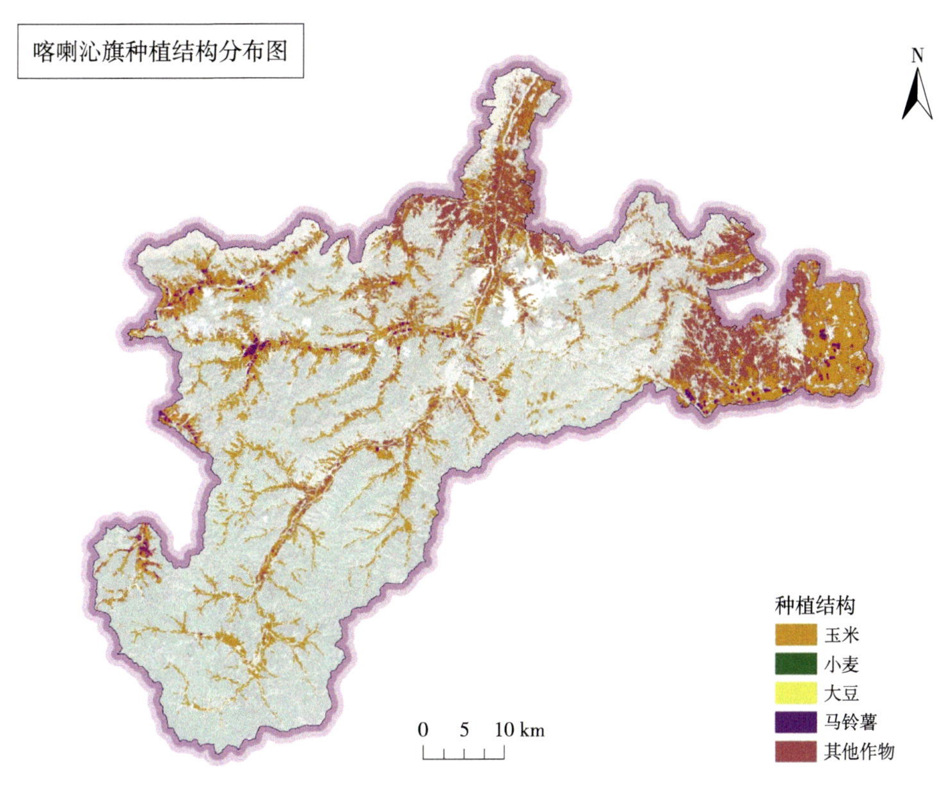

开鲁县种植结构分布图

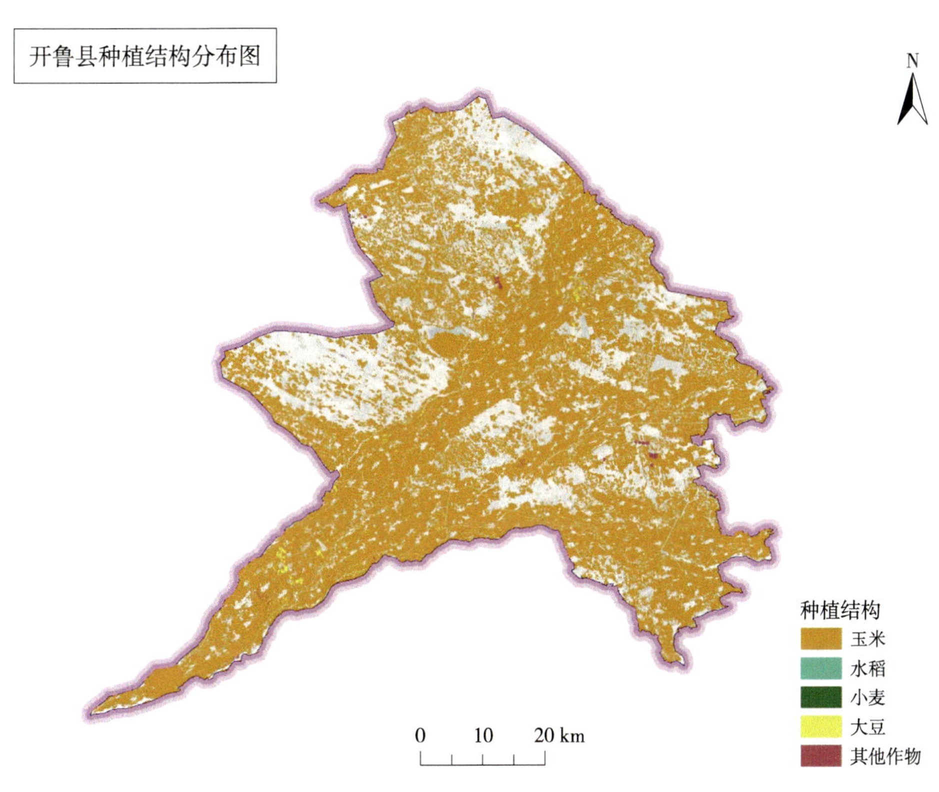

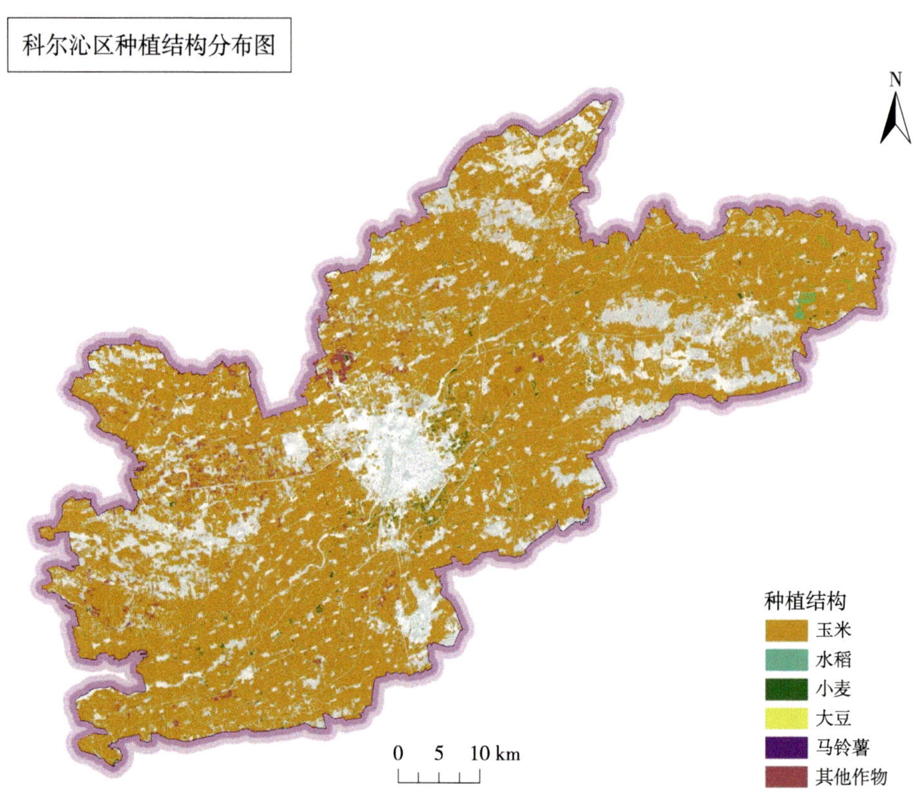
科尔沁区种植结构分布图
N
种植结构
玉米
水稻
小麦
大豆
马铃薯
其他作物
0 5 10 km

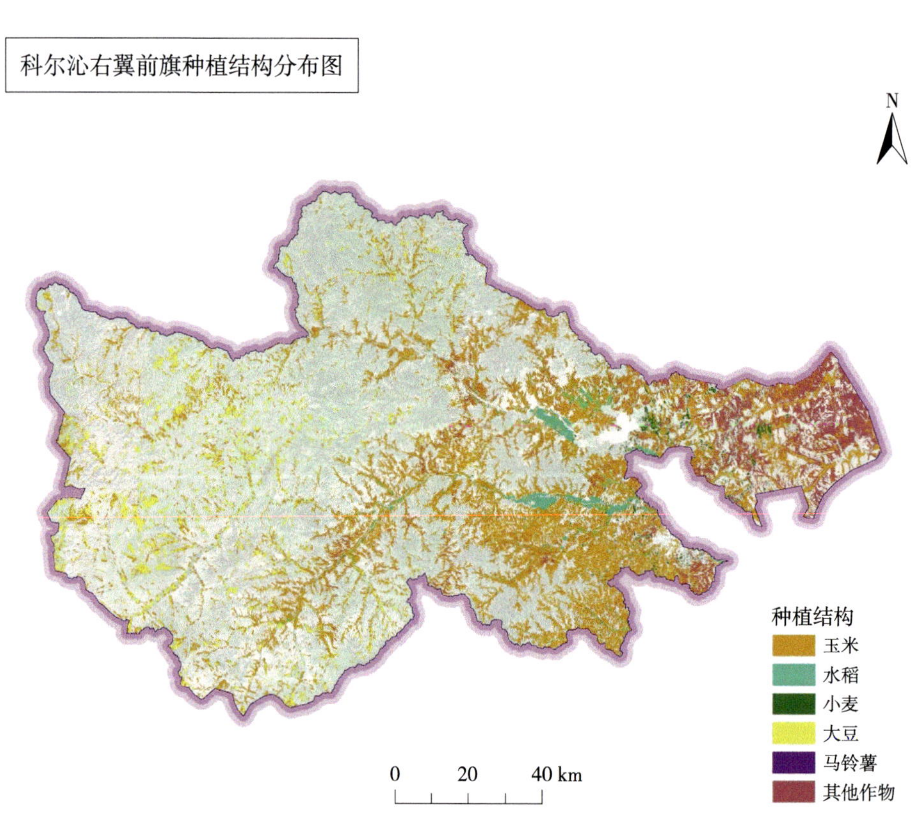
科尔沁右翼前旗种植结构分布图
N
种植结构
玉米
水稻
小麦
大豆
马铃薯
其他作物
0 20 40 km

科尔沁右翼中旗种植结构分布图

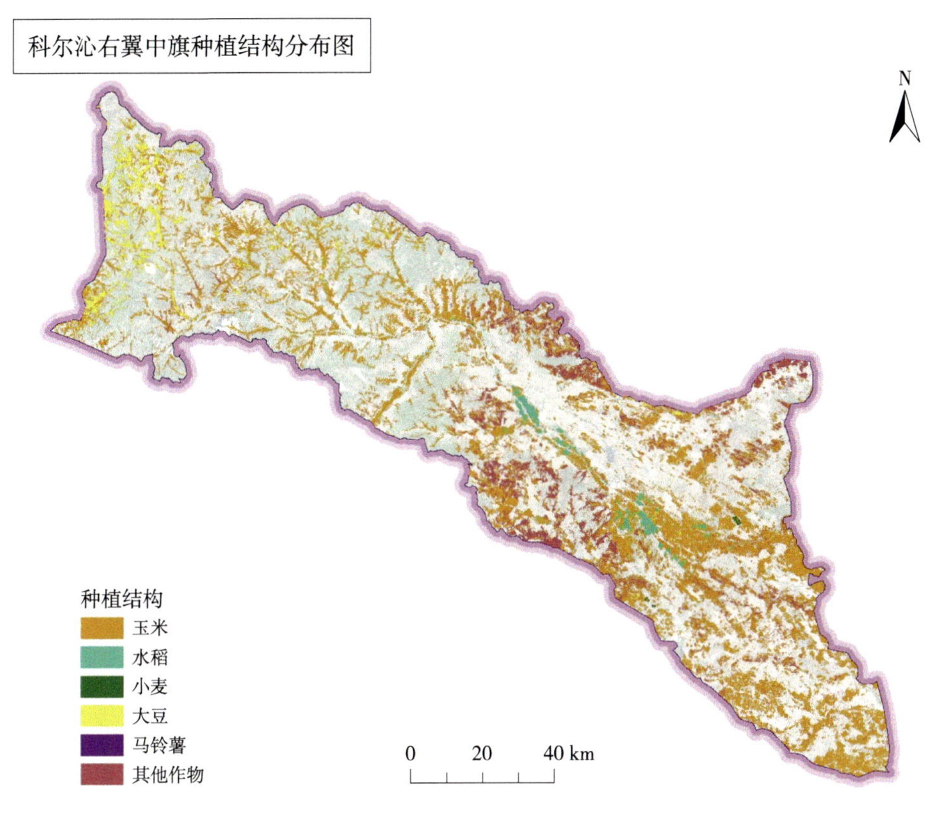

科尔沁左翼后旗种植结构分布图

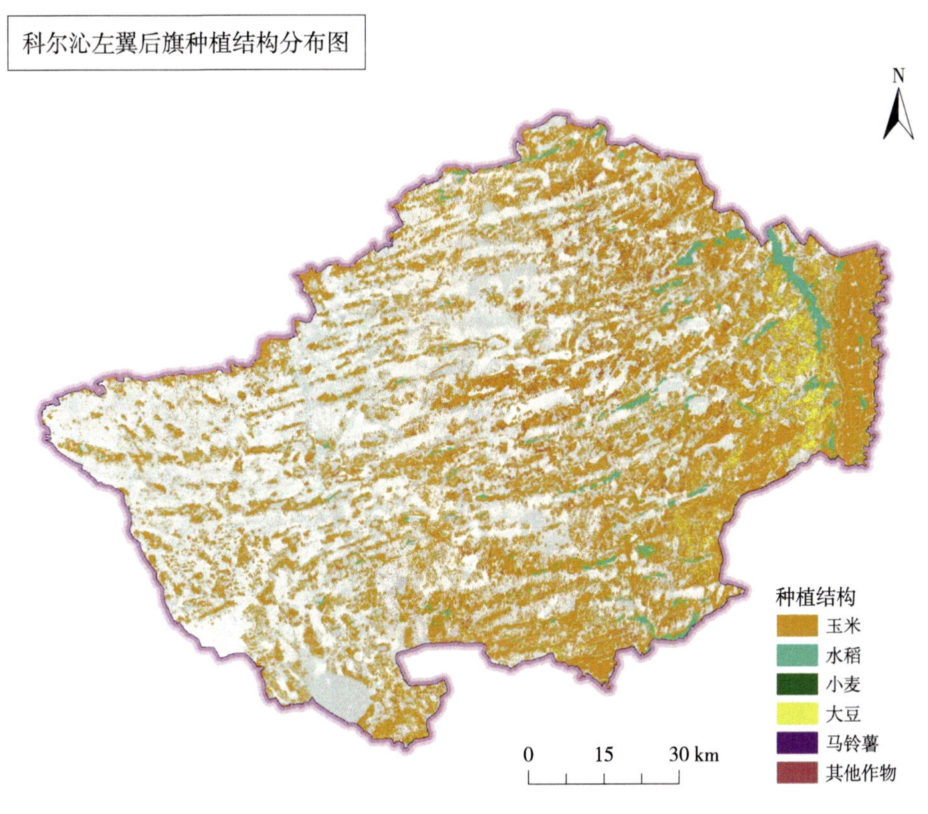

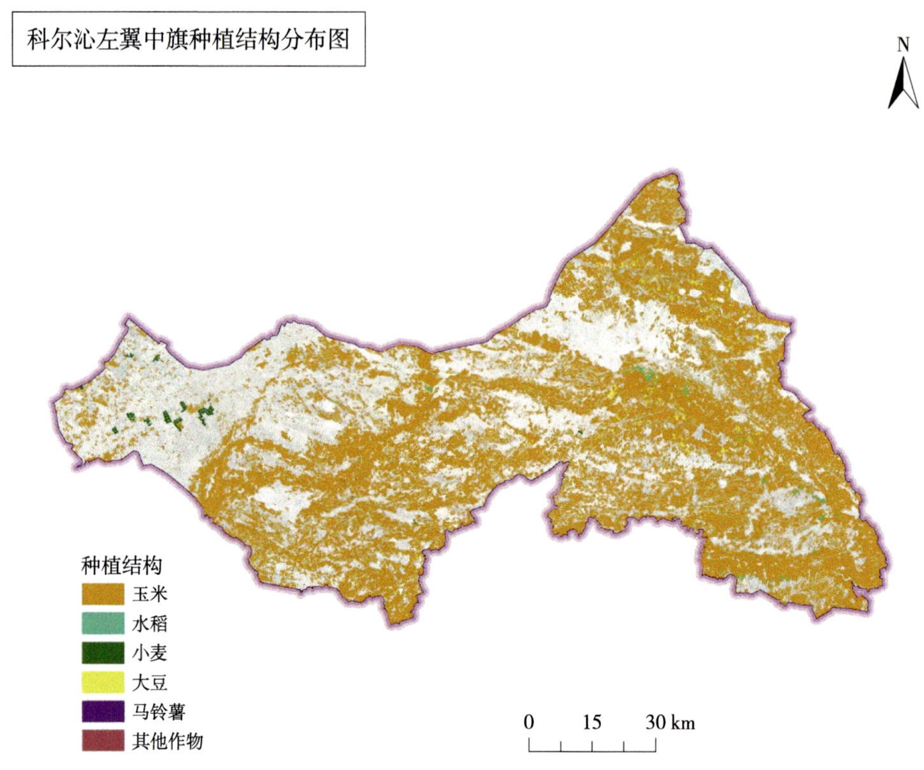

科尔沁左翼中旗种植结构分布图

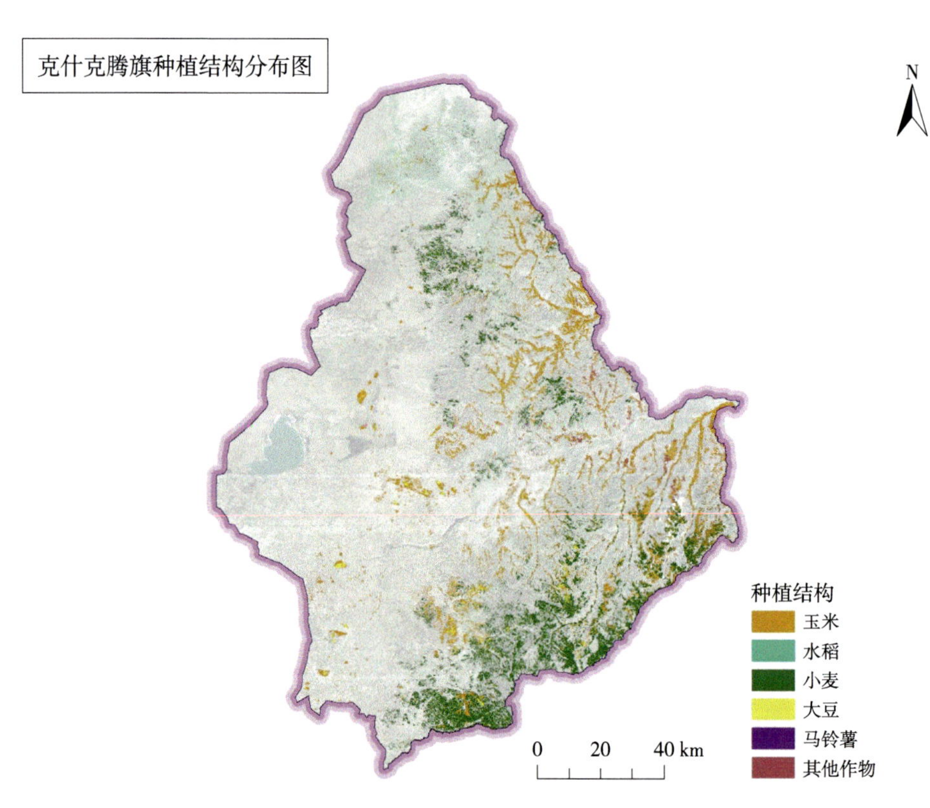

克什克腾旗种植结构分布图

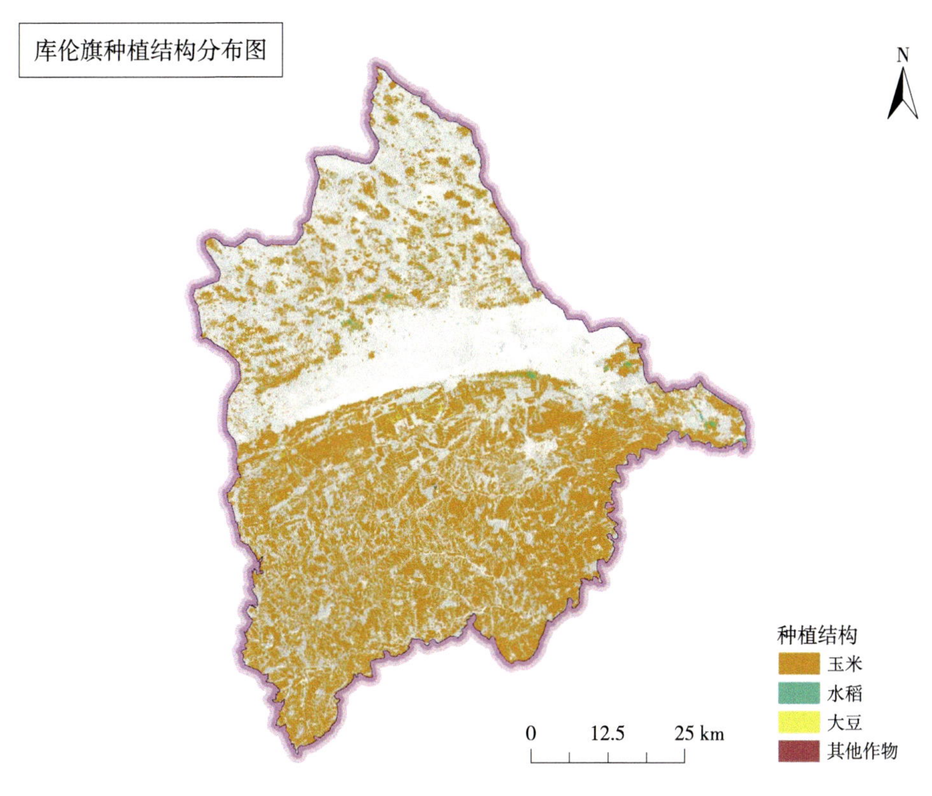
库伦旗种植结构分布图
N
种植结构
玉米
水稻
大豆
其他作物
0 12.5 25 km

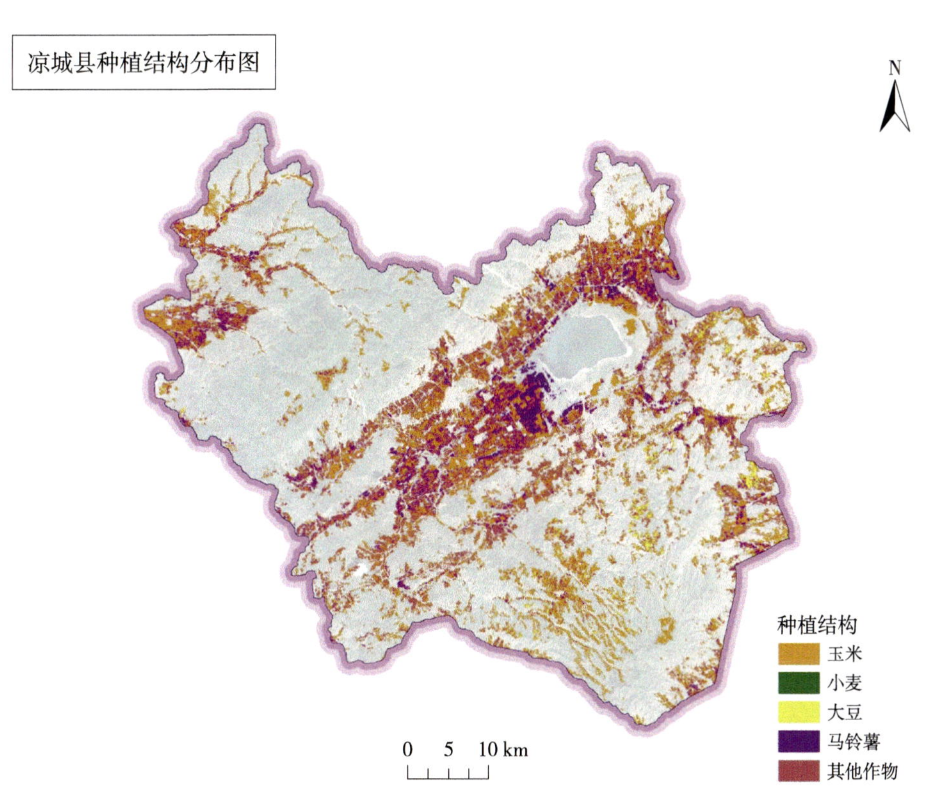
凉城县种植结构分布图
N
种植结构
玉米
小麦
大豆
马铃薯
其他作物
0 5 10 km

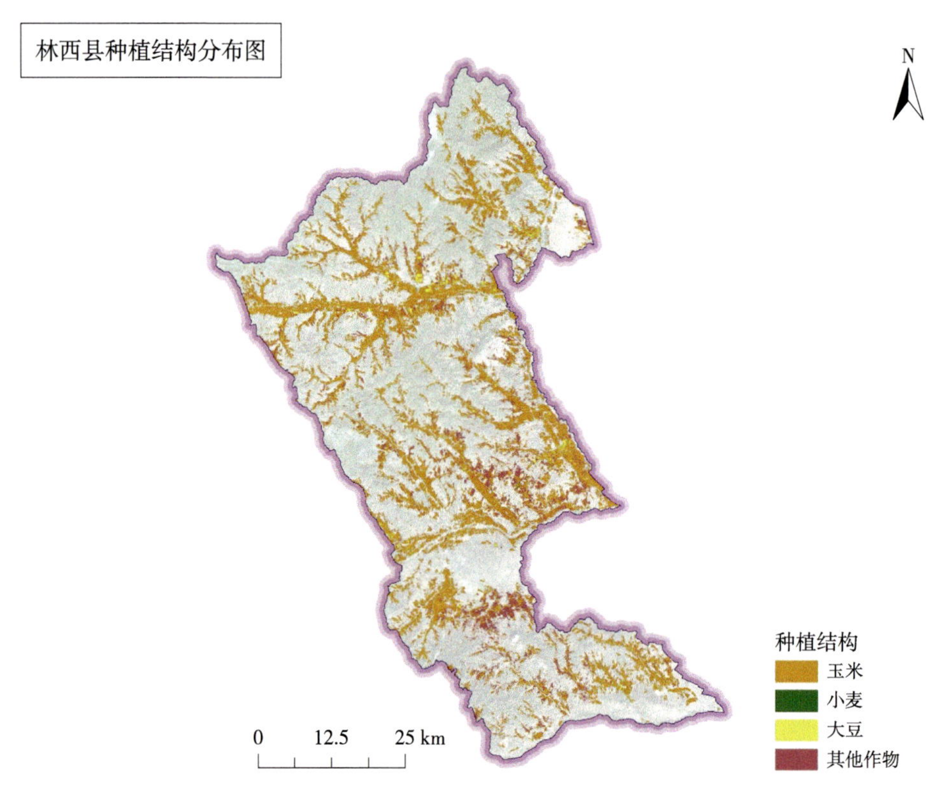
林西县种植结构分布图
N
种植结构
玉米
小麦
大豆
其他作物
0
12.5
25 km

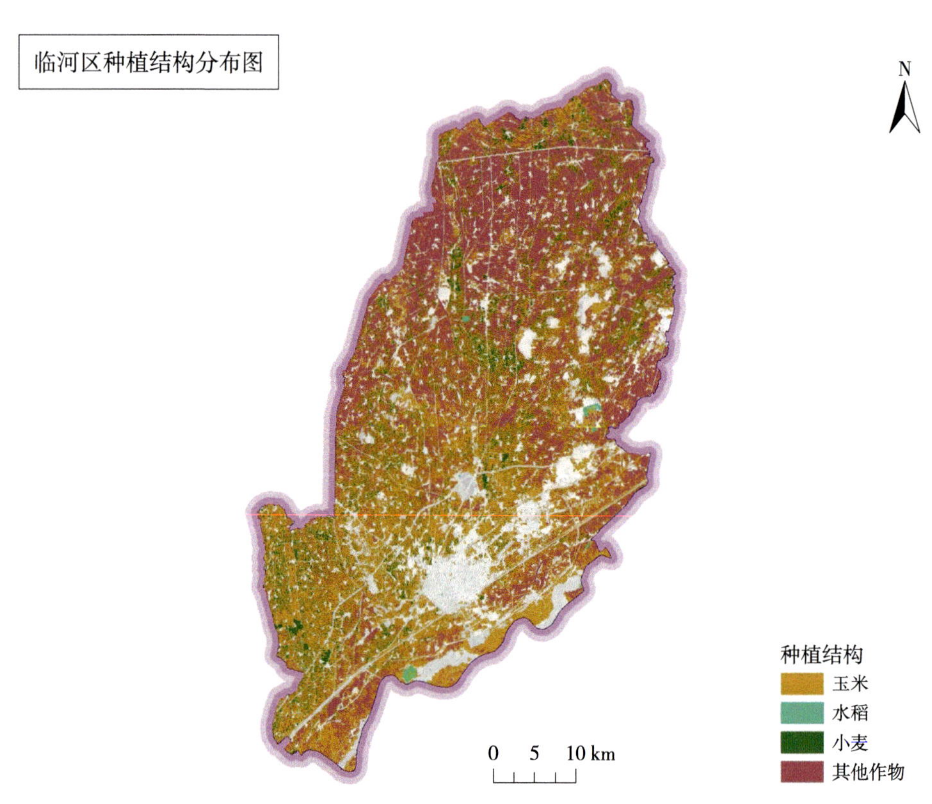
临河区种植结构分布图
N
种植结构
玉米
水稻
小麦
其他作物
0
5
10 km

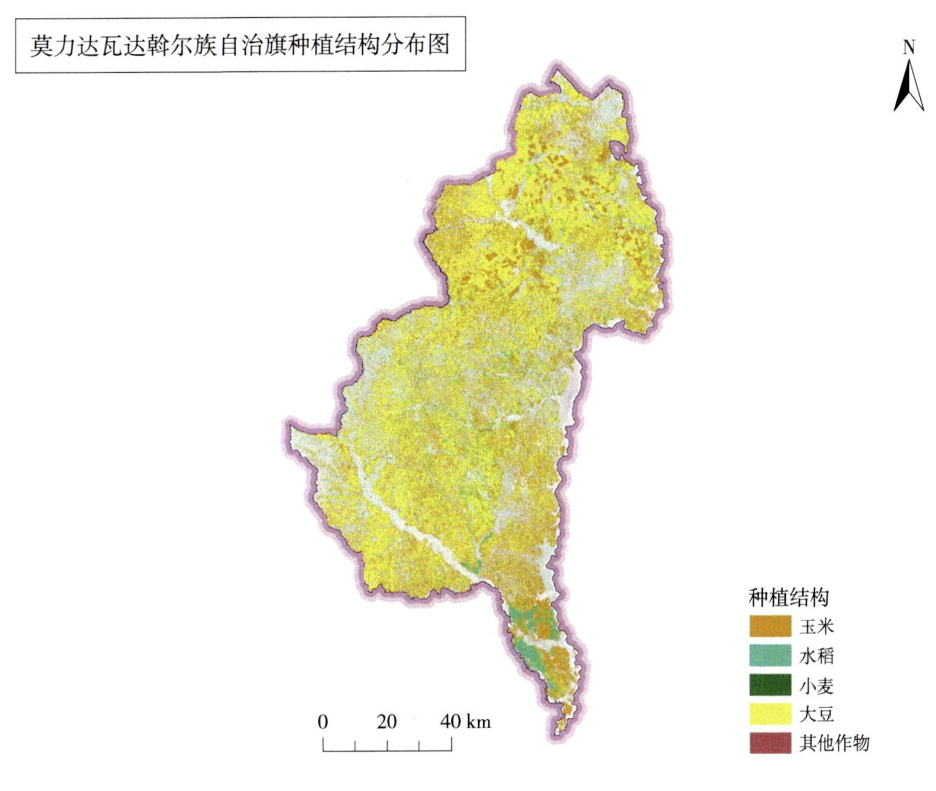
莫力达瓦达斡尔族自治旗种植结构分布图
N
0 20 40 km
种植结构
玉米
水稻
小麦
大豆
其他作物

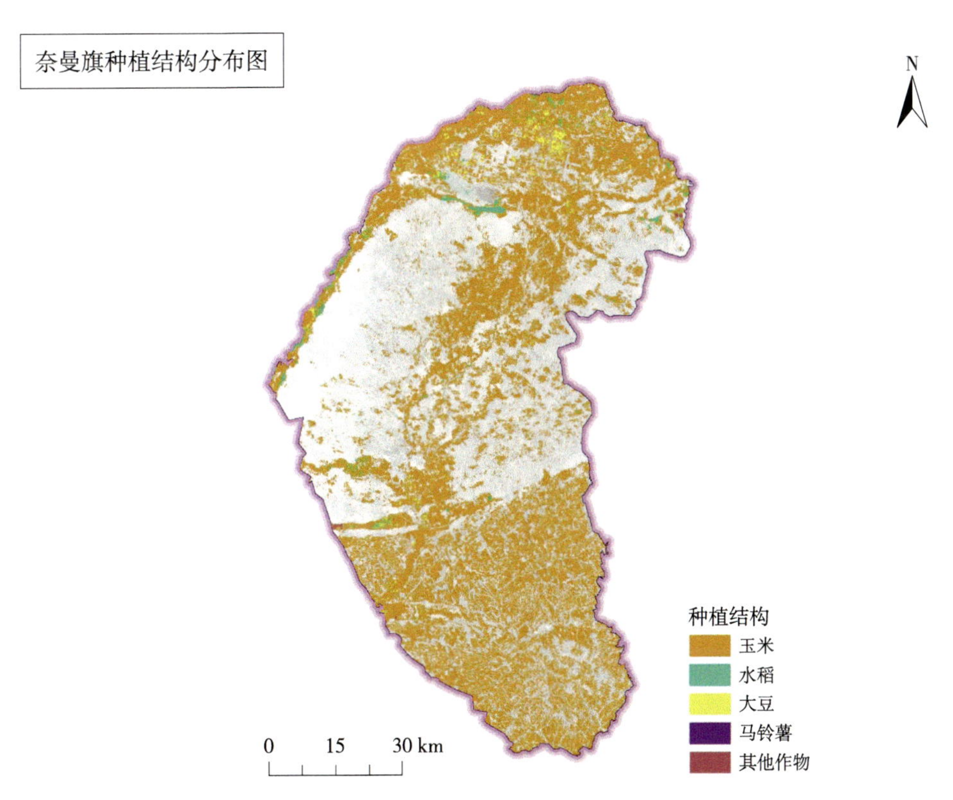
奈曼旗种植结构分布图
N
0 15 30 km
种植结构
玉米
水稻
大豆
马铃薯
其他作物

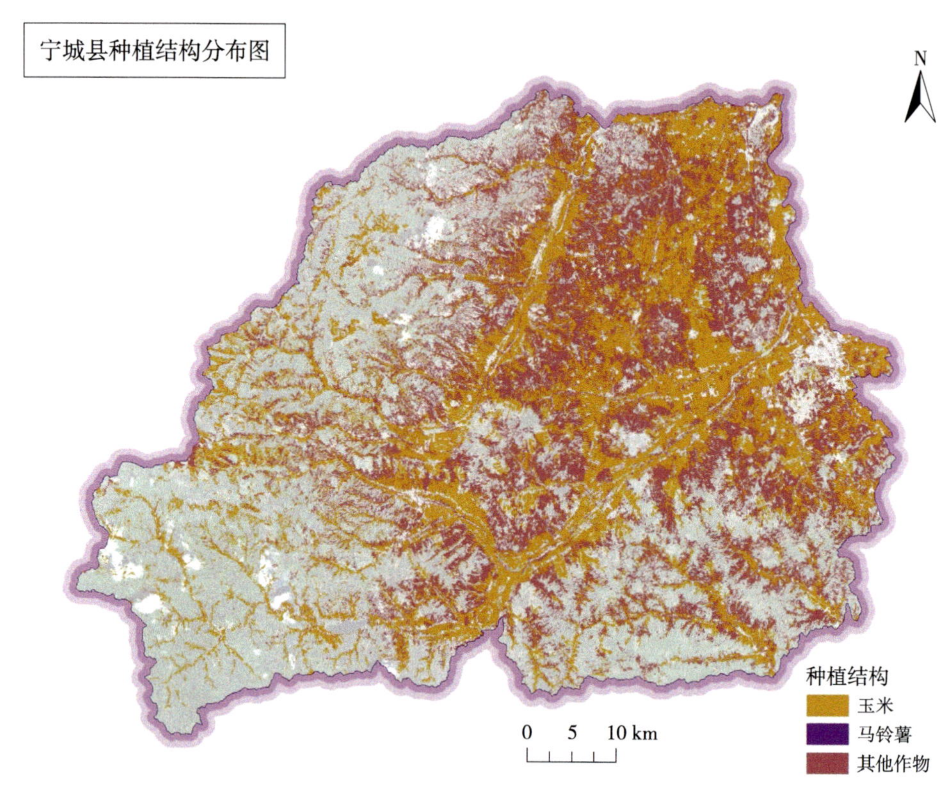
宁城县种植结构分布图
N
0 5 10 km
种植结构
玉米
马铃薯
其他作物

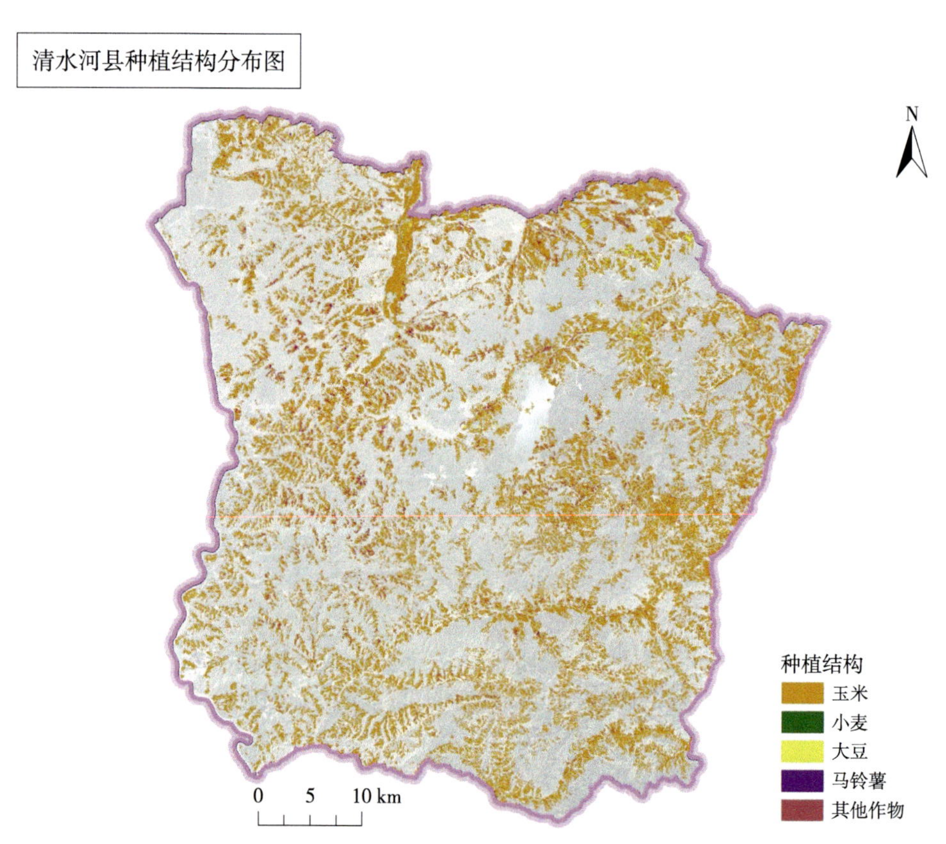
清水河县种植结构分布图
N
0 5 10 km
种植结构
玉米
小麦
大豆
马铃薯
其他作物

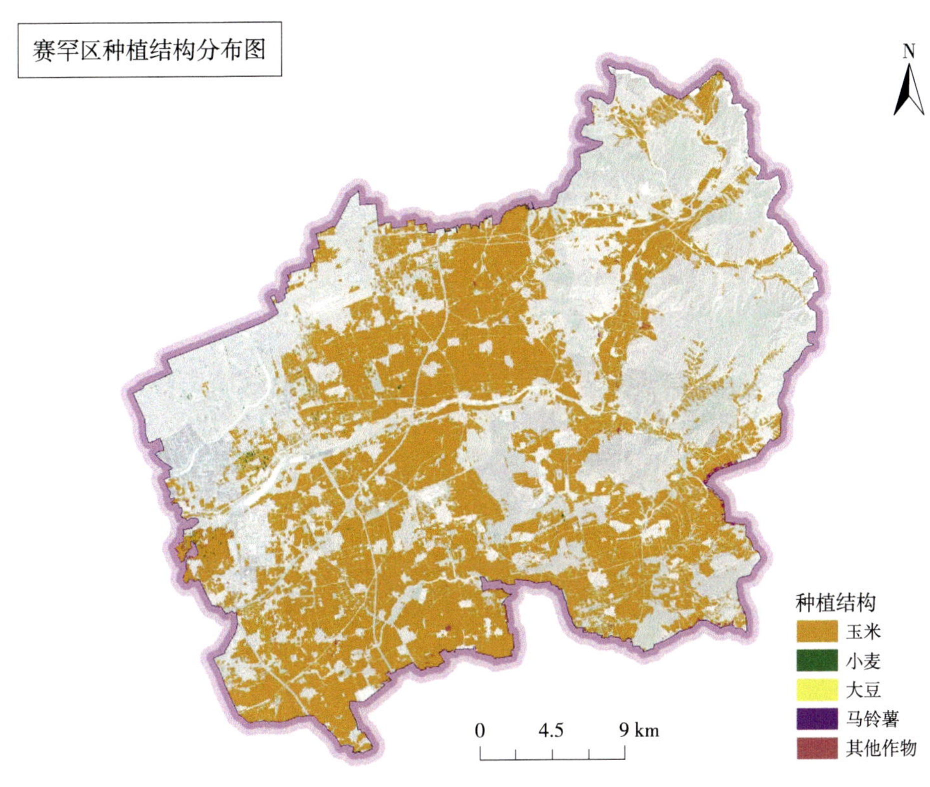
赛罕区种植结构分布图
N
种植结构
玉米
小麦
大豆
马铃薯
其他作物
0 4.5 9 km

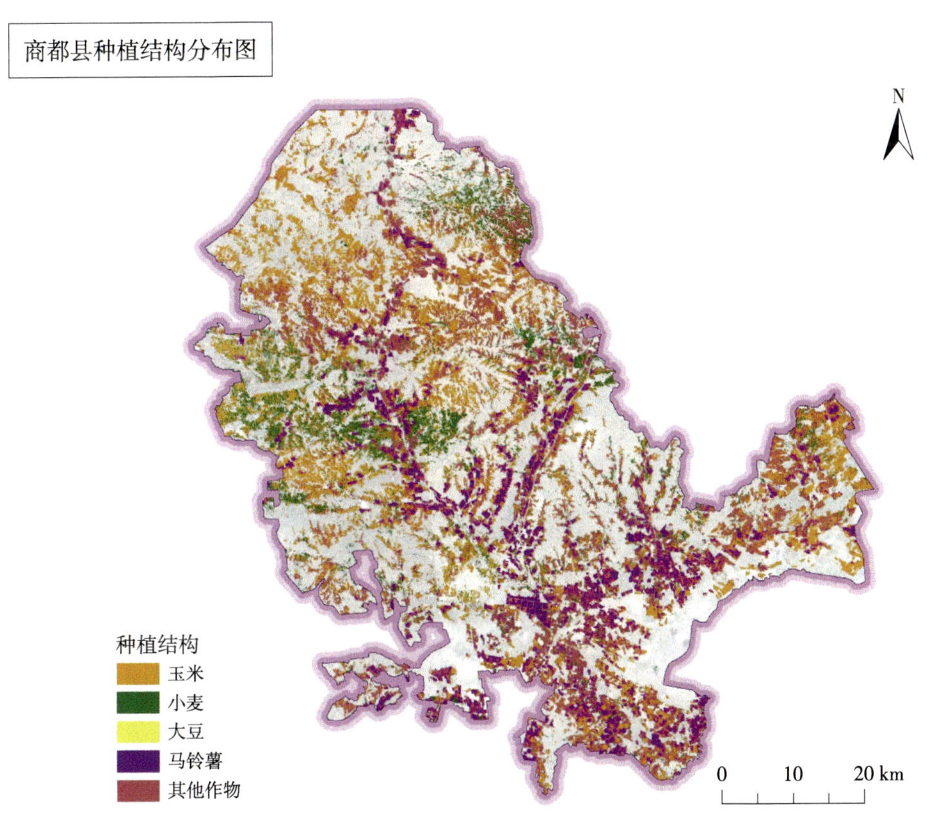
商都县种植结构分布图
N
种植结构
玉米
小麦
大豆
马铃薯
其他作物
0 10 20 km

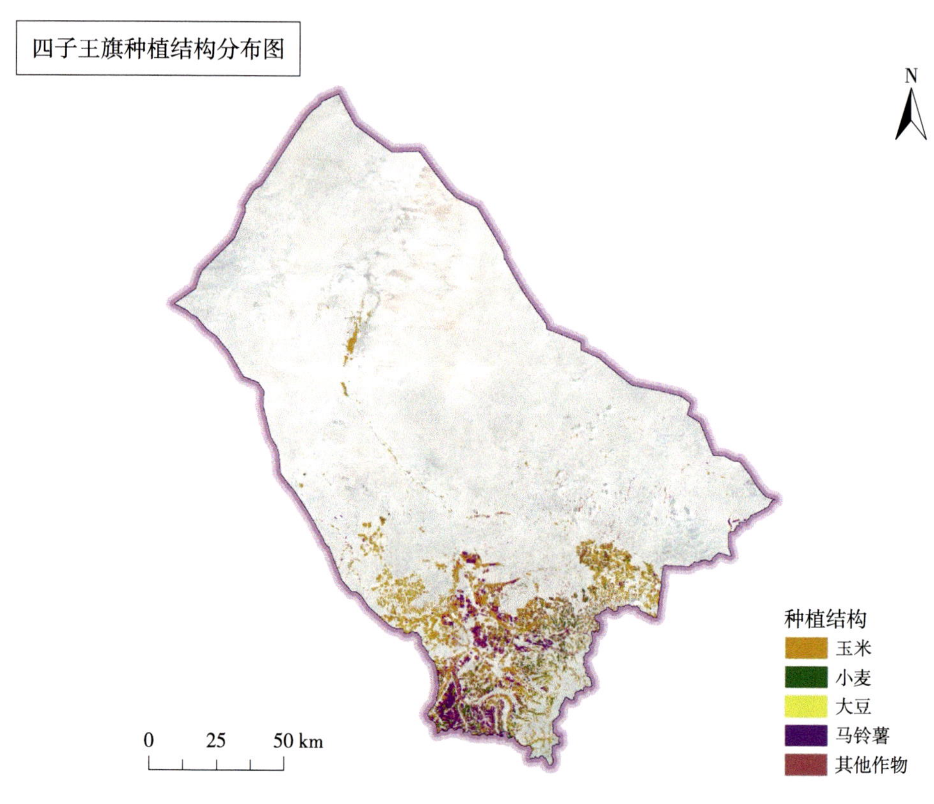
四子王旗种植结构分布图
N
种植结构
玉米
小麦
大豆
马铃薯
其他作物
0 25 50 km

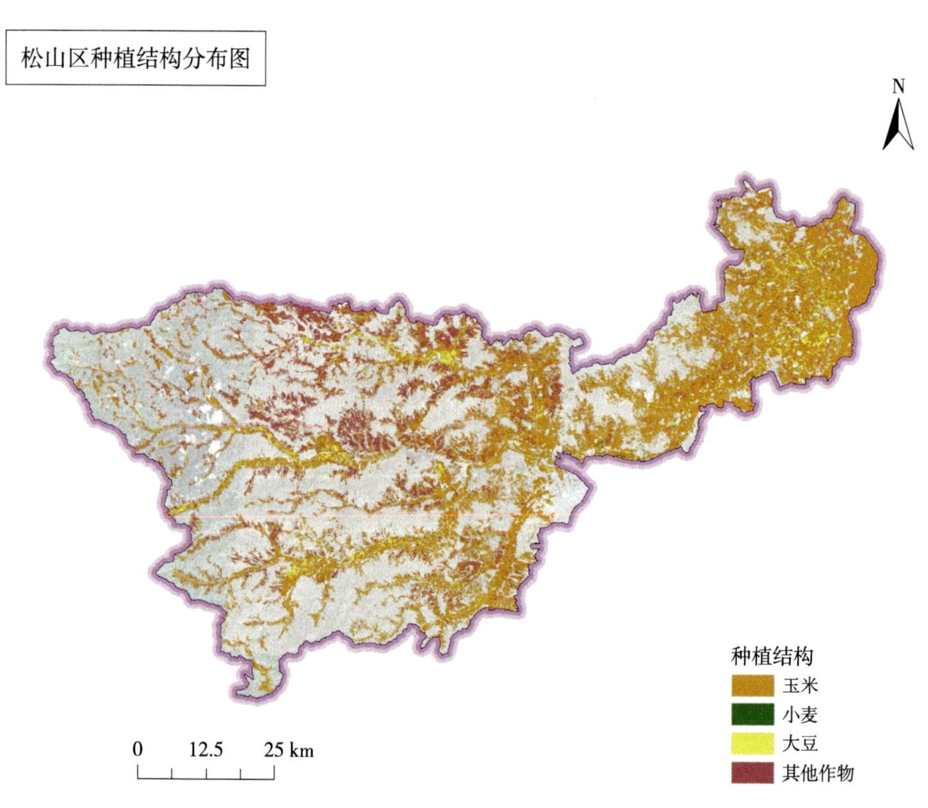
松山区种植结构分布图
N
种植结构
玉米
小麦
大豆
其他作物
0 12.5 25 km

太仆寺旗种植结构分布图

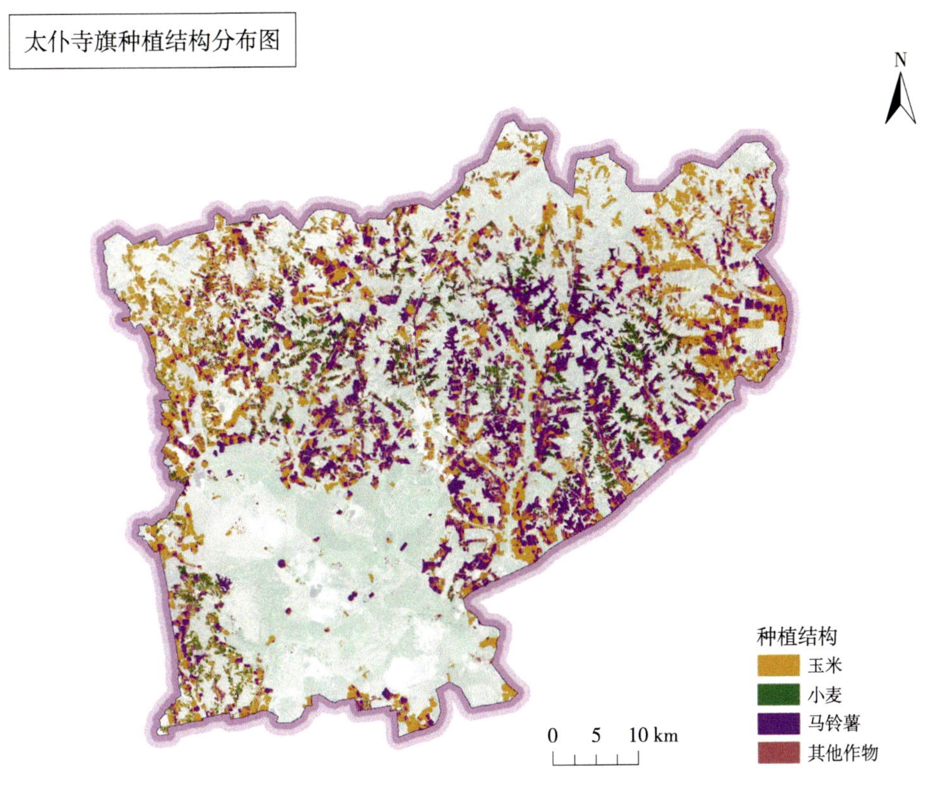

突泉县种植结构分布图

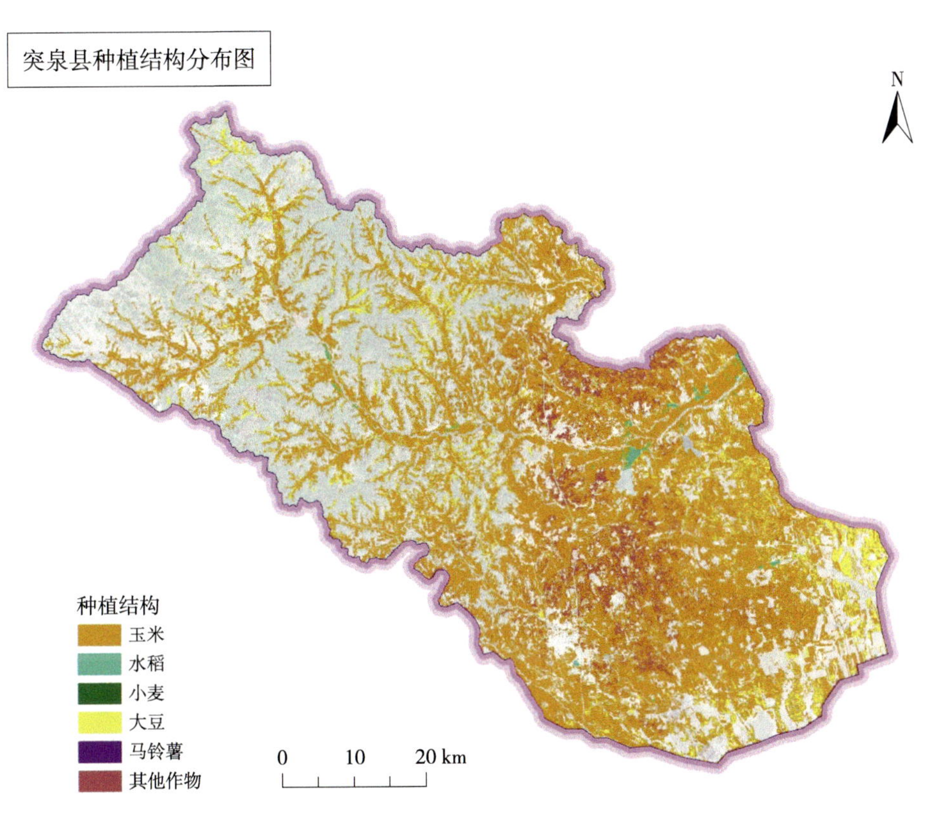

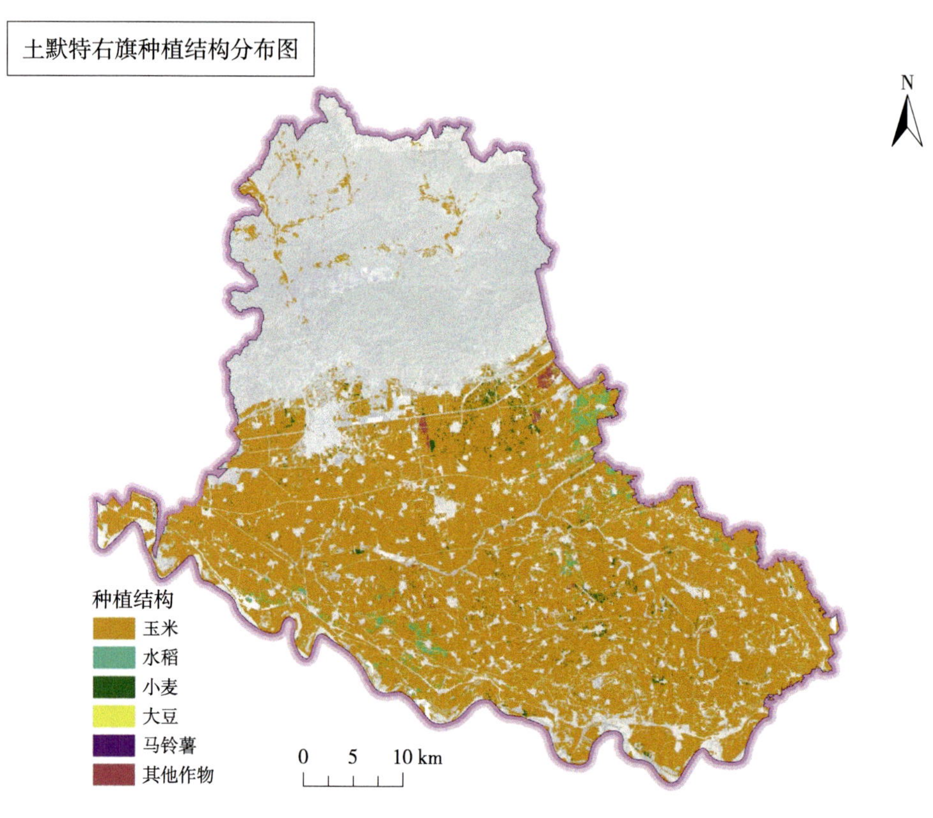
土默特右旗种植结构分布图
N
种植结构
玉米
水稻
小麦
大豆
马铃薯
其他作物
0 5 10 km

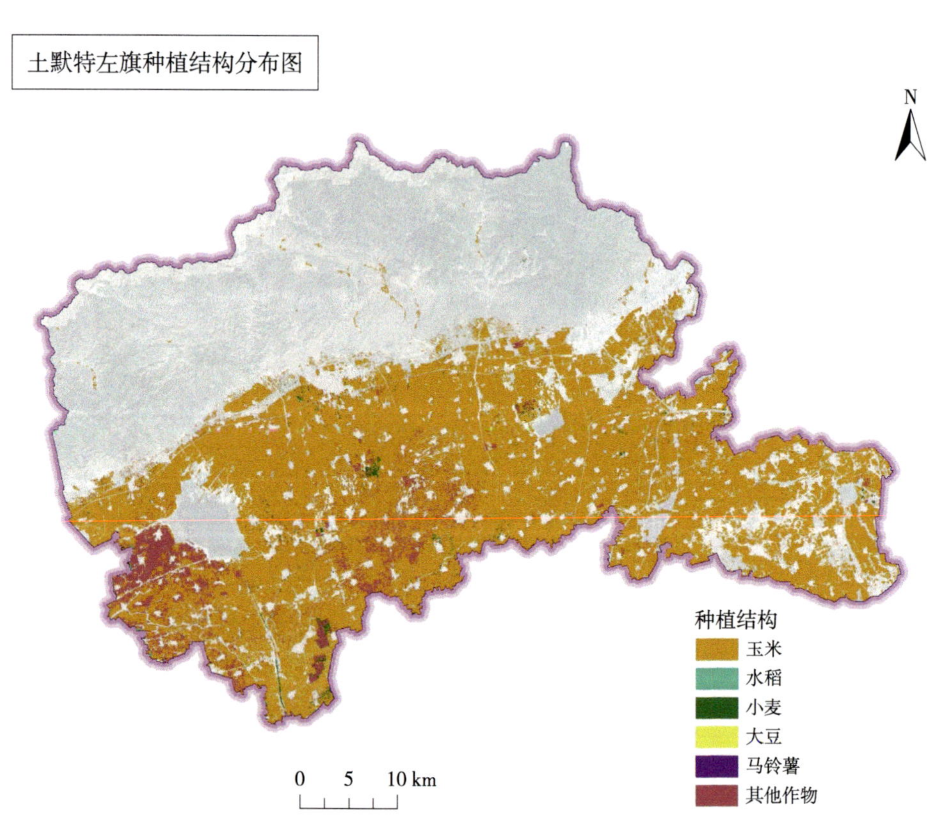
土默特左旗种植结构分布图
N
种植结构
玉米
水稻
小麦
大豆
马铃薯
其他作物
0 5 10 km

托克托县种植结构分布图

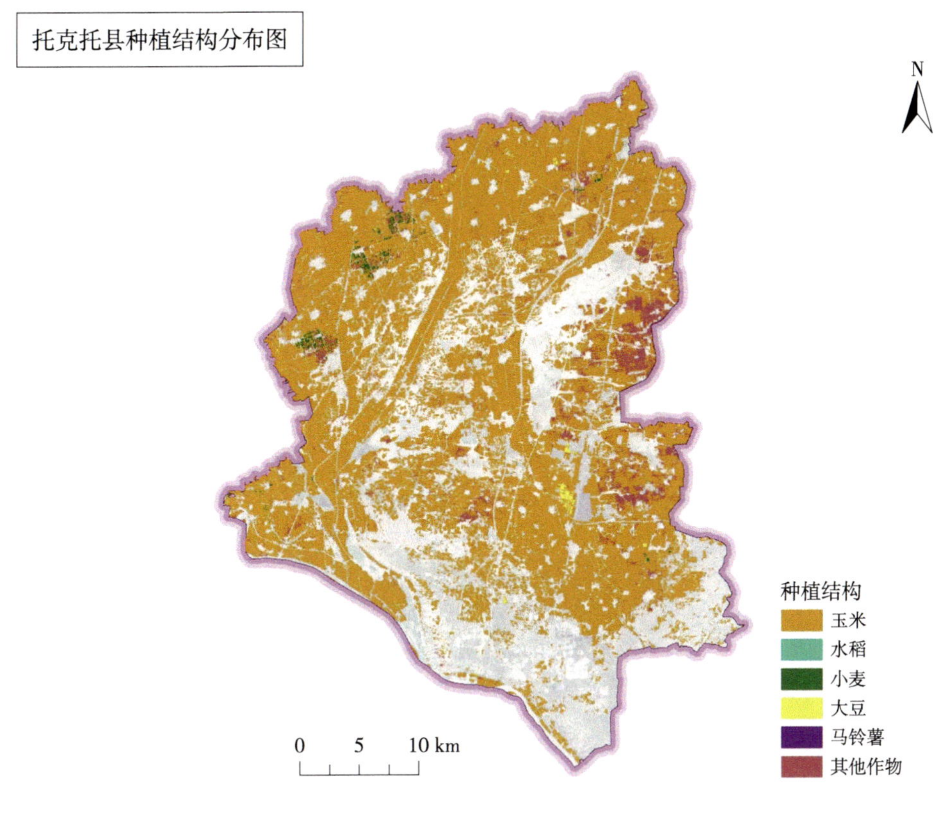

翁牛特旗种植结构分布图

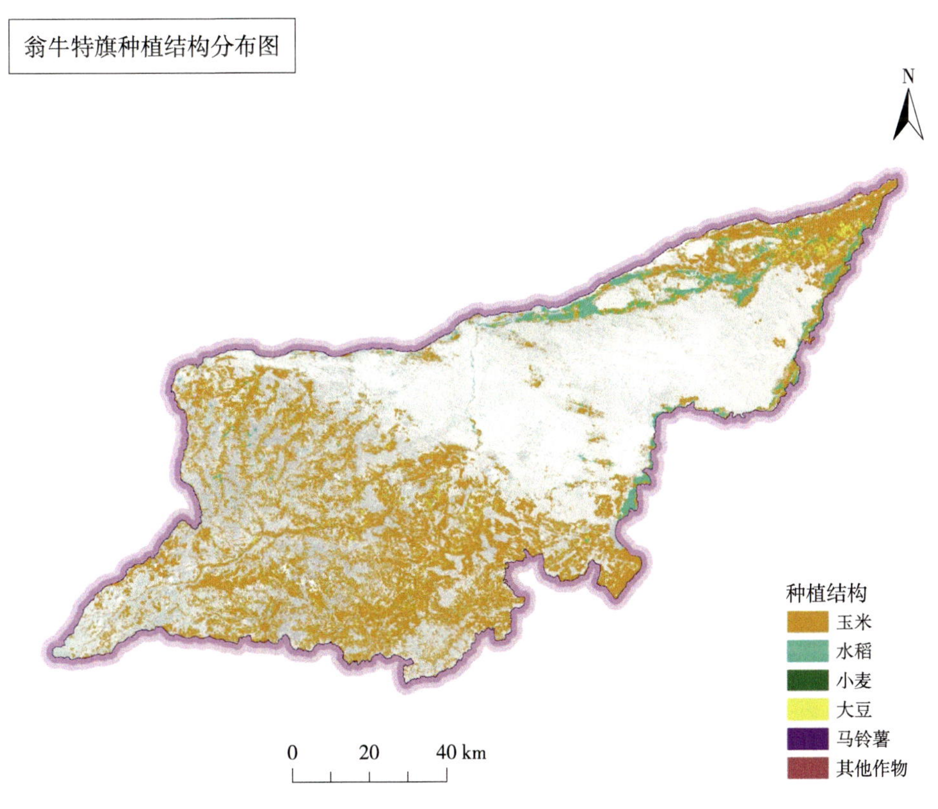

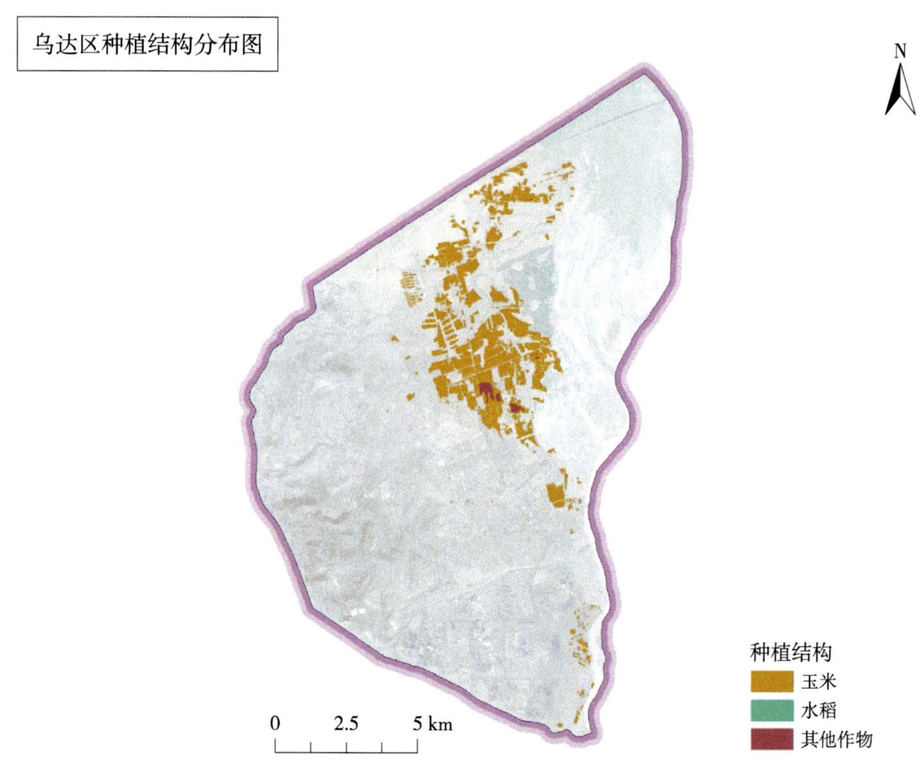
乌达区种植结构分布图
N
种植结构
玉米
水稻
其他作物
0
2.5
5 km

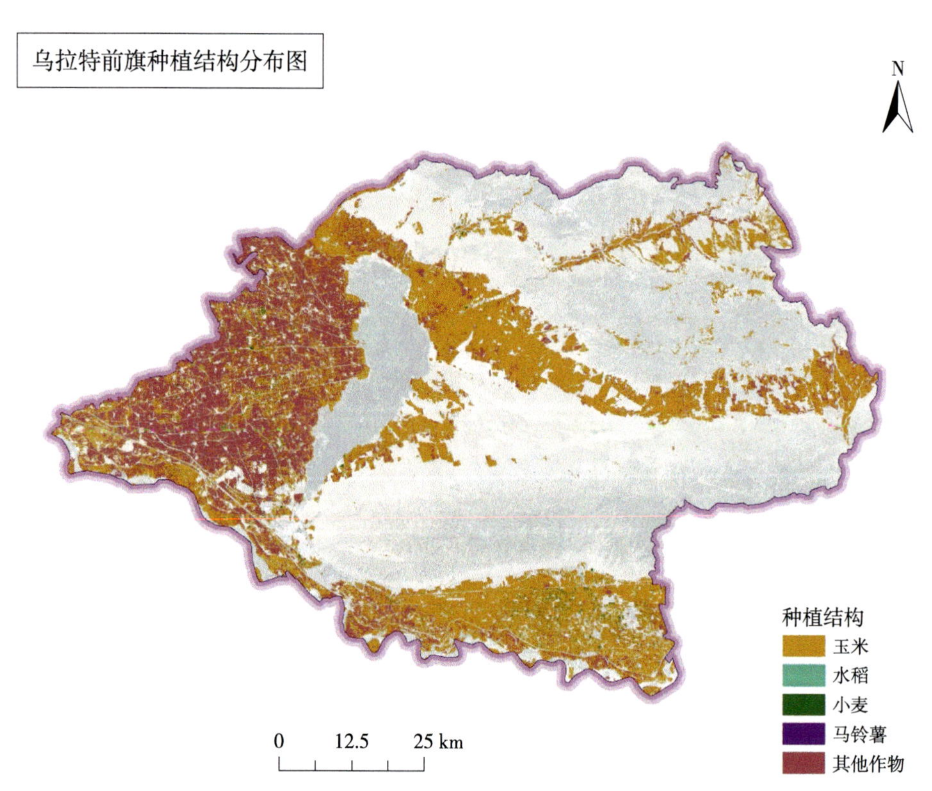
乌拉特前旗种植结构分布图
N
种植结构
玉米
水稻
小麦
马铃薯
其他作物
0
12.5
25 km

乌拉特中旗种植结构分布图

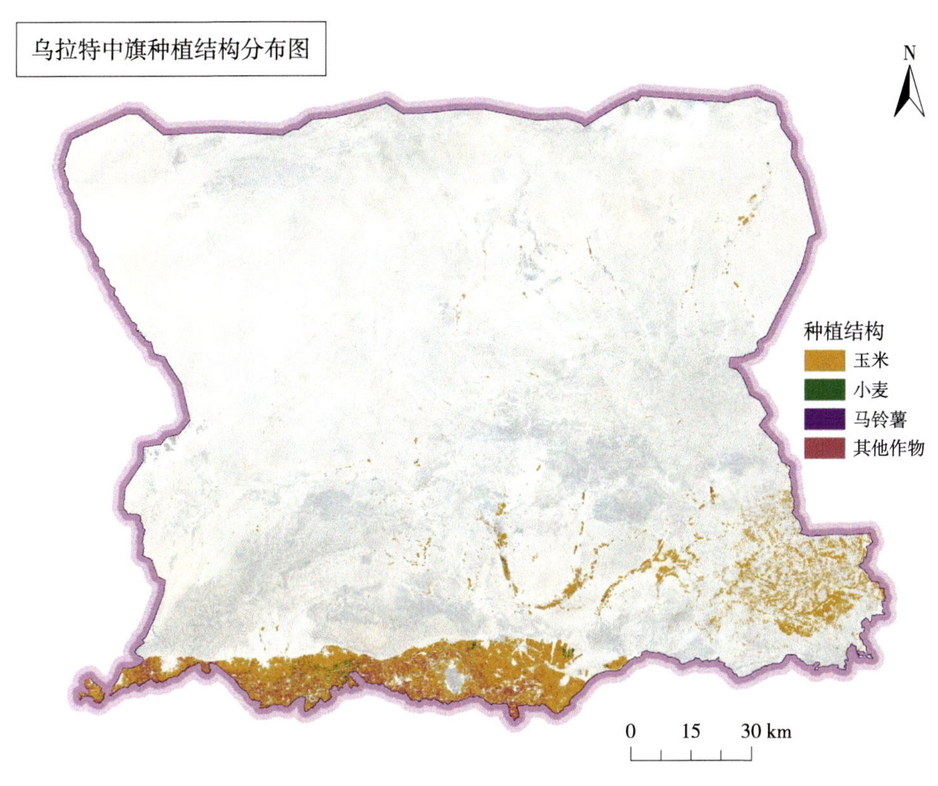

乌兰浩特市种植结构分布图

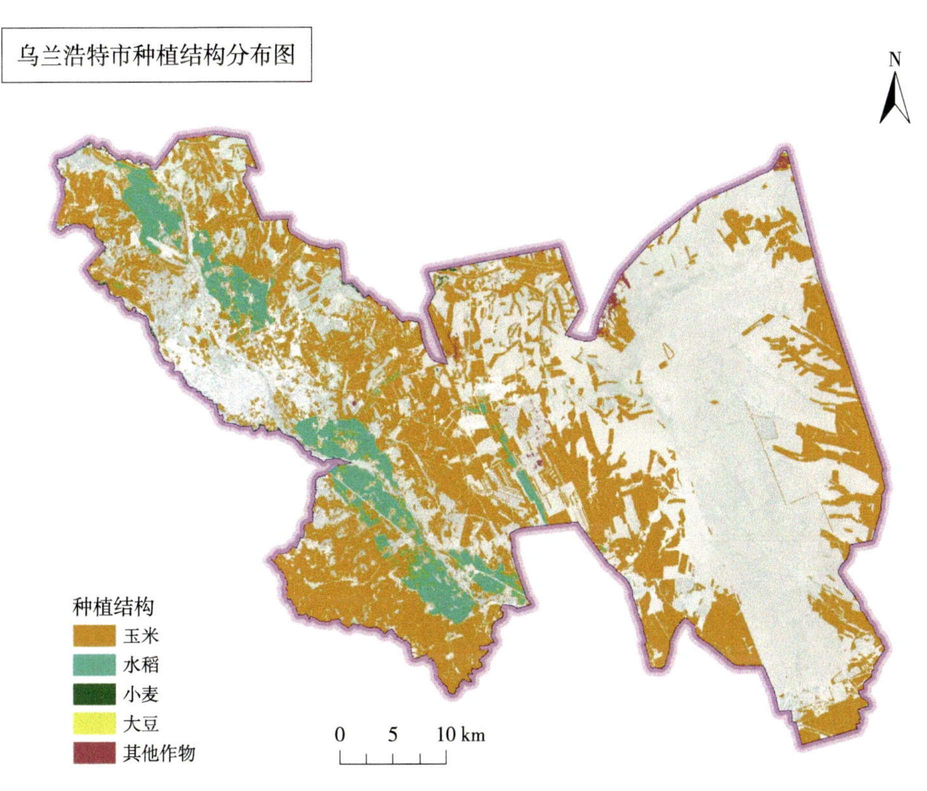

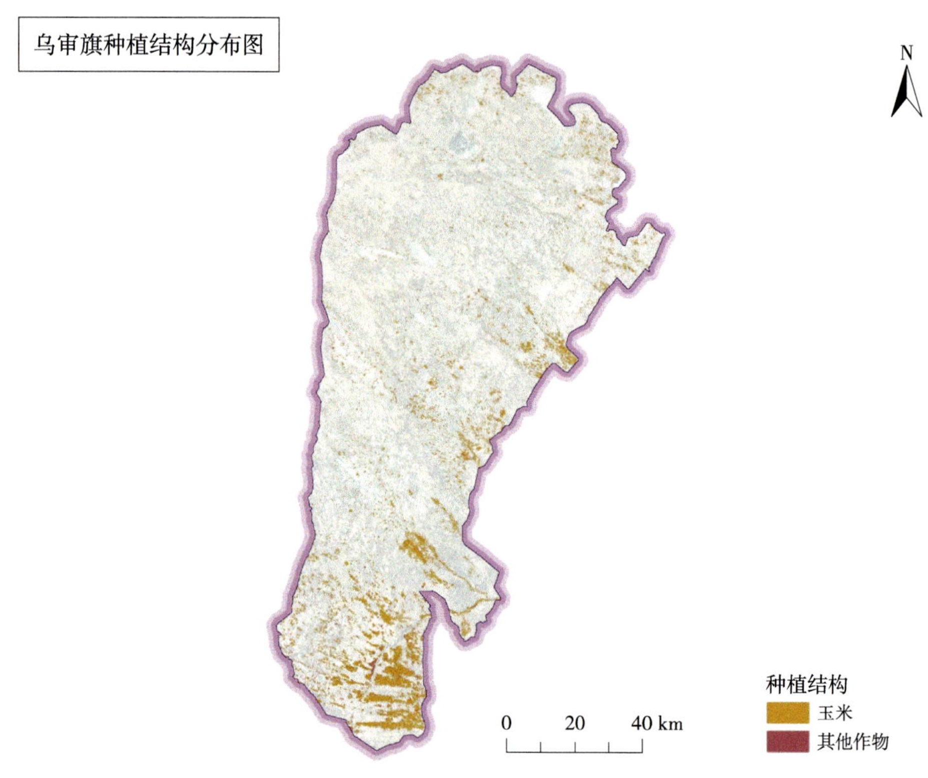
乌审旗种植结构分布图
N
0 20 40 km
种植结构
玉米
其他作物

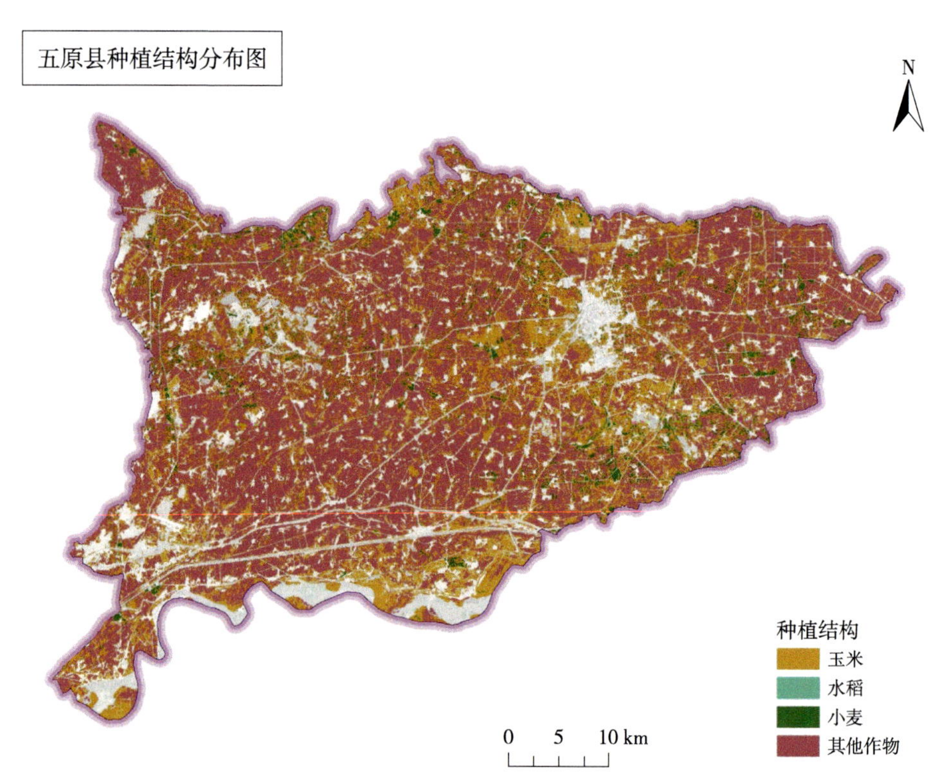
五原县种植结构分布图
N
0 5 10 km
种植结构
玉米
水稻
小麦
其他作物

武川县种植结构分布图

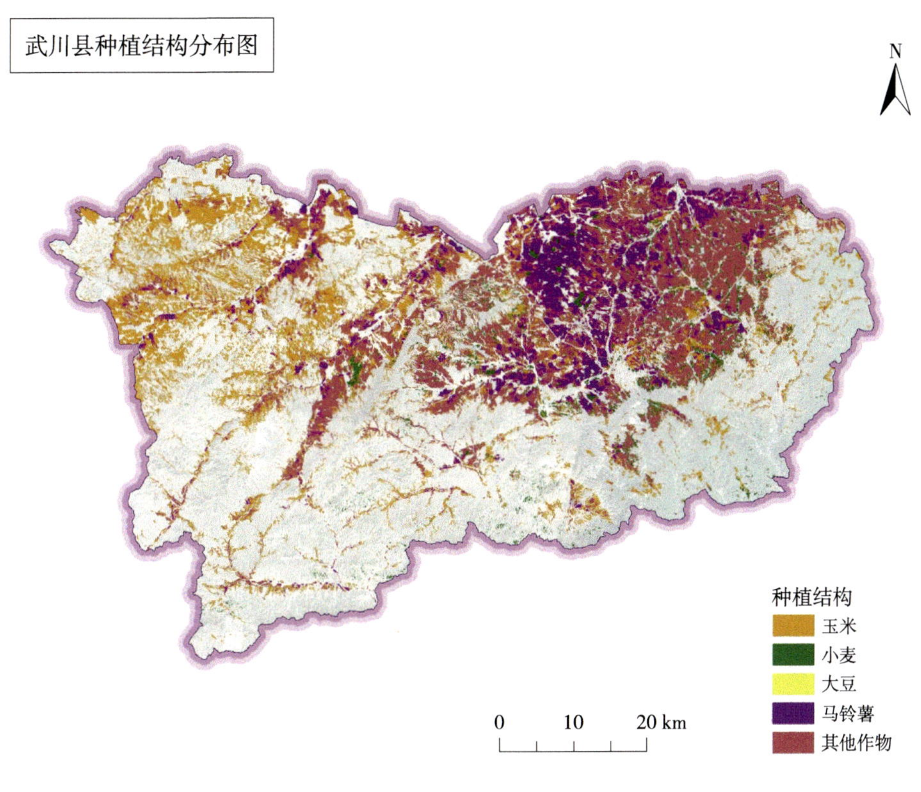

新城区种植结构分布图

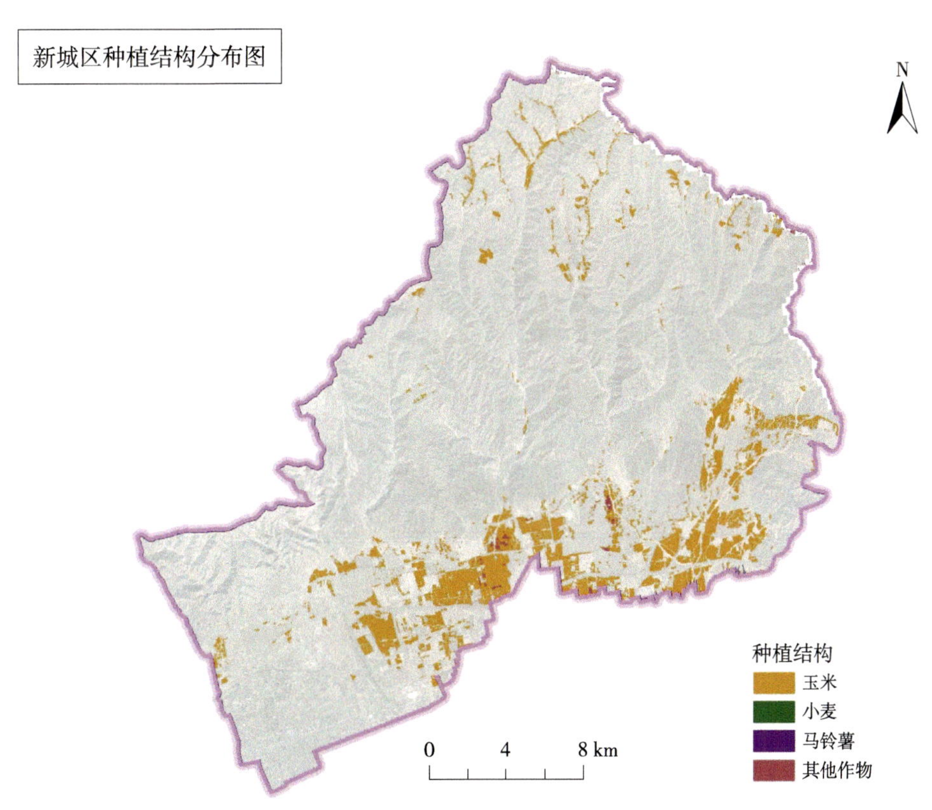

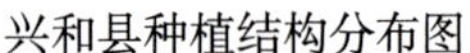

兴和县种植结构分布图

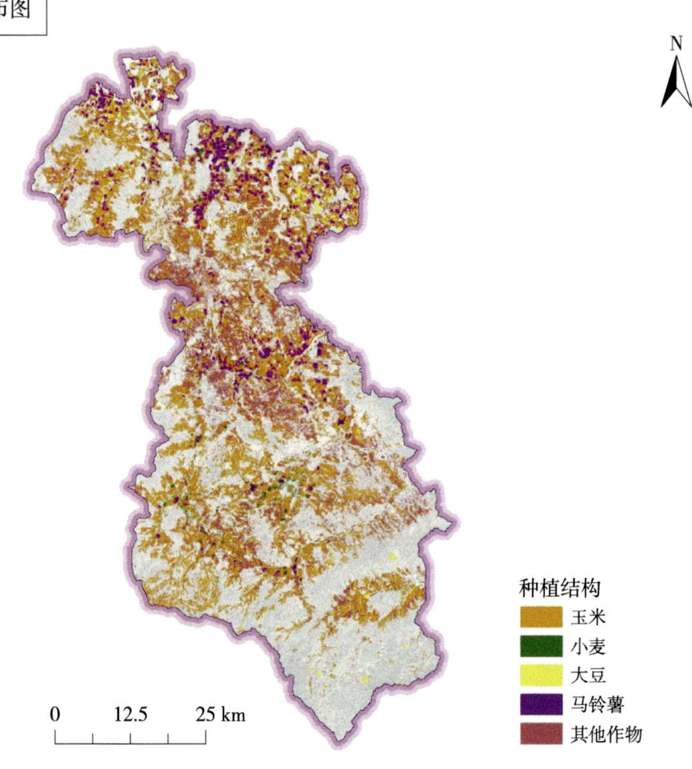

牙克石市种植结构分布图

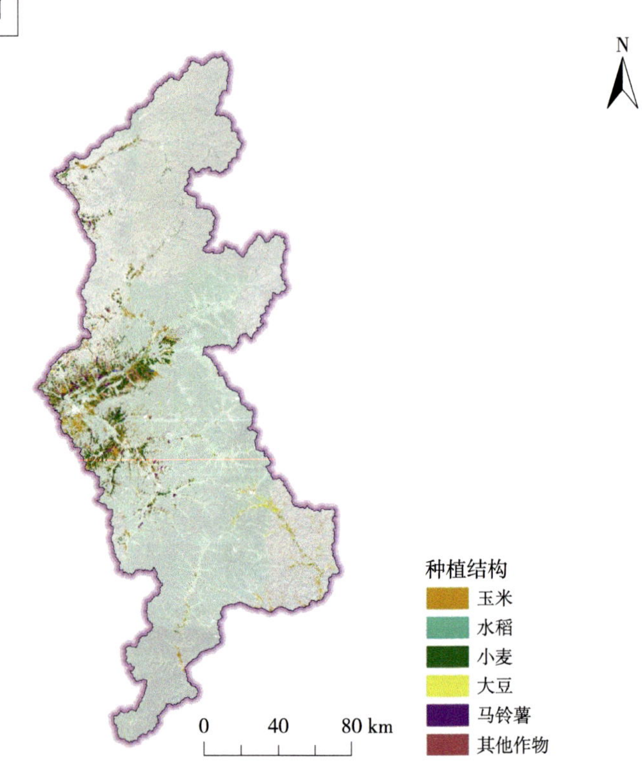

伊金霍洛旗种植结构分布图

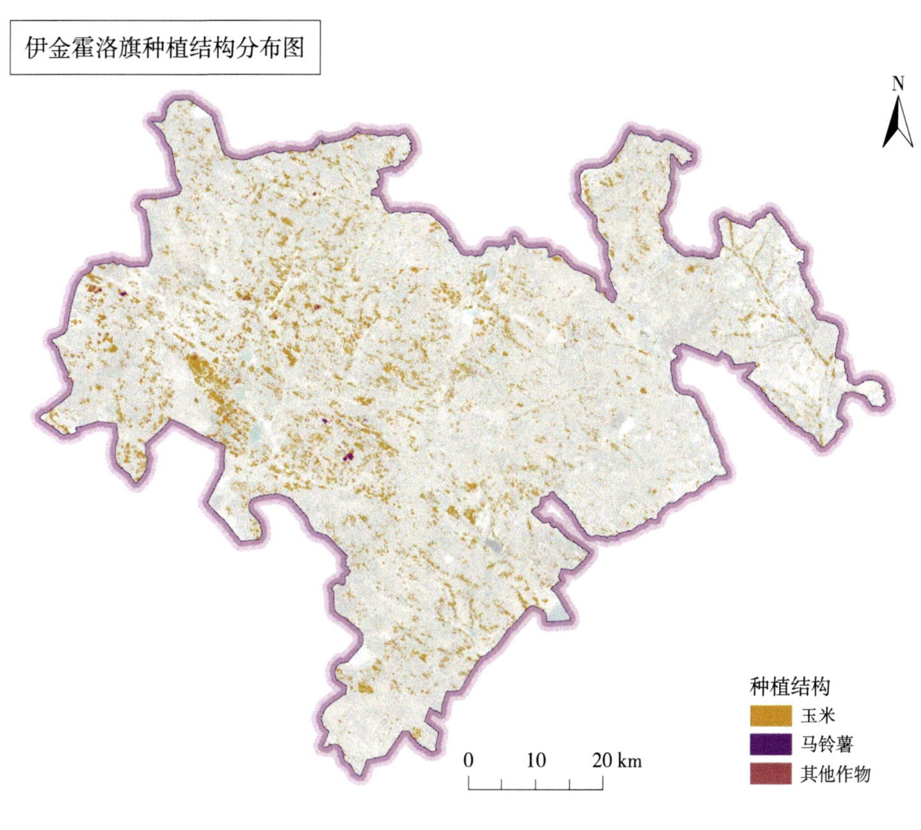

玉泉区种植结构分布图

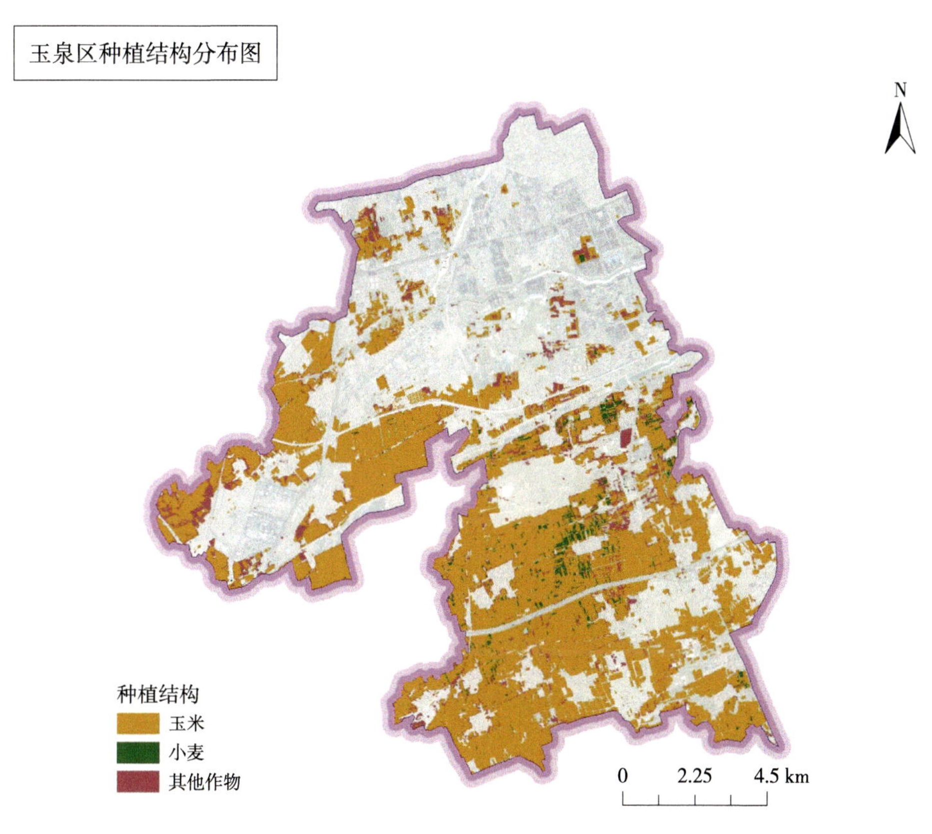

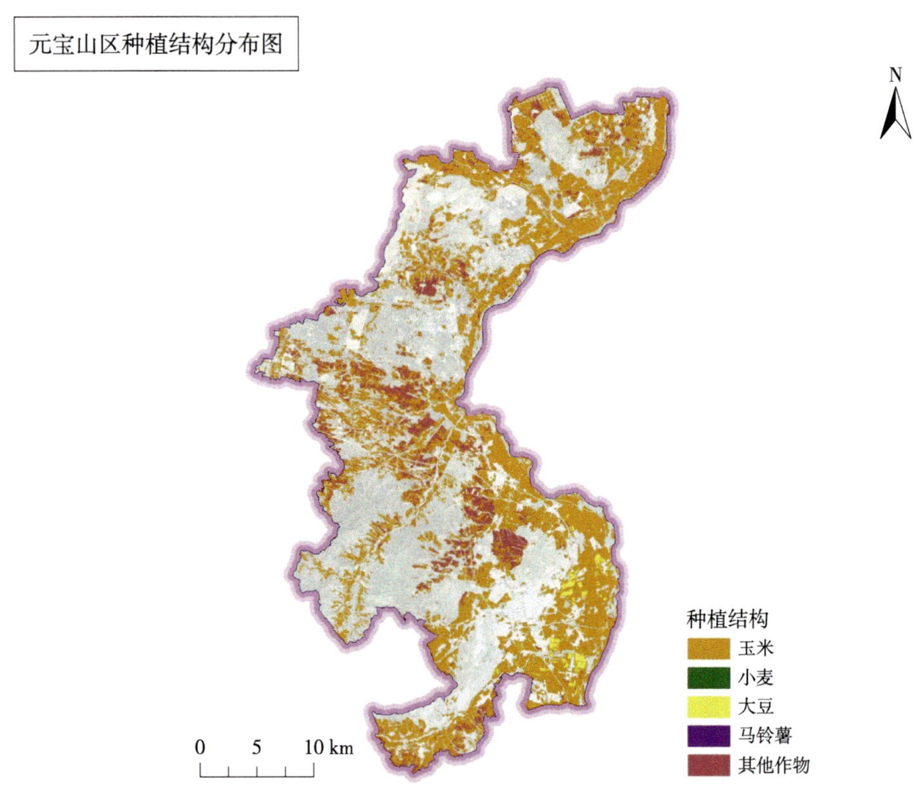
元宝山区种植结构分布图
N
种植结构
玉米
小麦
大豆
马铃薯
其他作物
0 5 10 km

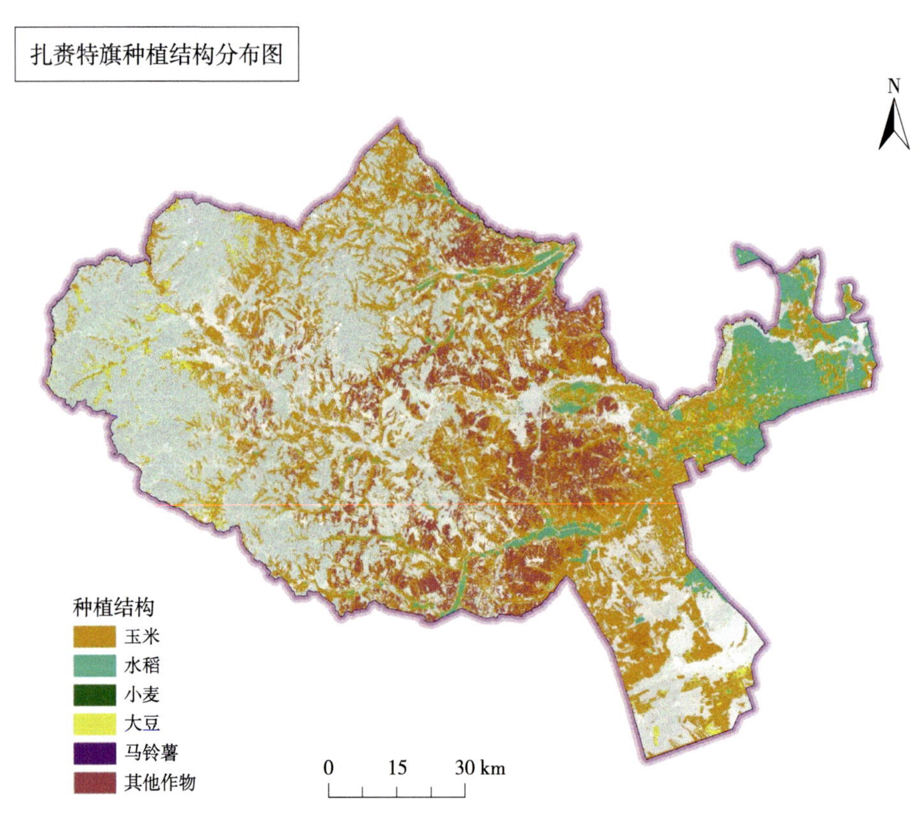
扎赉特旗种植结构分布图
N
种植结构
玉米
水稻
小麦
大豆
马铃薯
其他作物
0 15 30 km

扎兰屯市种植结构分布图

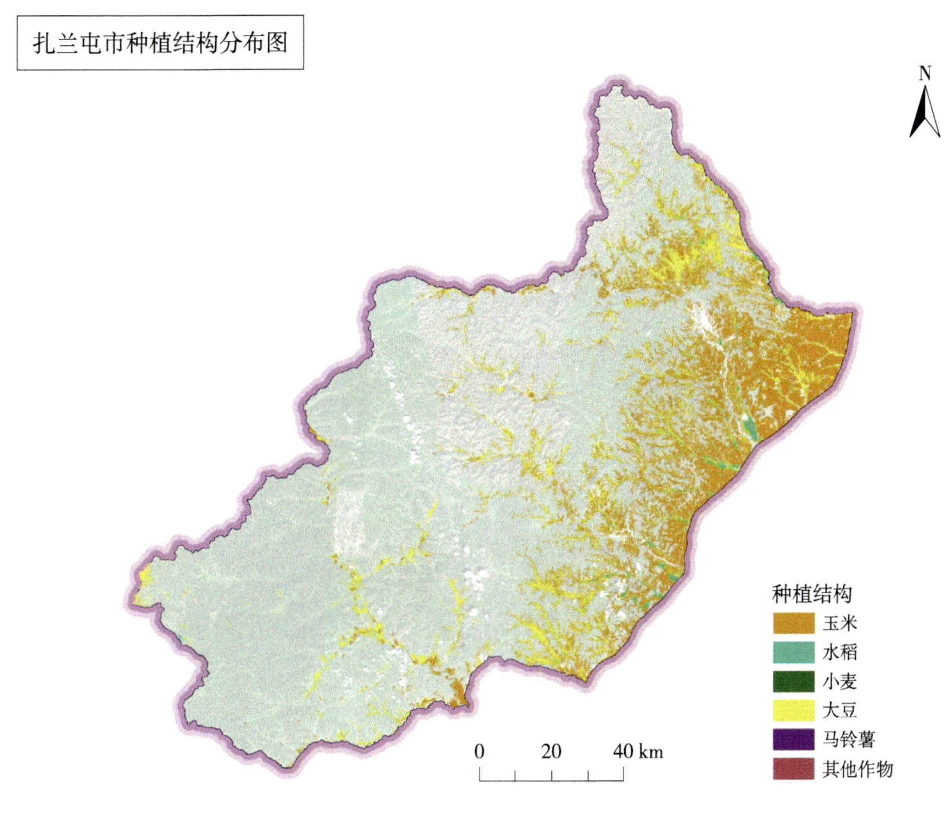

扎鲁特旗种植结构分布图

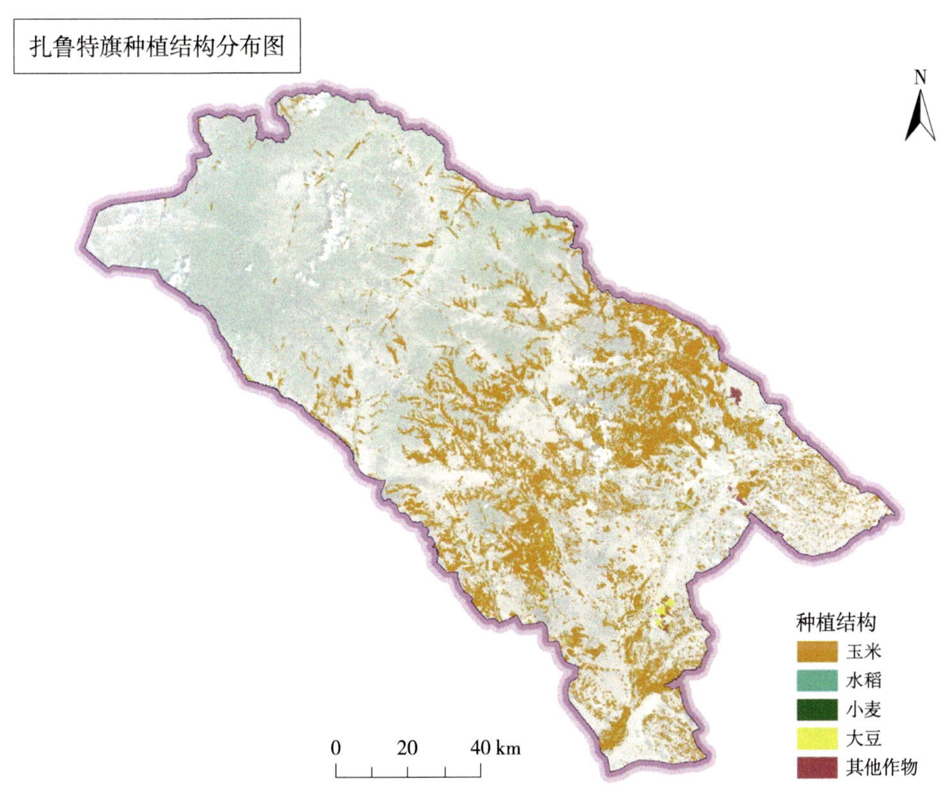

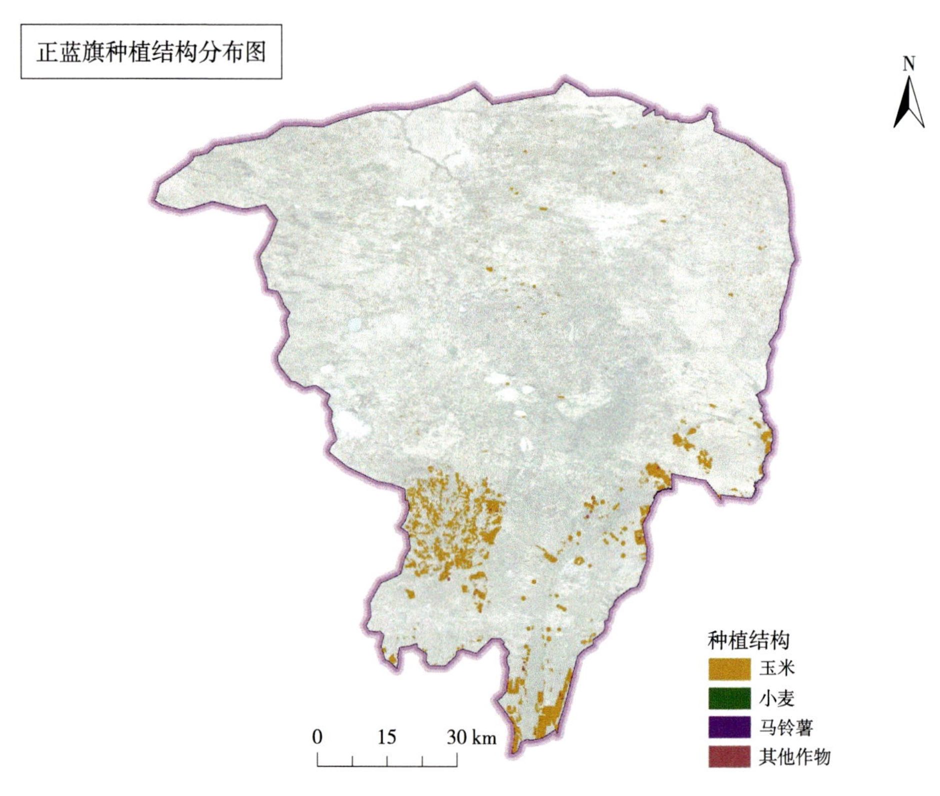
正蓝旗种植结构分布图
N
种植结构
玉米
小麦
马铃薯
其他作物
0
15
30 km

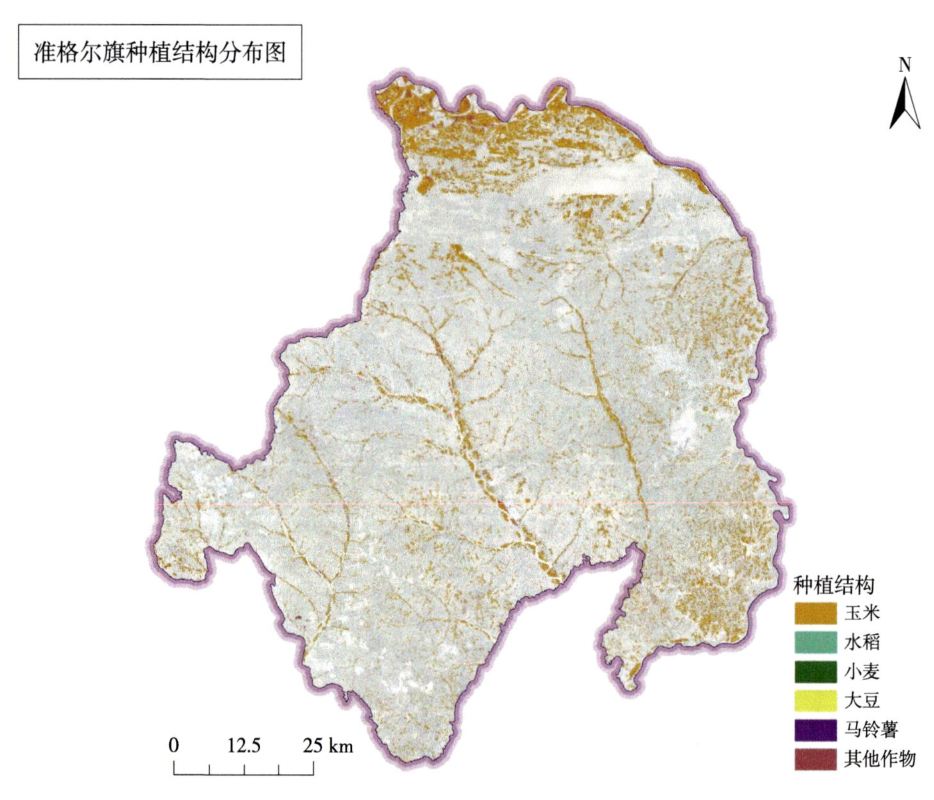
准格尔旗种植结构分布图
N
种植结构
玉米
水稻
小麦
大豆
马铃薯
其他作物
0
12.5
25 km

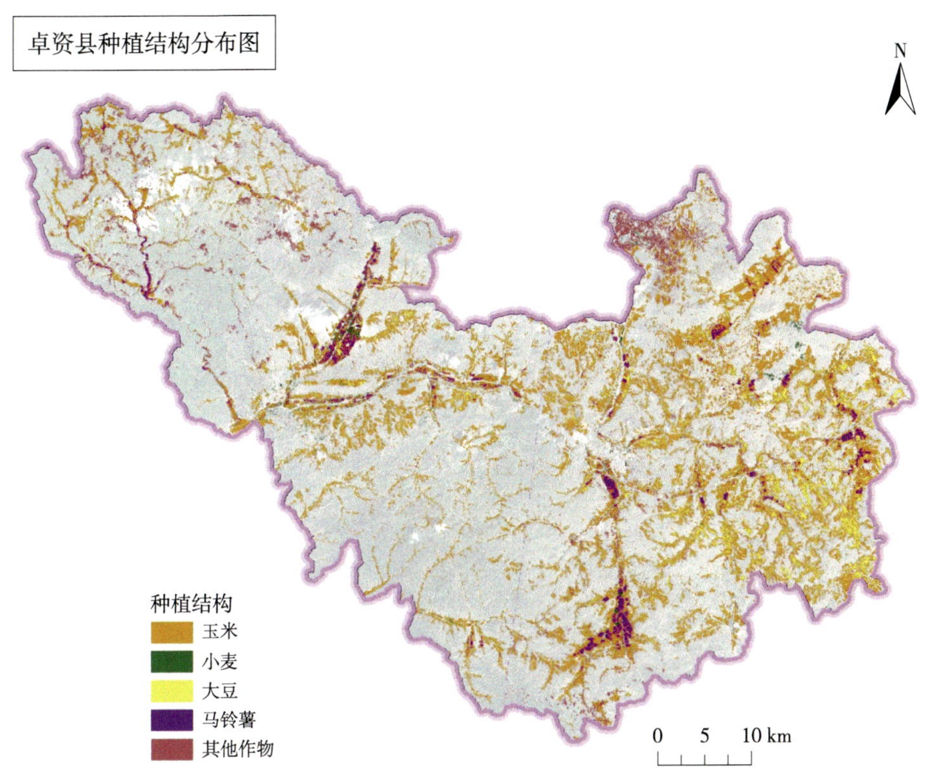
卓资县种植结构分布图
N
种植结构
玉米
小麦
大豆
马铃薯
其他作物
0 5 10 km

第四部分

耕地资源质量级别评价

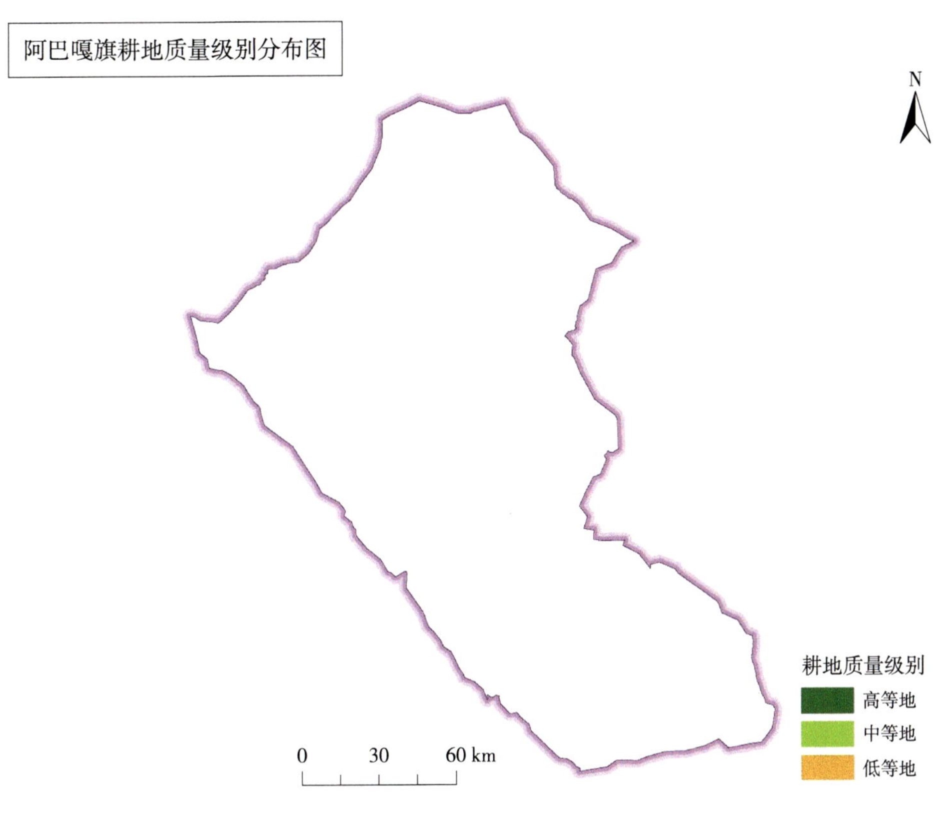
阿巴嘎旗耕地质量级别分布图
N
耕地质量级别
高等地
中等地
低等地
0 30 60 km

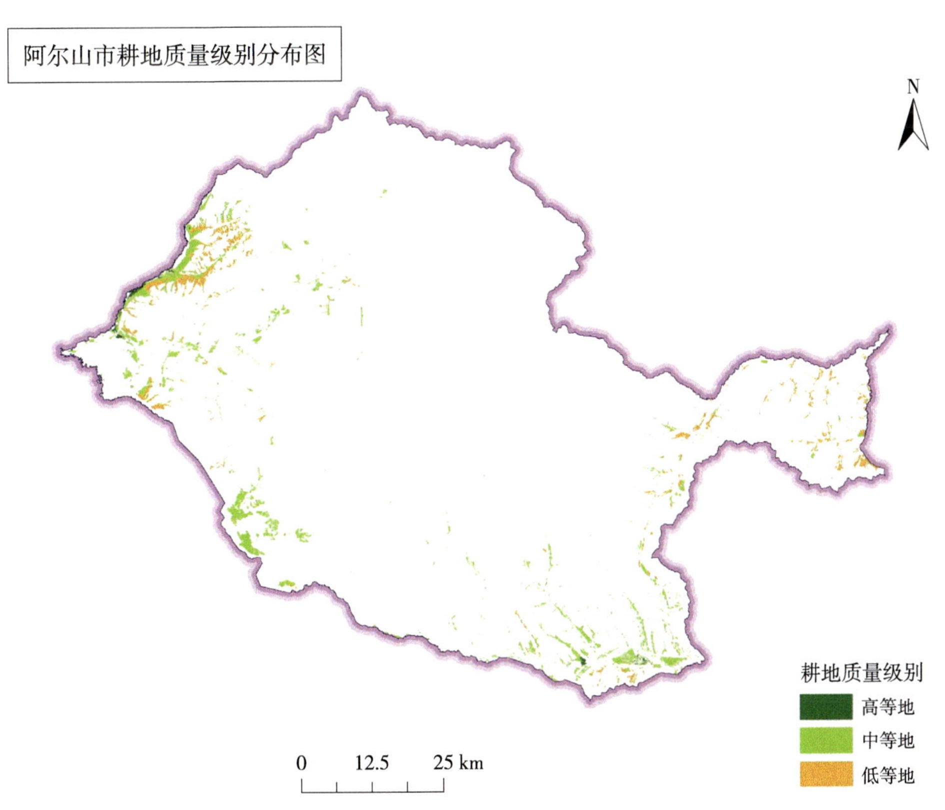
阿尔山市耕地质量级别分布图
N
耕地质量级别
高等地
中等地
低等地
0 12.5 25 km

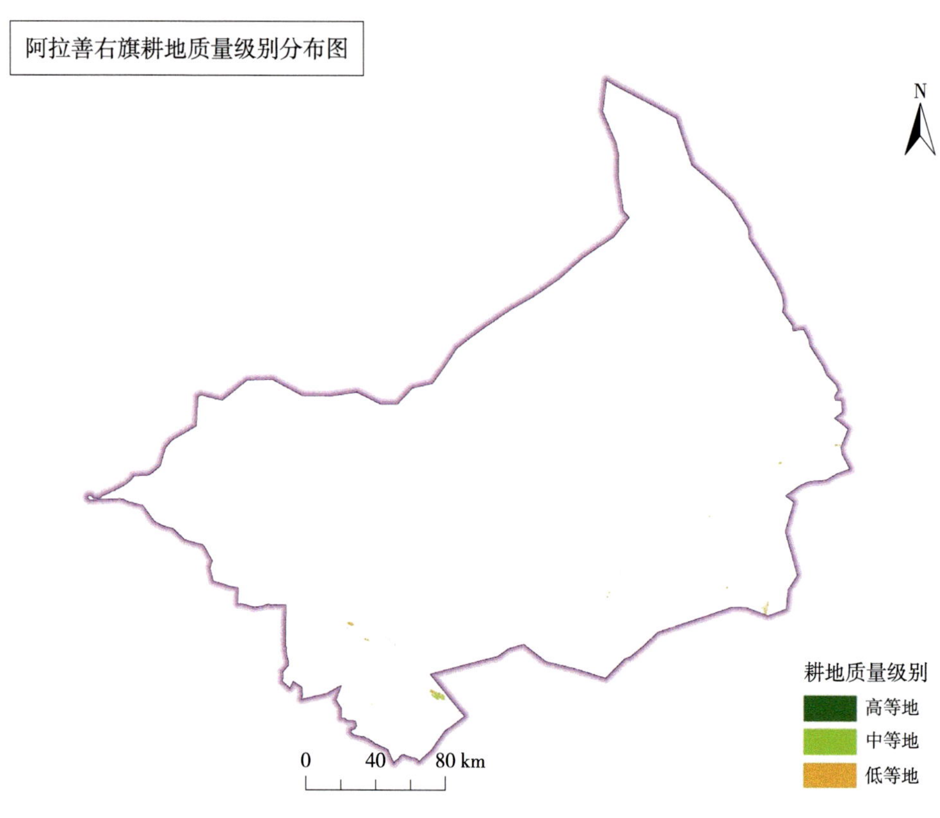
阿拉善右旗耕地质量级别分布图
N
耕地质量级别
高等地
中等地
低等地
0 40 80 km

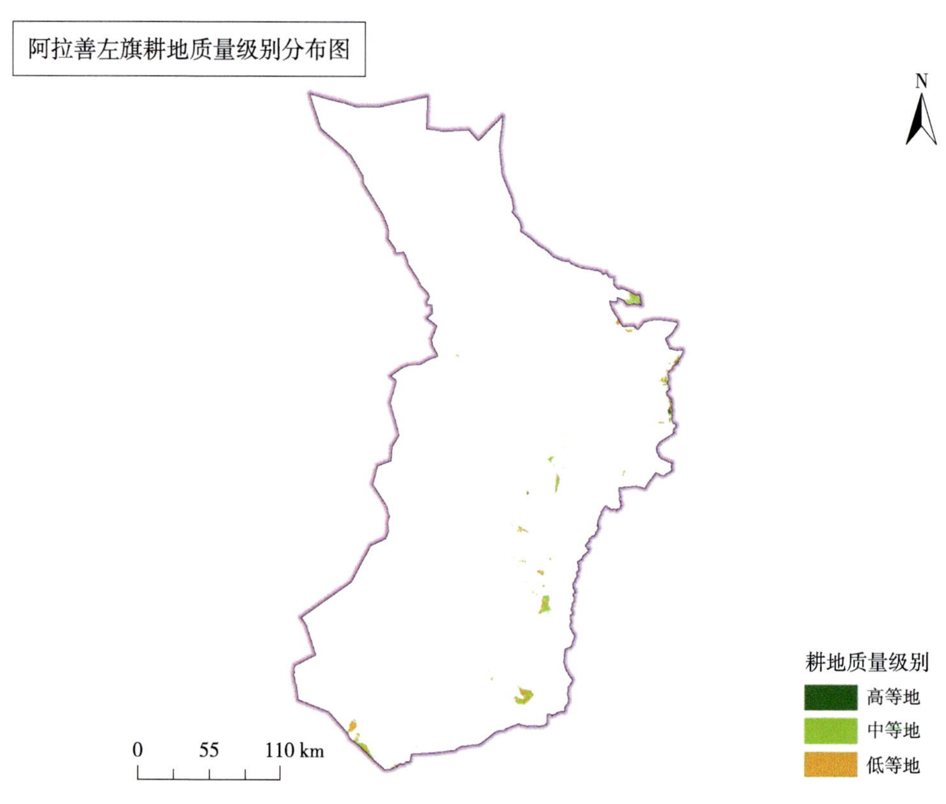
阿拉善左旗耕地质量级别分布图
N
耕地质量级别
高等地
中等地
低等地
0 55 110 km

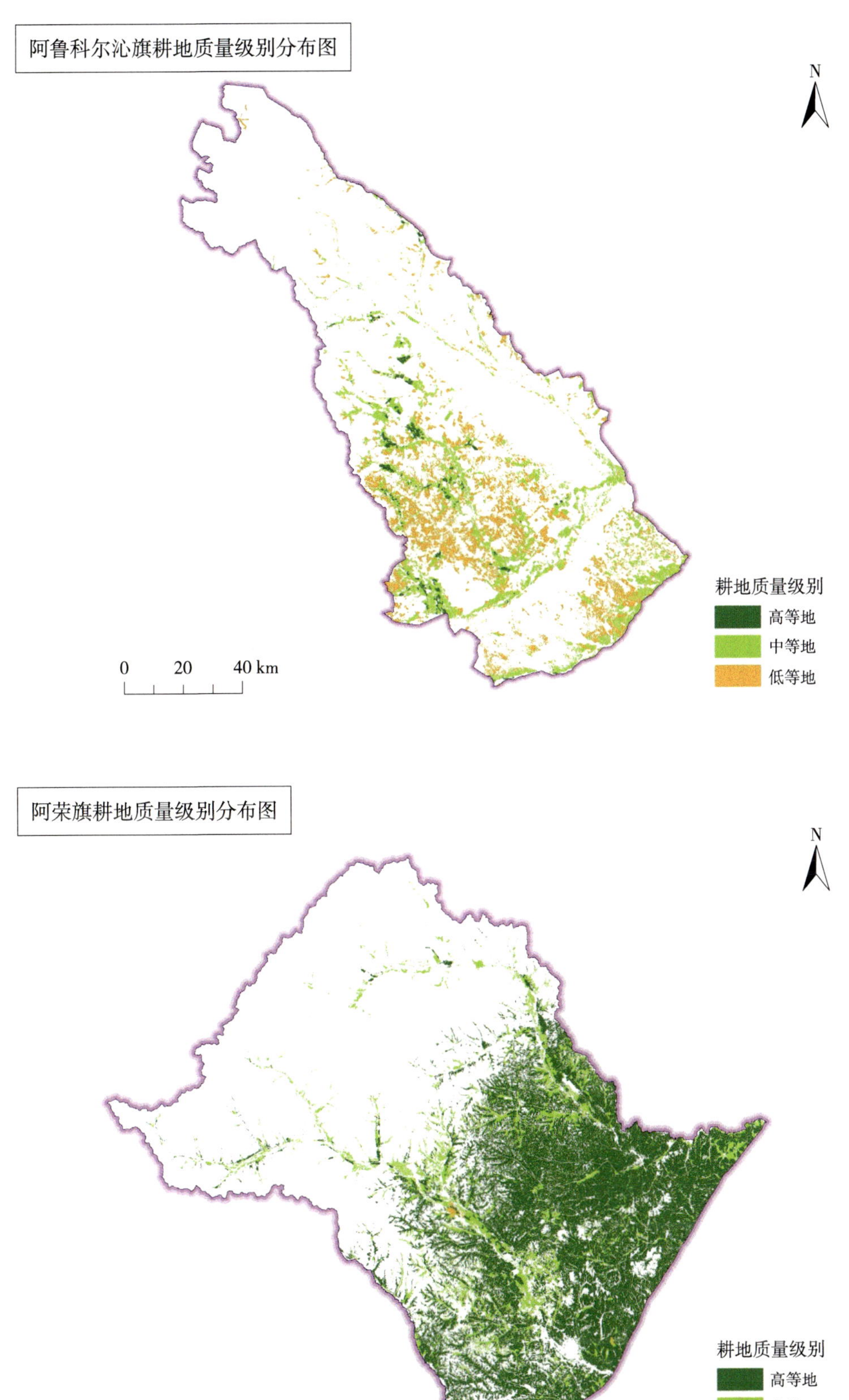
阿鲁科尔沁旗耕地质量级别分布图
N
耕地质量级别
高等地
中等地
低等地
0 20 40 km
阿荣旗耕地质量级别分布图
N
耕地质量级别
高等地
中等地
低等地
0 15 30 km

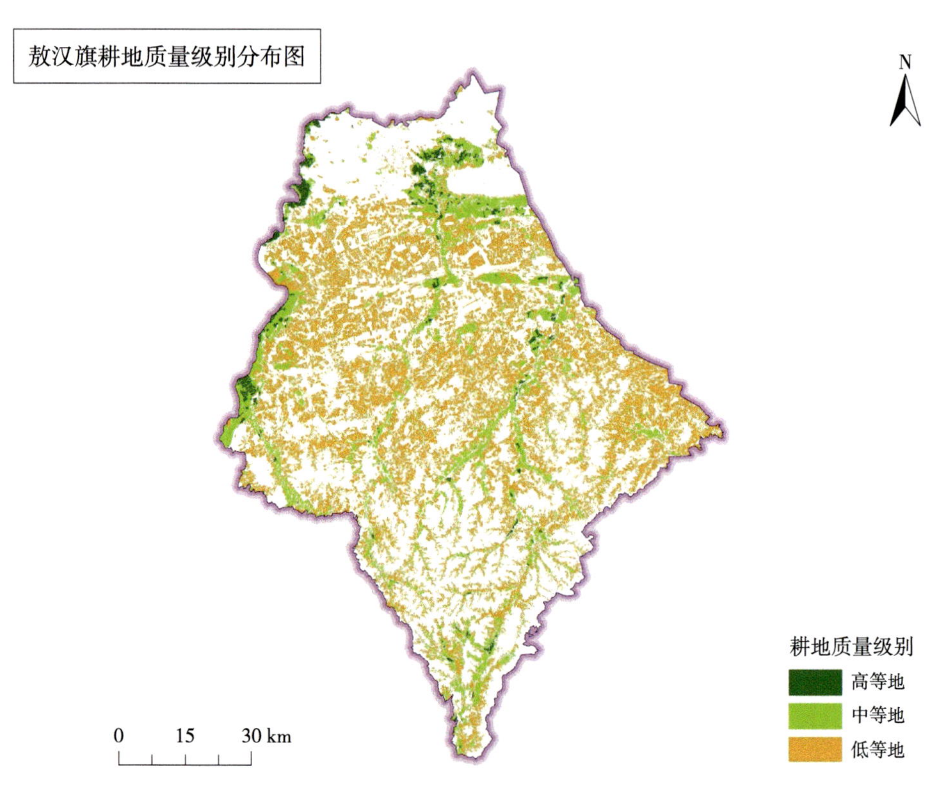
敖汉旗耕地质量级别分布图
N
耕地质量级别
高等地
中等地
低等地
0 15 30 km

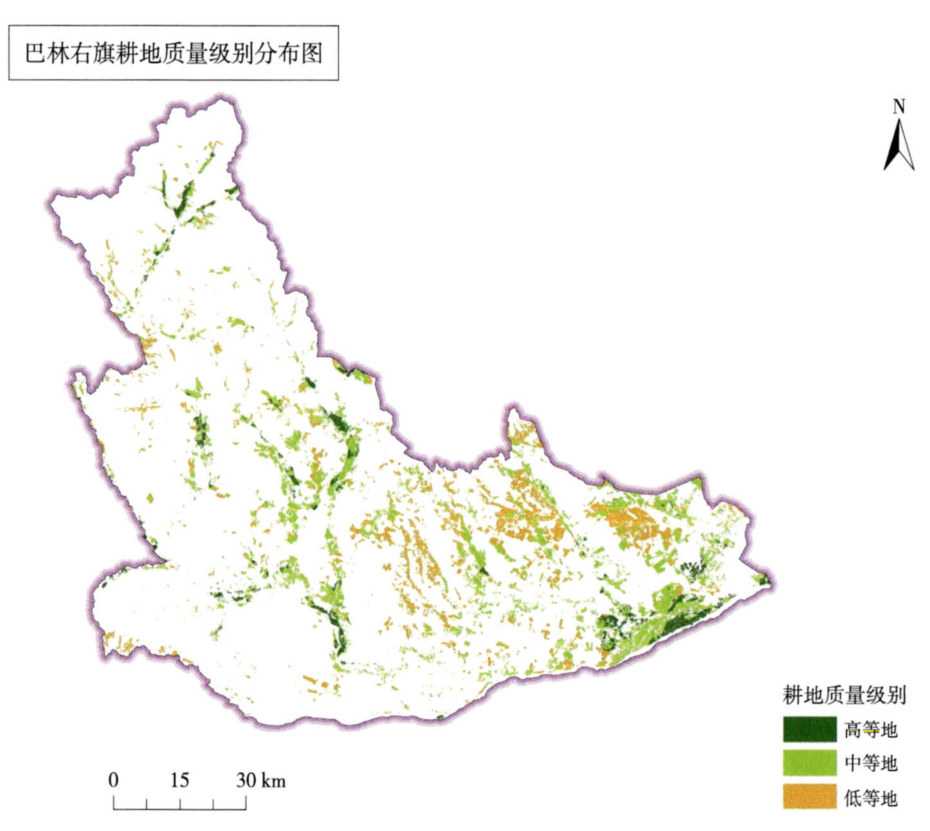
巴林右旗耕地质量级别分布图
N
耕地质量级别
高等地
中等地
低等地
0 15 30 km

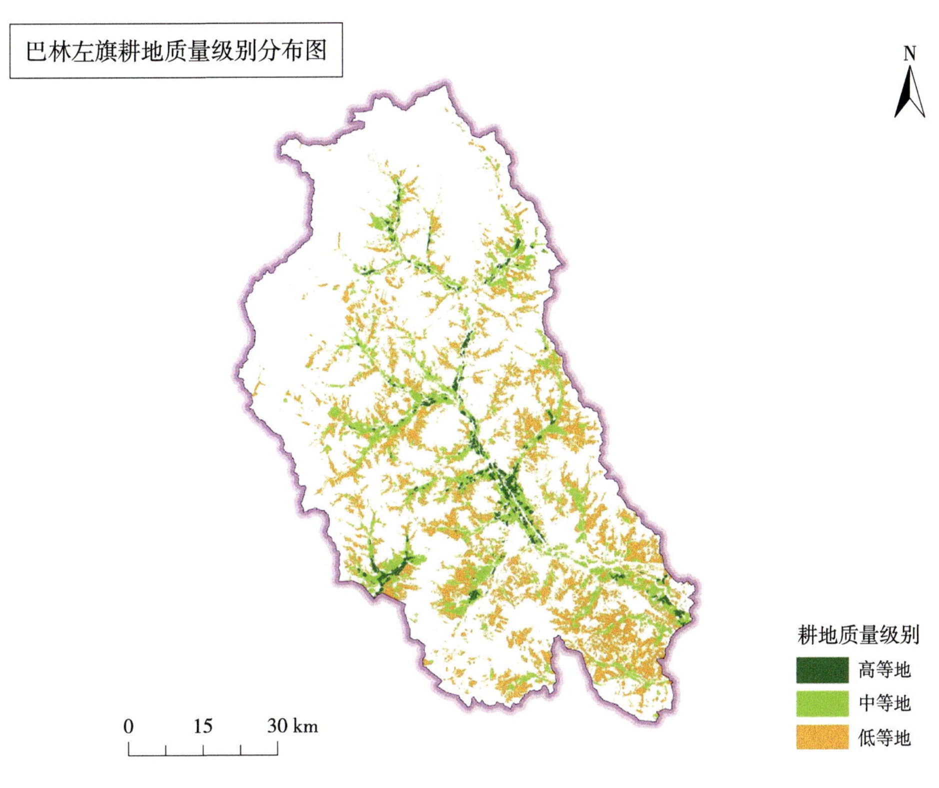
巴林左旗耕地质量级别分布图
N
耕地质量级别
高等地
中等地
低等地
0 15 30 km

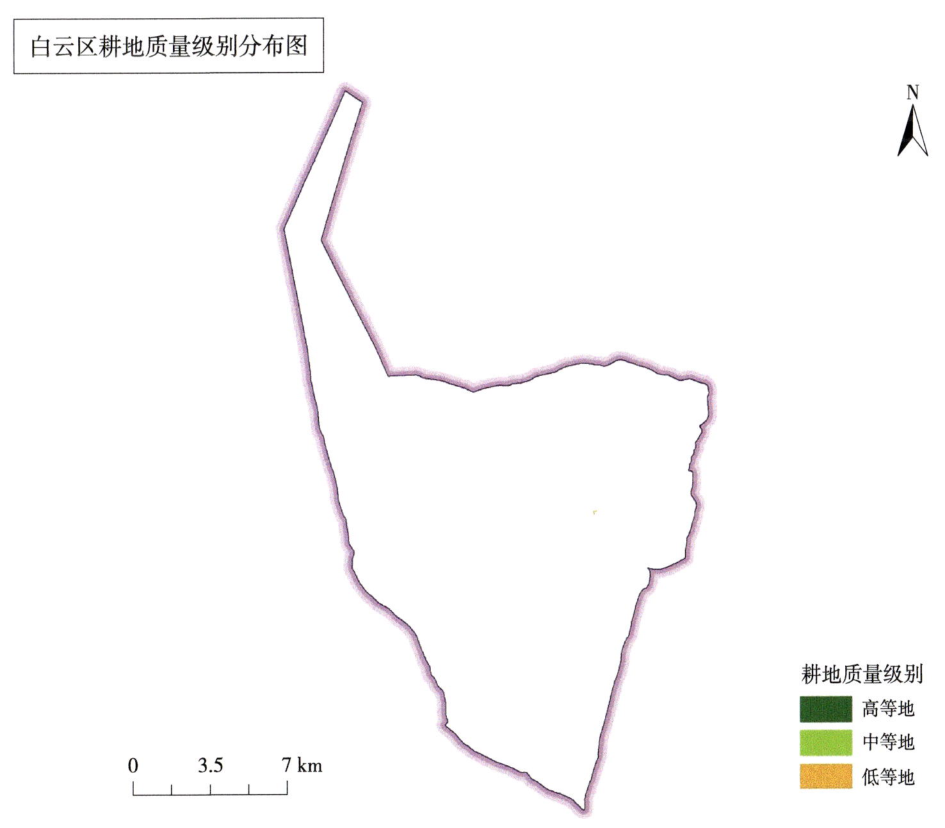
白云区耕地质量级别分布图
N
耕地质量级别
高等地
中等地
低等地
0 3.5 7 km

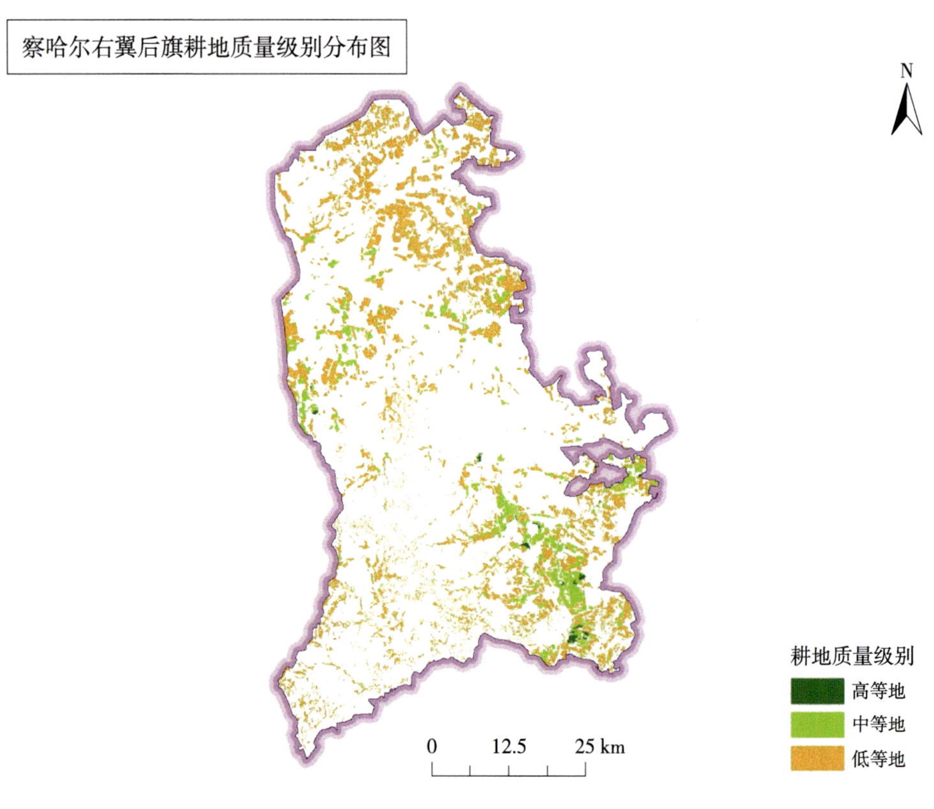
察哈尔右翼后旗耕地质量级别分布图
N
0 12.5 25 km
耕地质量级别
高等地
中等地
低等地

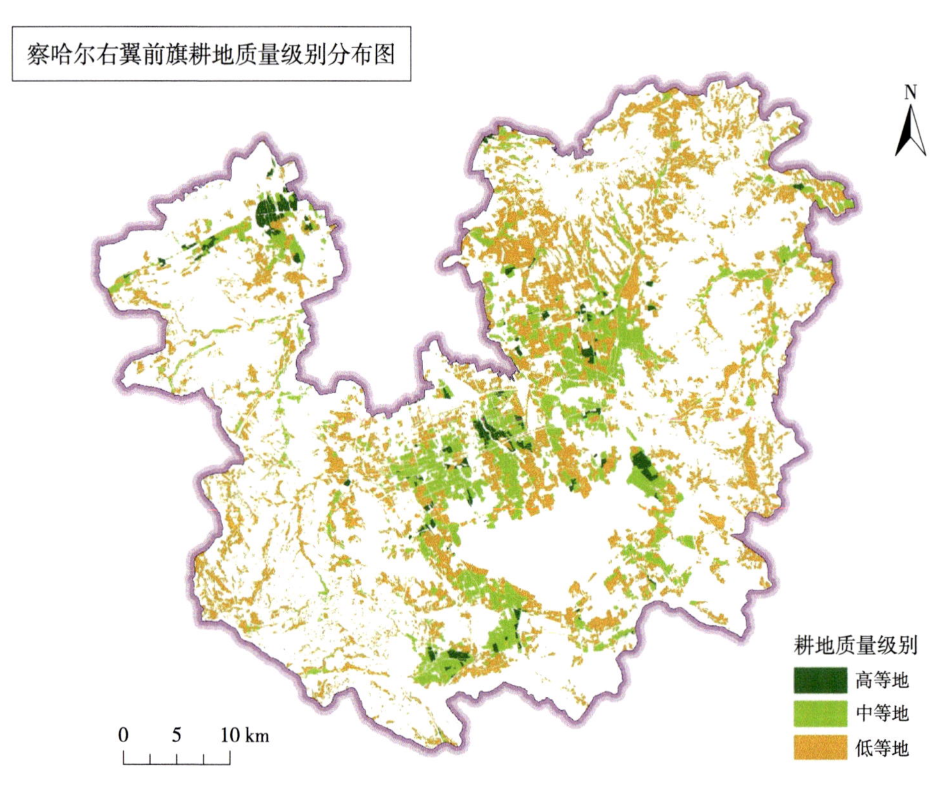
察哈尔右翼前旗耕地质量级别分布图
N
0 5 10 km
耕地质量级别
高等地
中等地
低等地

察哈尔右翼中旗耕地质量级别分布图

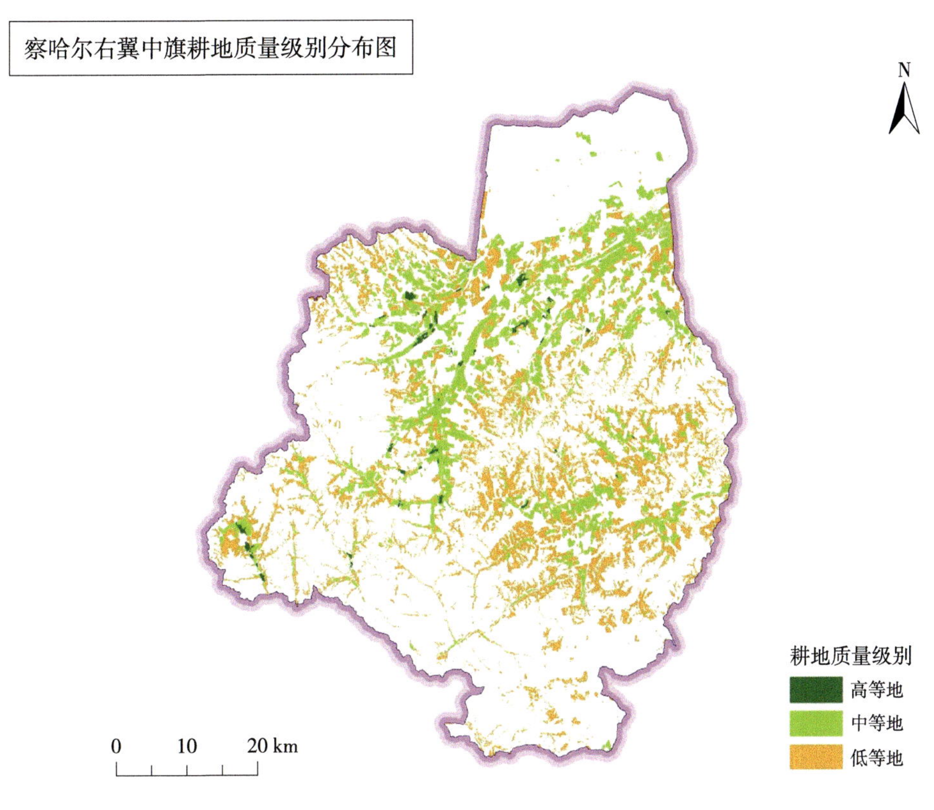

陈巴尔虎旗耕地质量级别分布图

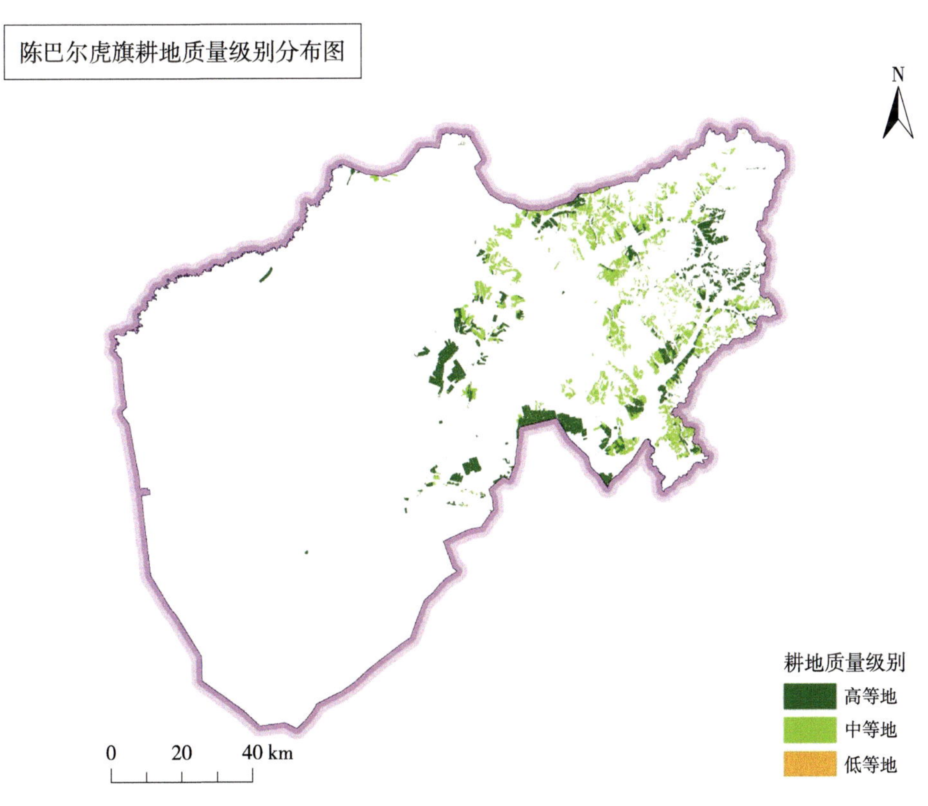

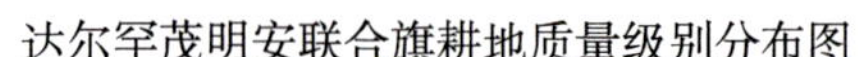

达尔罕茂明安联合旗耕地质量级别分布图

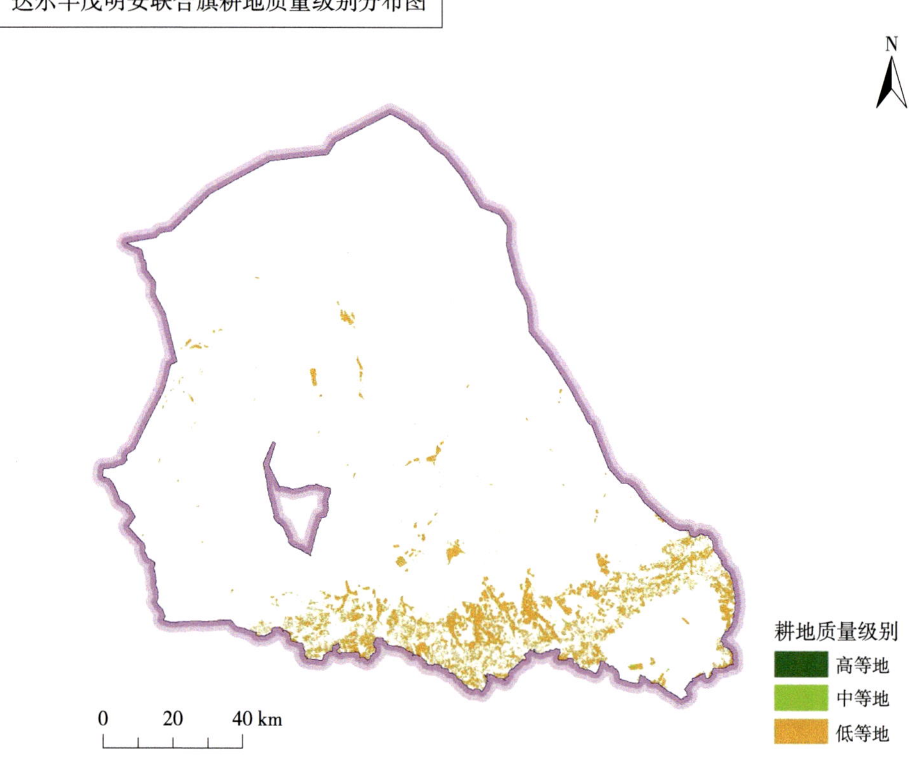

达拉特旗耕地质量级别分布图

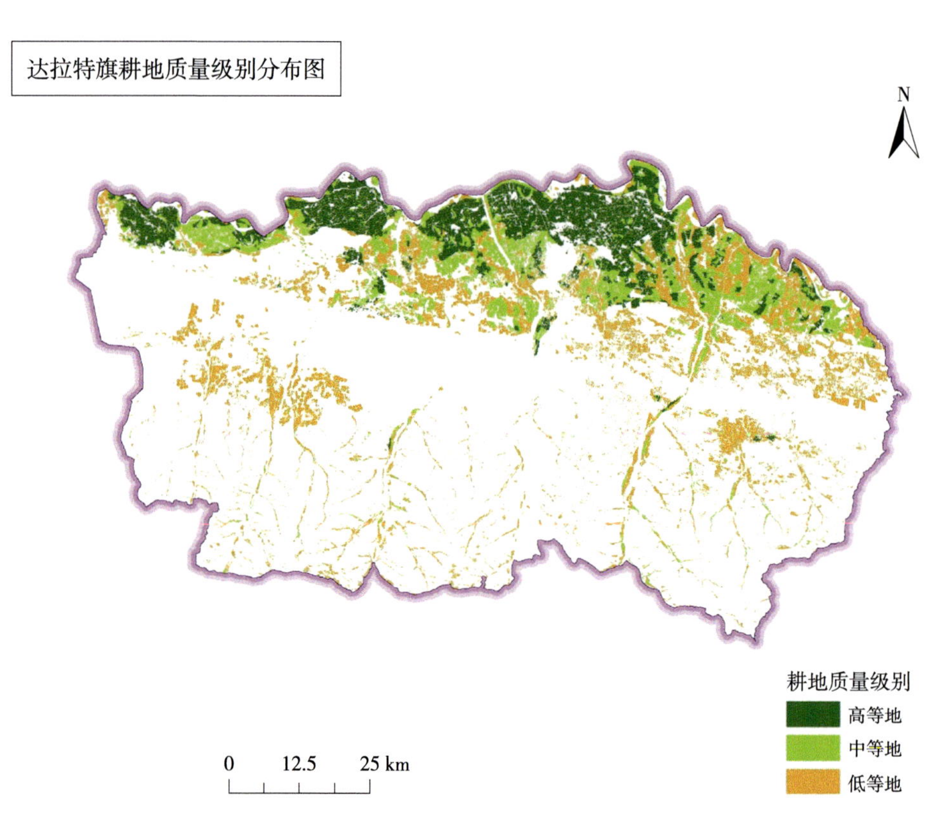

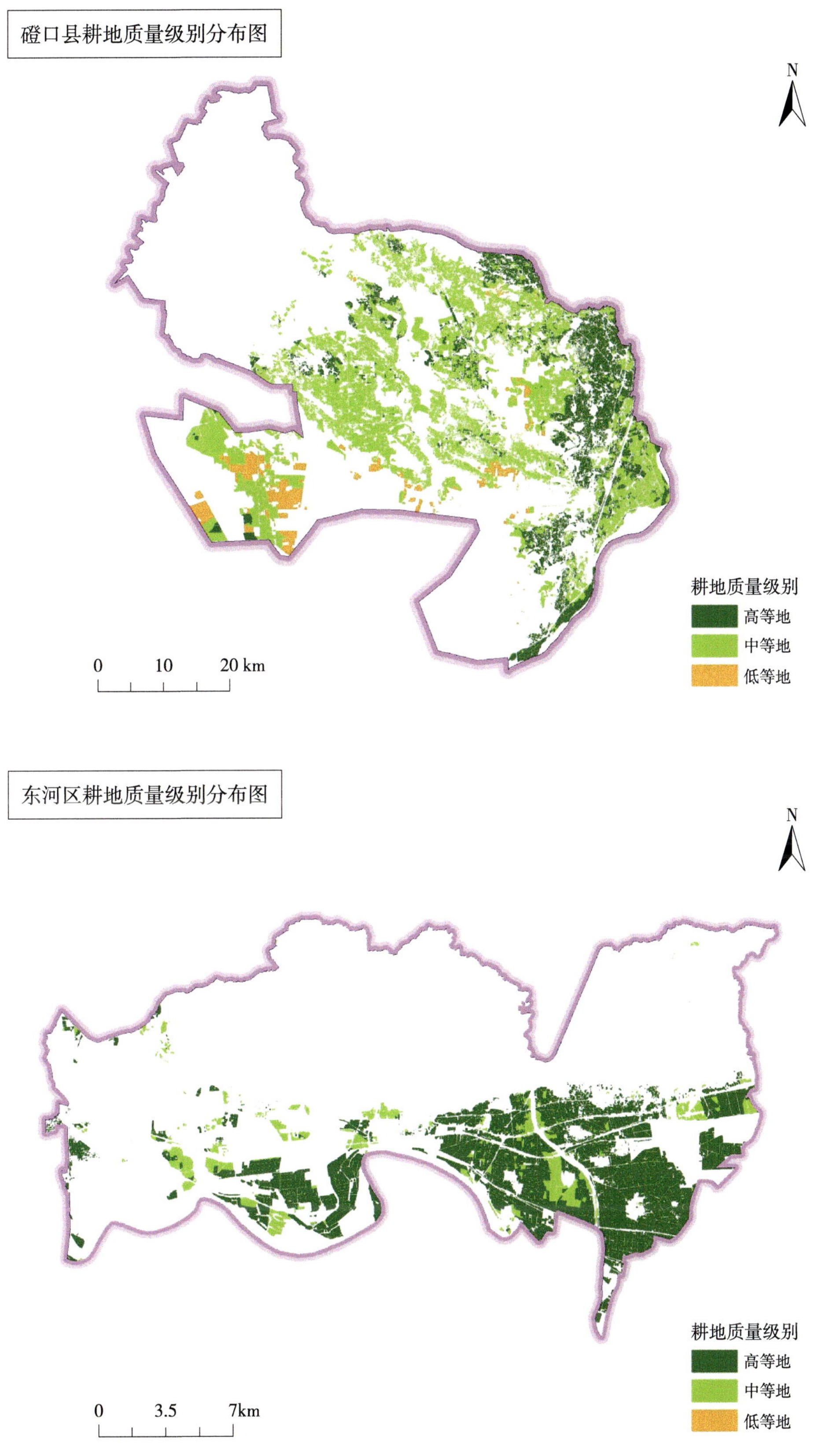
磴口县耕地质量级别分布图
N
耕地质量级别
高等地
中等地
低等地
0
10
20 km
东河区耕地质量级别分布图
N
耕地质量级别
高等地
中等地
低等地
0
3.5
7km

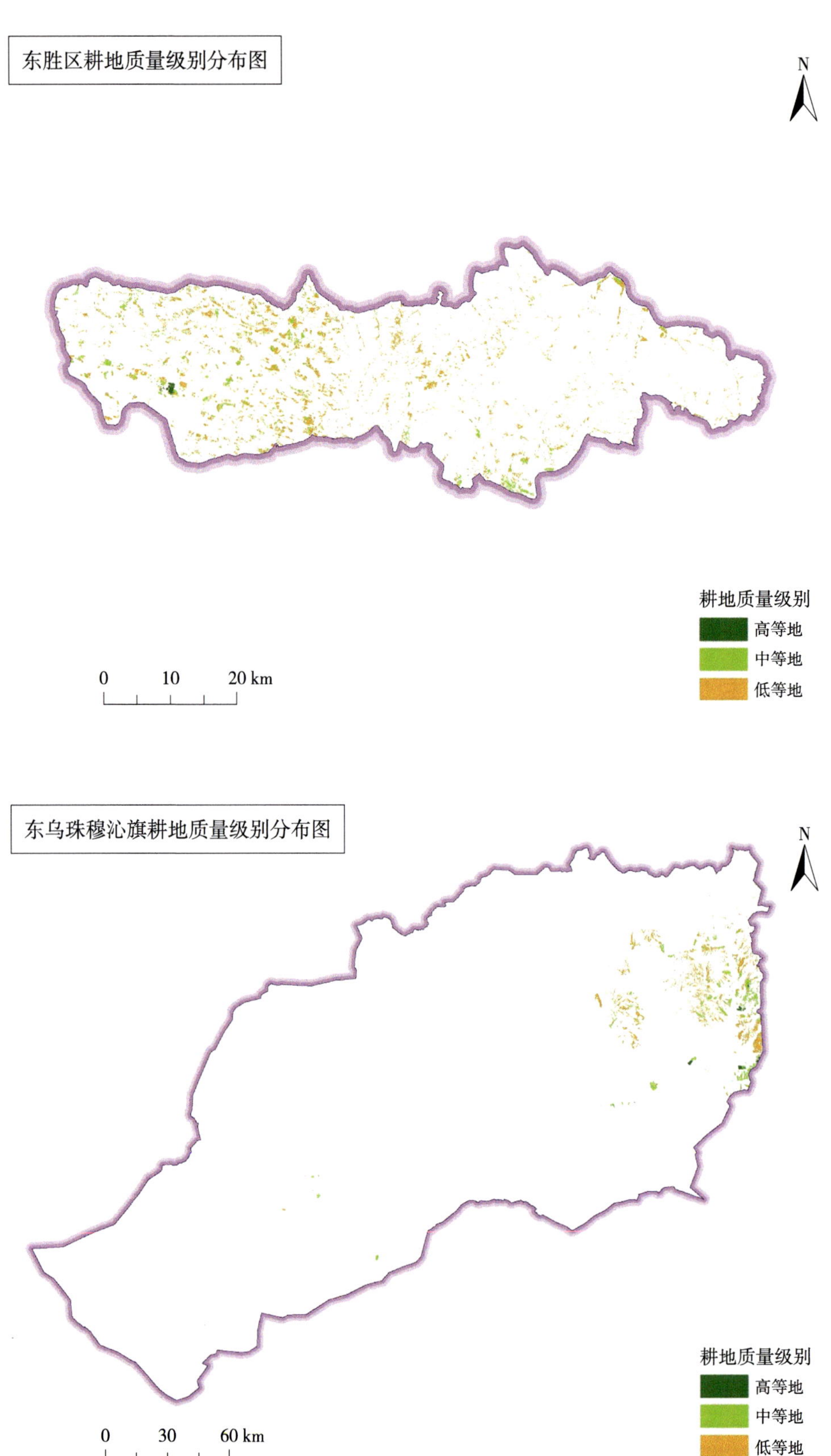
东胜区耕地质量级别分布图
N
耕地质量级别
高等地
中等地
低等地
0 10 20 km
东乌珠穆沁旗耕地质量级别分布图
N
耕地质量级别
高等地
中等地
低等地
0 30 60 km

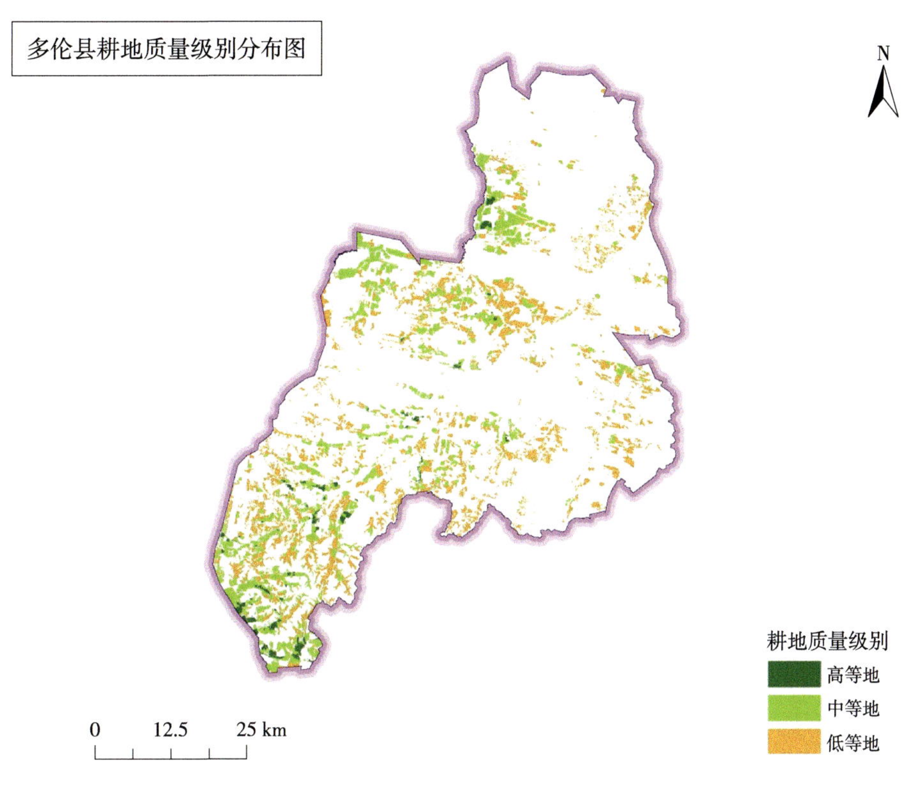
多伦县耕地质量级别分布图
N
耕地质量级别
高等地
中等地
低等地
0 12.5 25 km

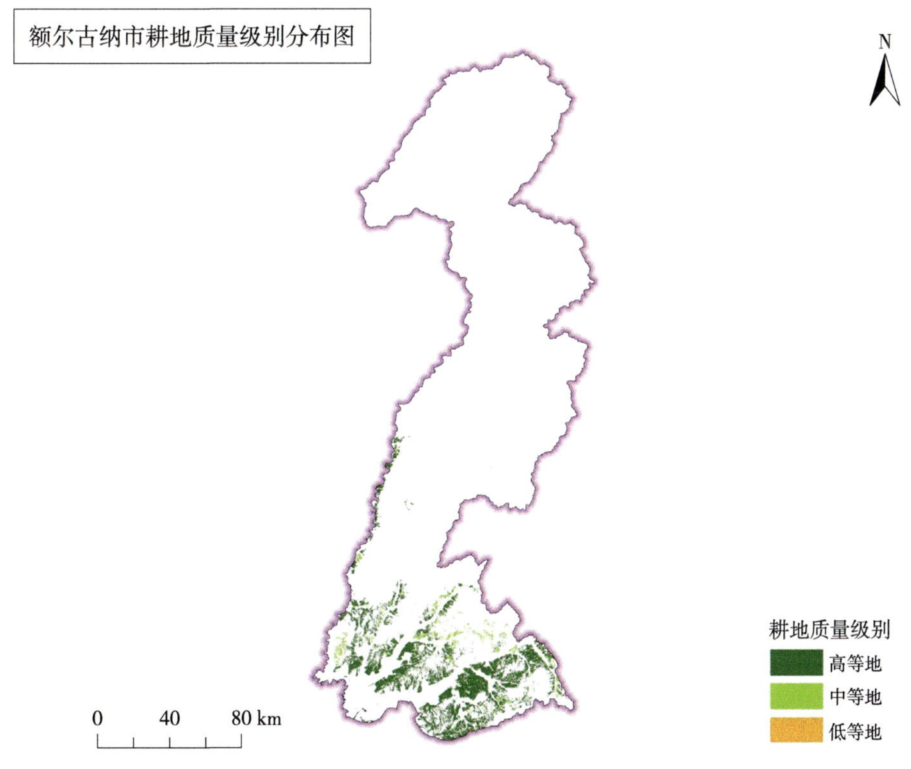
额尔古纳市耕地质量级别分布图
N
耕地质量级别
高等地
中等地
低等地
0 40 80 km

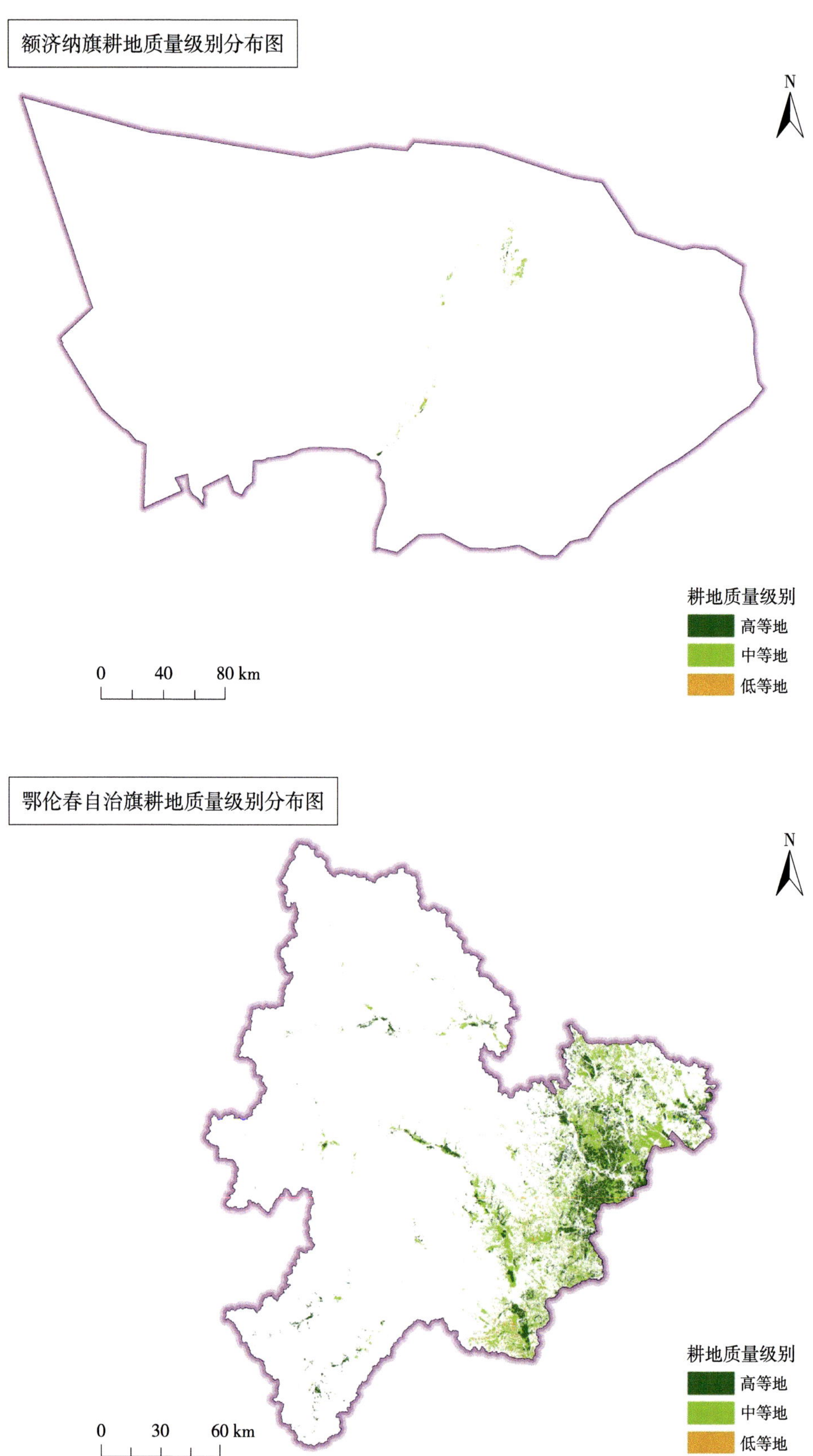
额济纳旗耕地质量级别分布图
N
耕地质量级别
高等地
中等地
低等地
0 40 80 km
鄂伦春自治旗耕地质量级别分布图
N
耕地质量级别
高等地
中等地
低等地
0 30 60 km

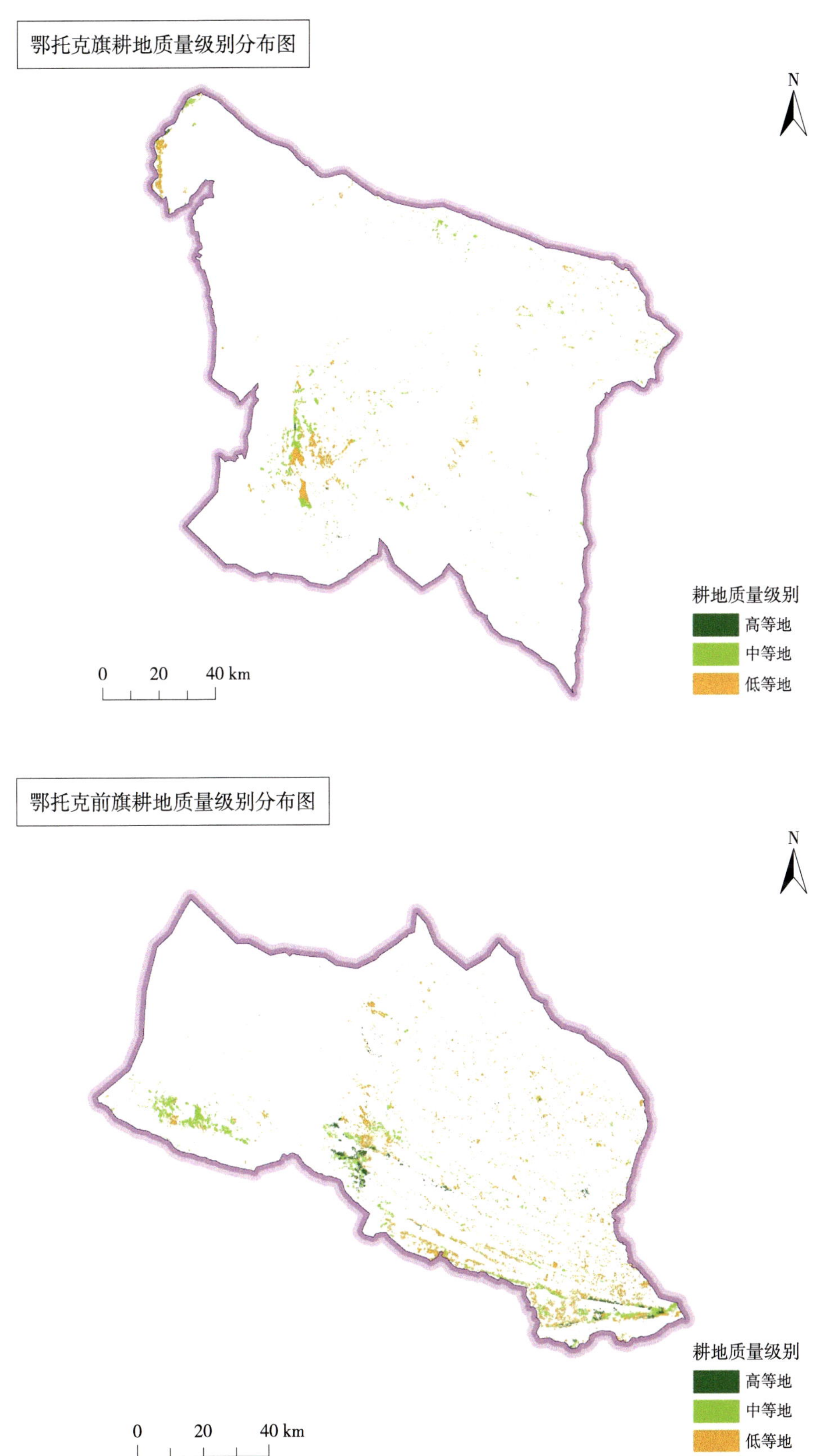
鄂托克旗耕地质量级别分布图
N
0 20 40 km
耕地质量级别
高等地
中等地
低等地
鄂托克前旗耕地质量级别分布图
N
0 20 40 km
耕地质量级别
高等地
中等地
低等地

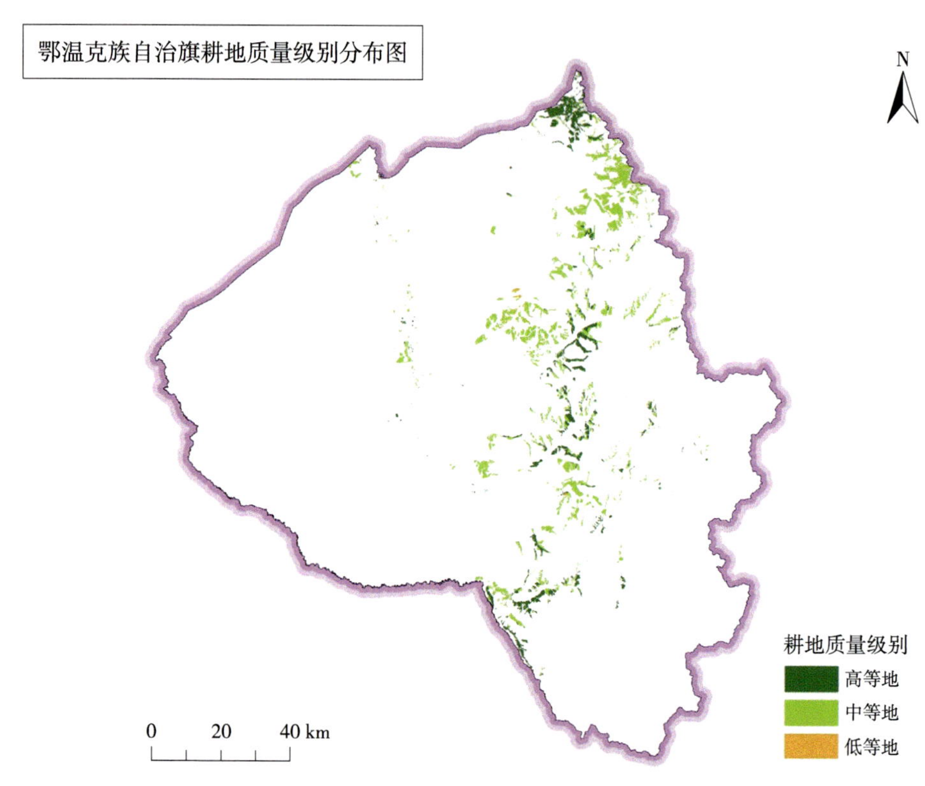
鄂温克族自治旗耕地质量级别分布图
N
0
20
40 km
耕地质量级别
高等地
中等地
低等地

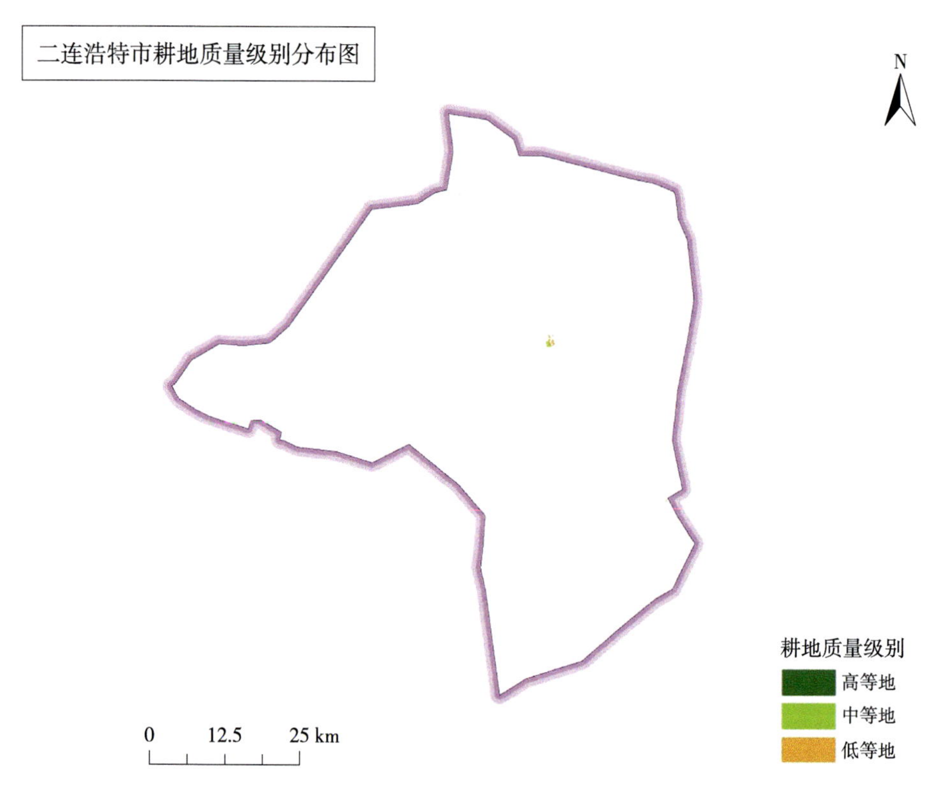
二连浩特市耕地质量级别分布图
N
0
12.5
25 km
耕地质量级别
高等地
中等地
低等地

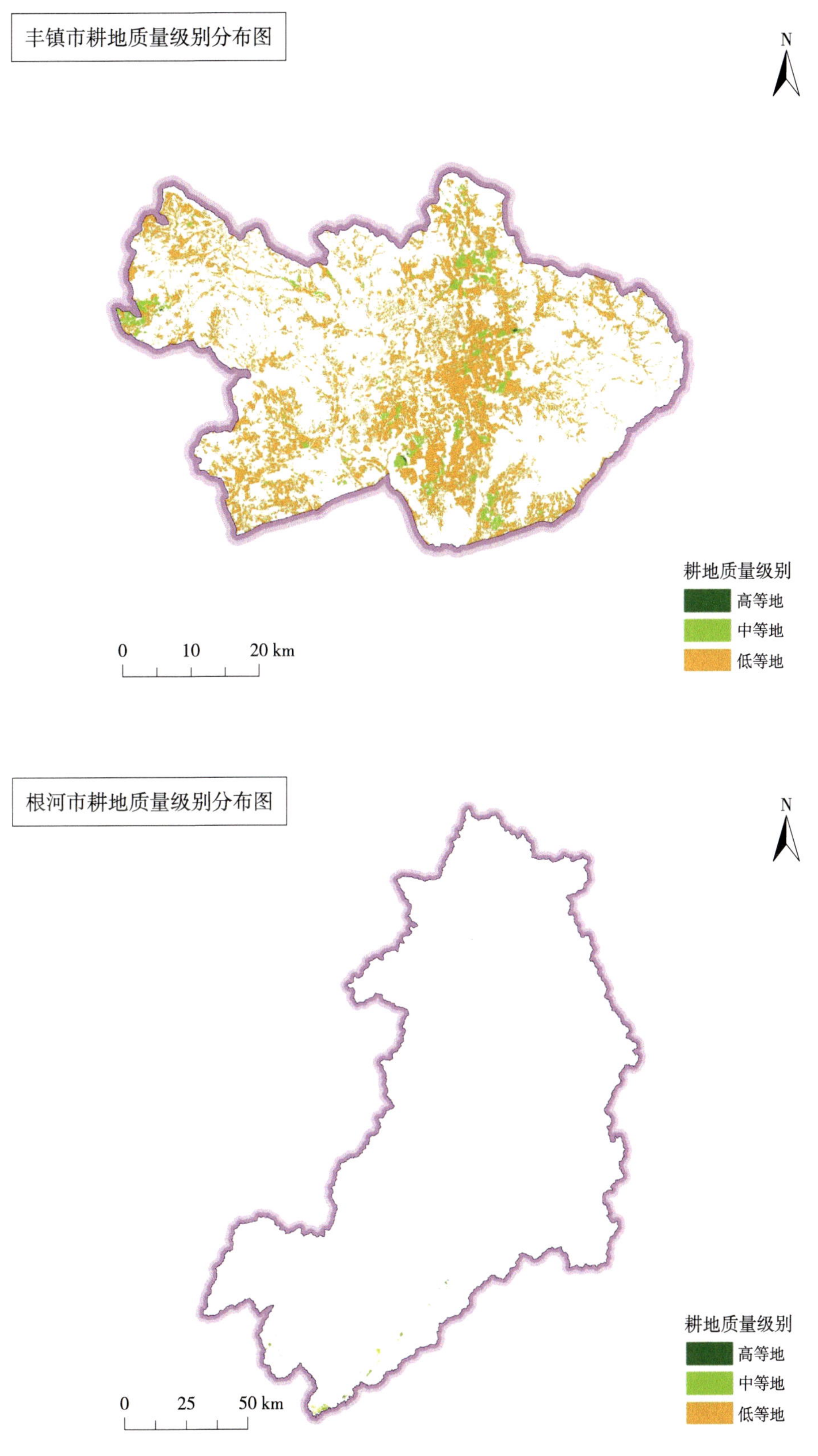

丰镇市耕地质量级别分布图
N
耕地质量级别
高等地
中等地
低等地
0 10 20 km
根河市耕地质量级别分布图
N
耕地质量级别
高等地
中等地
低等地
0 25 50 km

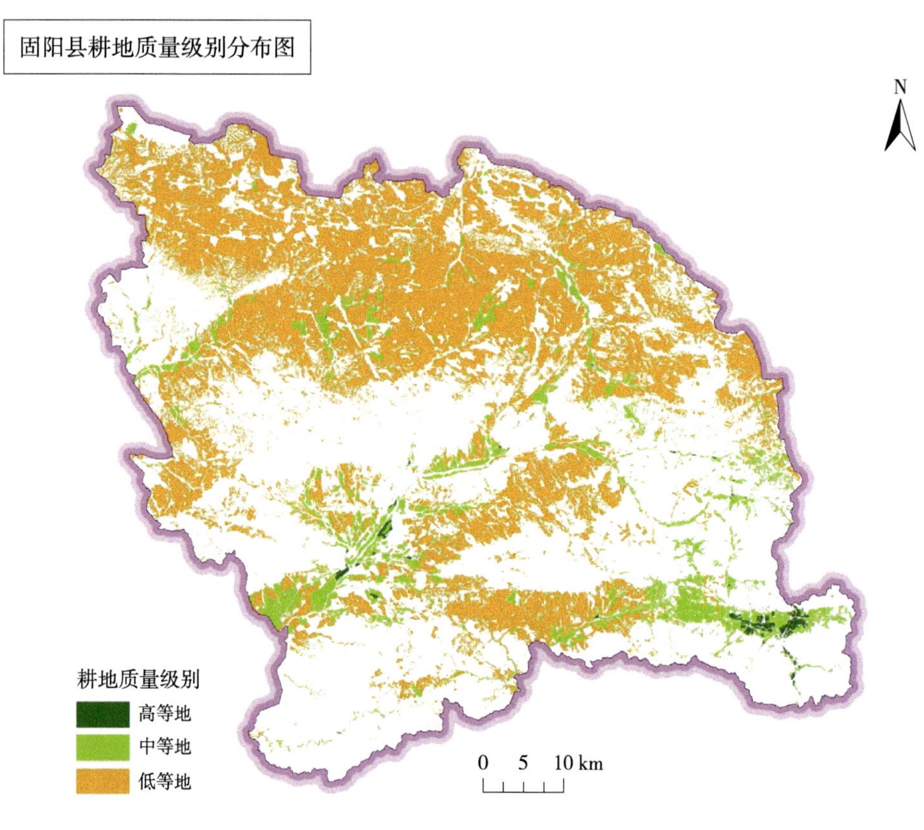
固阳县耕地质量级别分布图
N
耕地质量级别
高等地
中等地
低等地
0 5 10 km

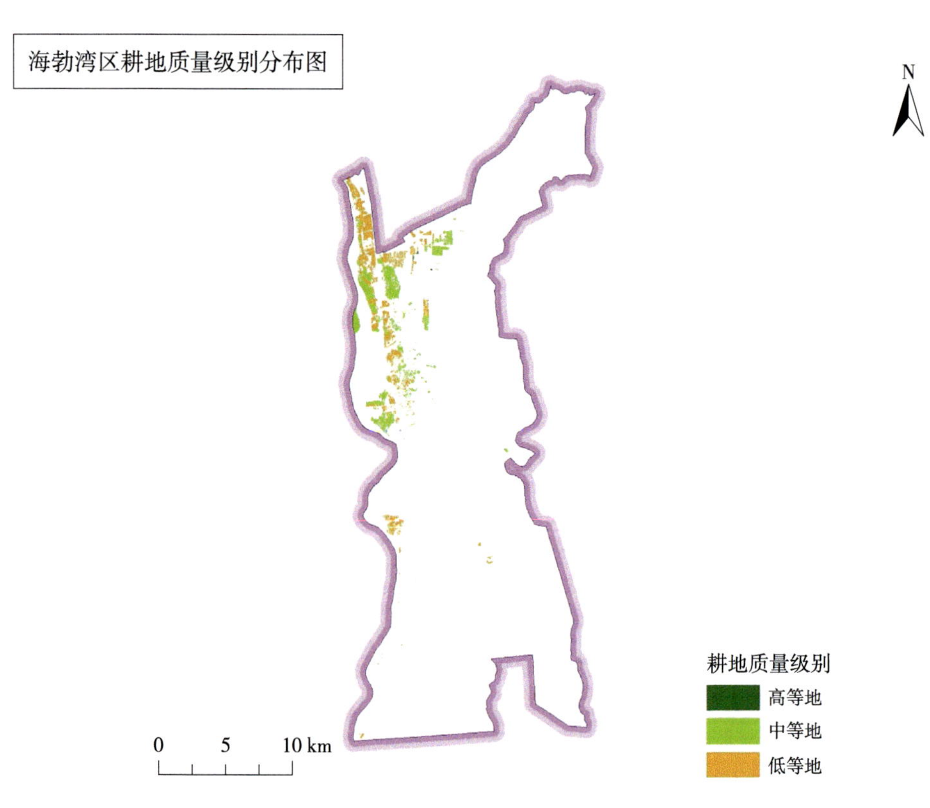
海勃湾区耕地质量级别分布图
N
耕地质量级别
高等地
中等地
低等地
0 5 10 km

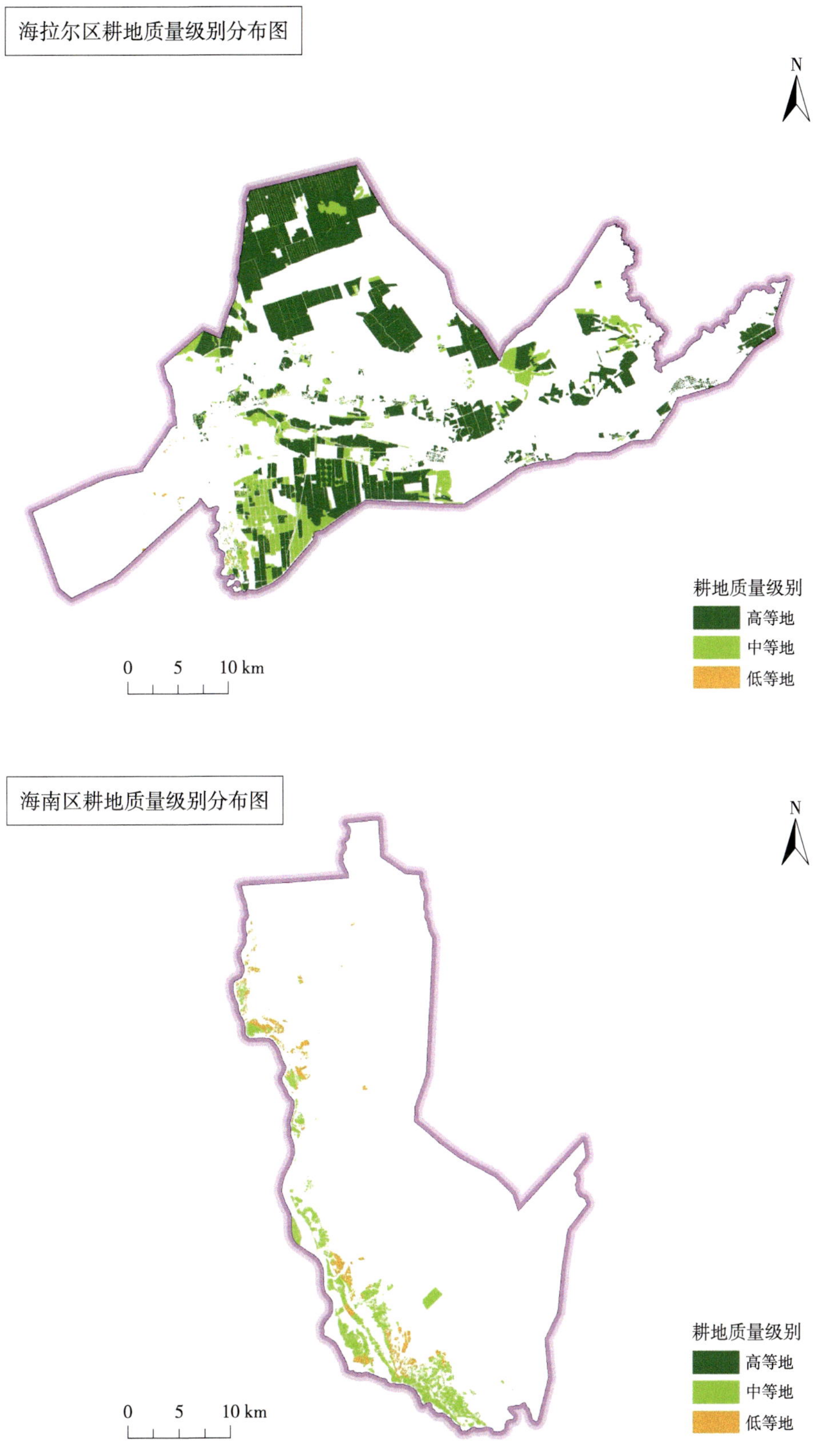
海拉尔区耕地质量级别分布图
N
耕地质量级别
高等地
中等地
低等地
0 5 10 km
海南区耕地质量级别分布图
N
耕地质量级别
高等地
中等地
低等地
0 5 10 km

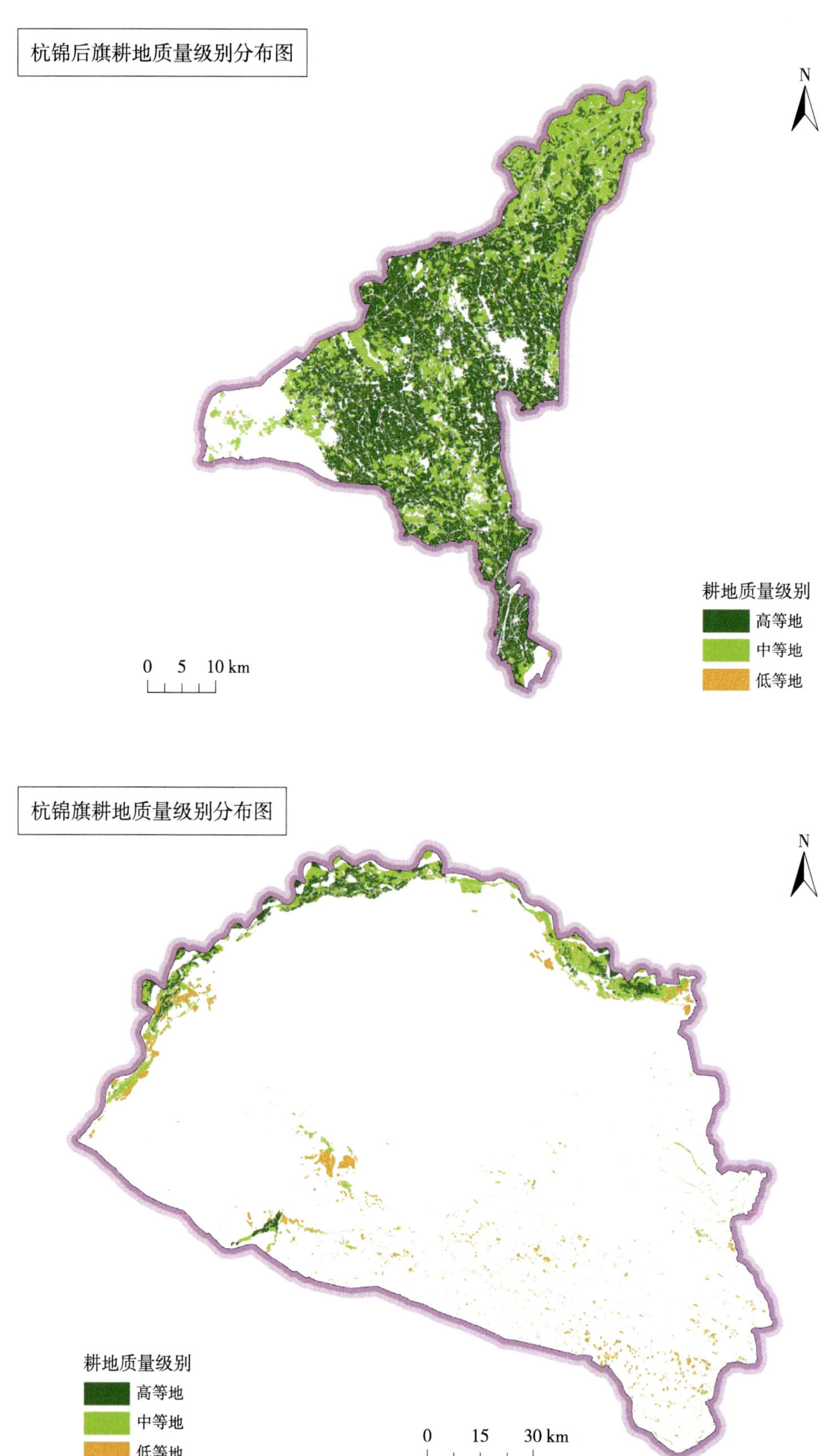
杭锦后旗耕地质量级别分布图
N
耕地质量级别
高等地
中等地
低等地
0 5 10 km
杭锦旗耕地质量级别分布图
N
耕地质量级别
高等地
中等地
低等地
0 15 30 km

和林格尔县耕地质量级别分布图

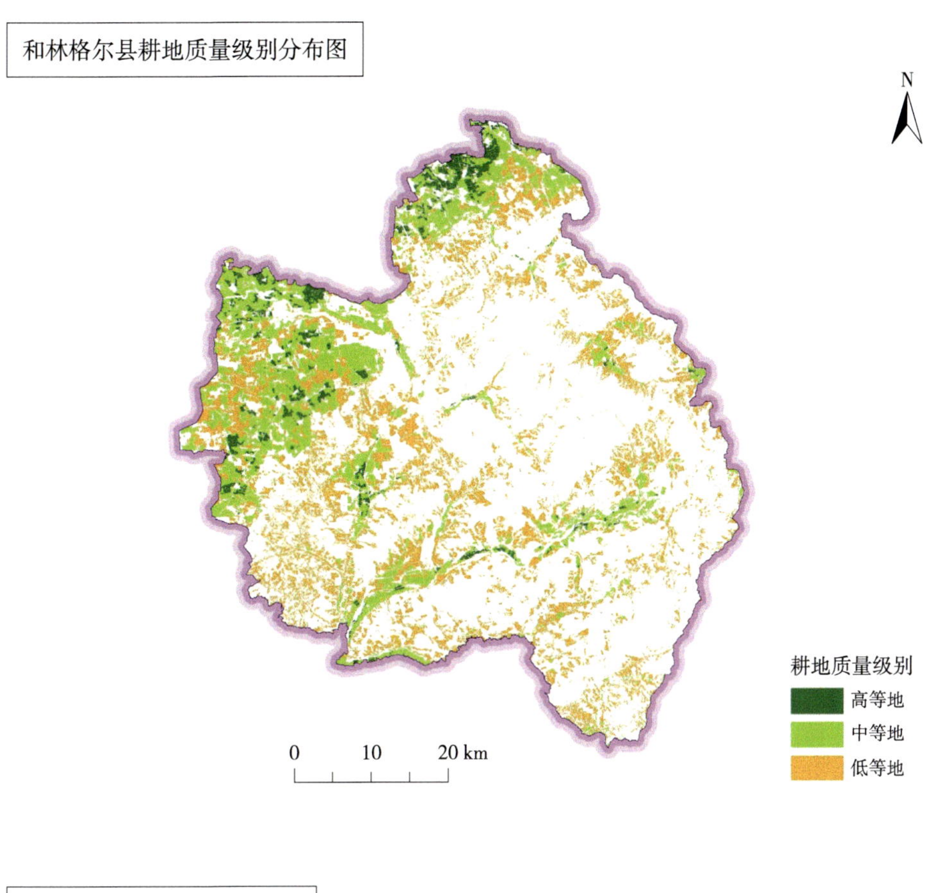

红山区耕地质量级别分布图

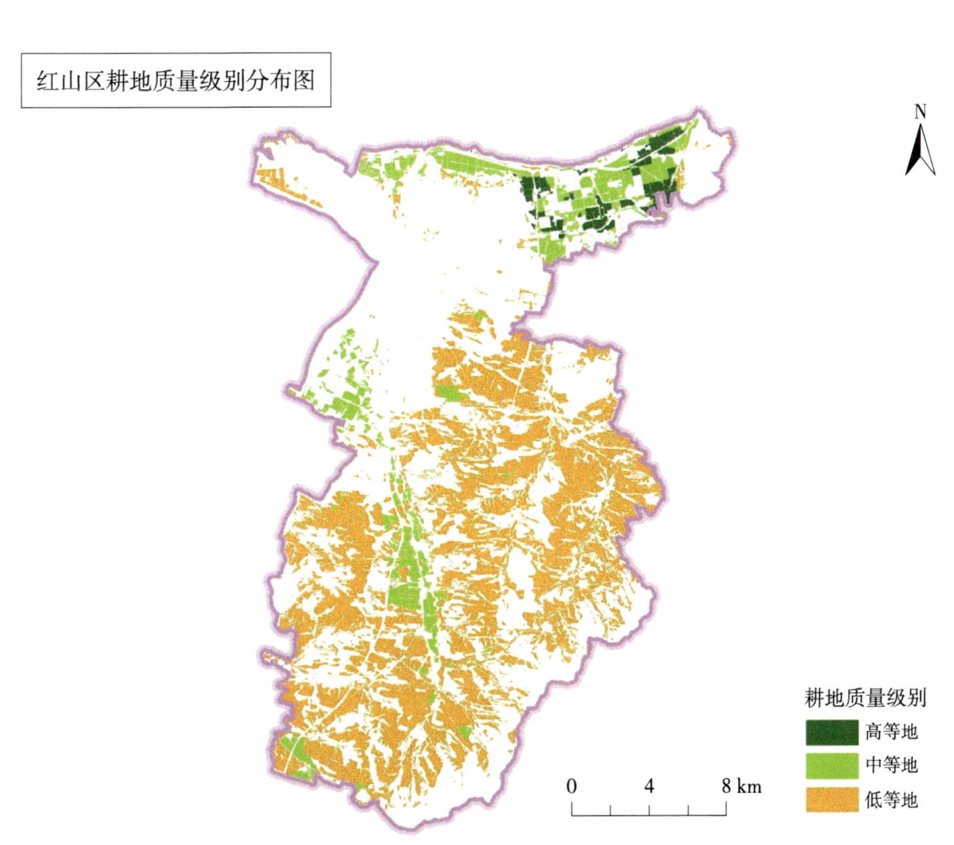

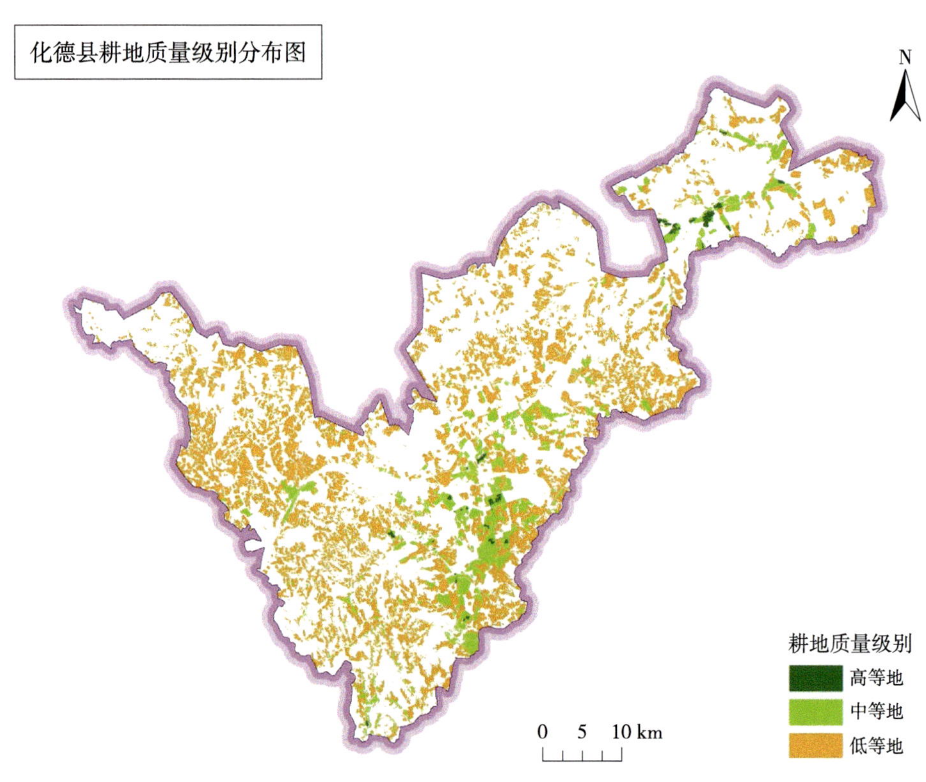
化德县耕地质量级别分布图
N
0 5 10 km
耕地质量级别
高等地
中等地
低等地

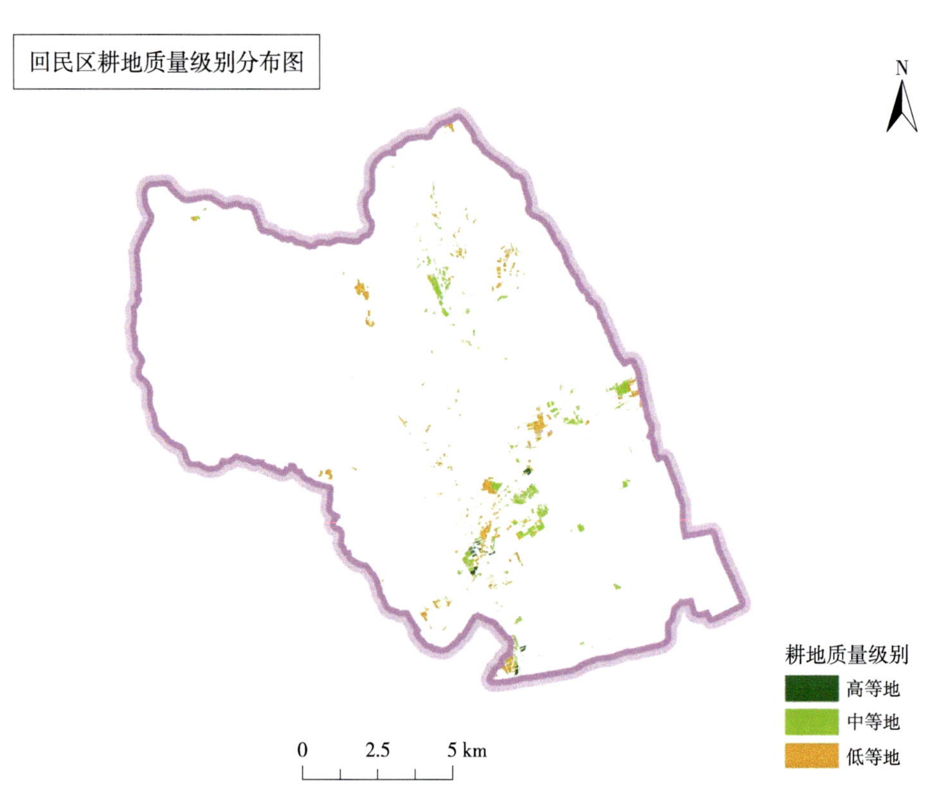
回民区耕地质量级别分布图
N
0 2.5 5 km
耕地质量级别
高等地
中等地
低等地

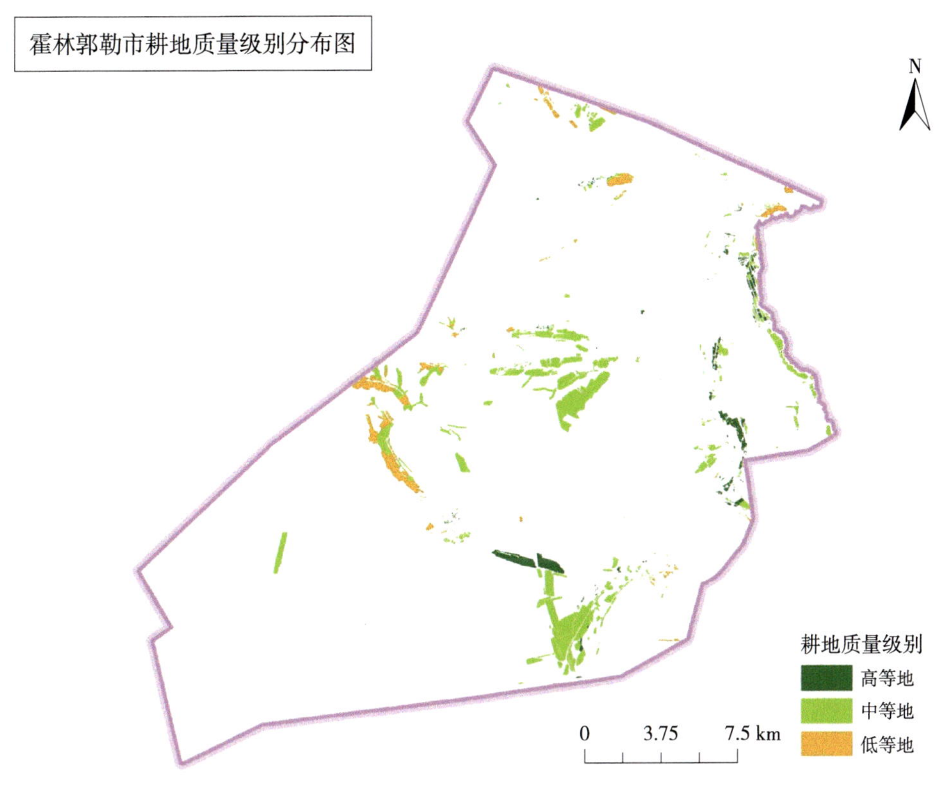
霍林郭勒市耕地质量级别分布图
N
耕地质量级别
高等地
中等地
低等地
0 3.75 7.5 km

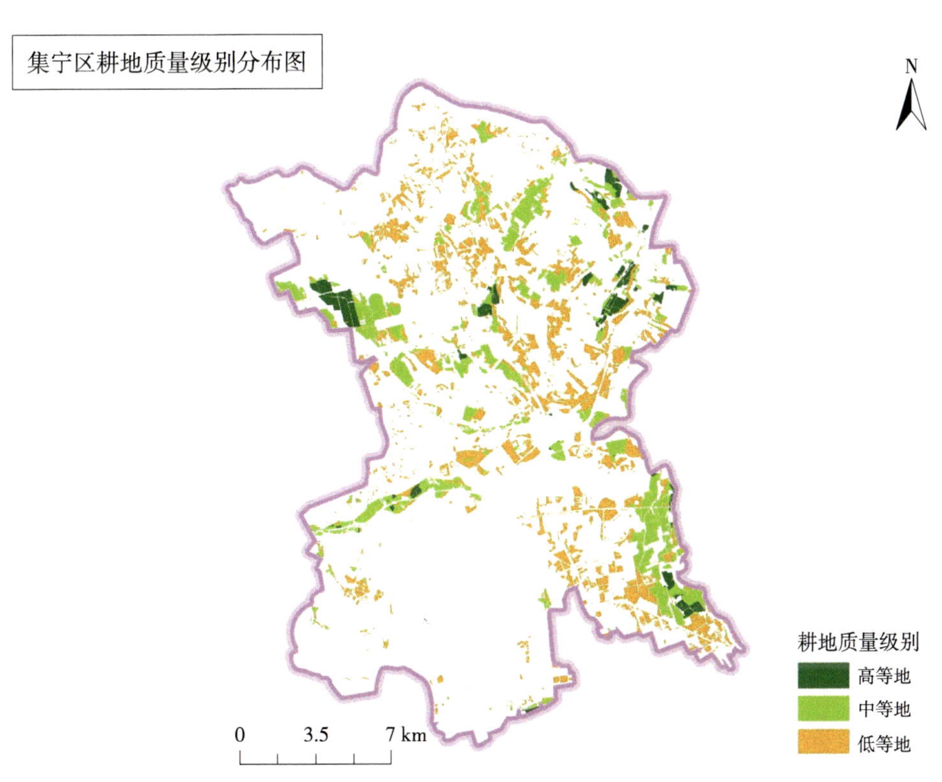
集宁区耕地质量级别分布图
N
耕地质量级别
高等地
中等地
低等地
0 3.5 7 km

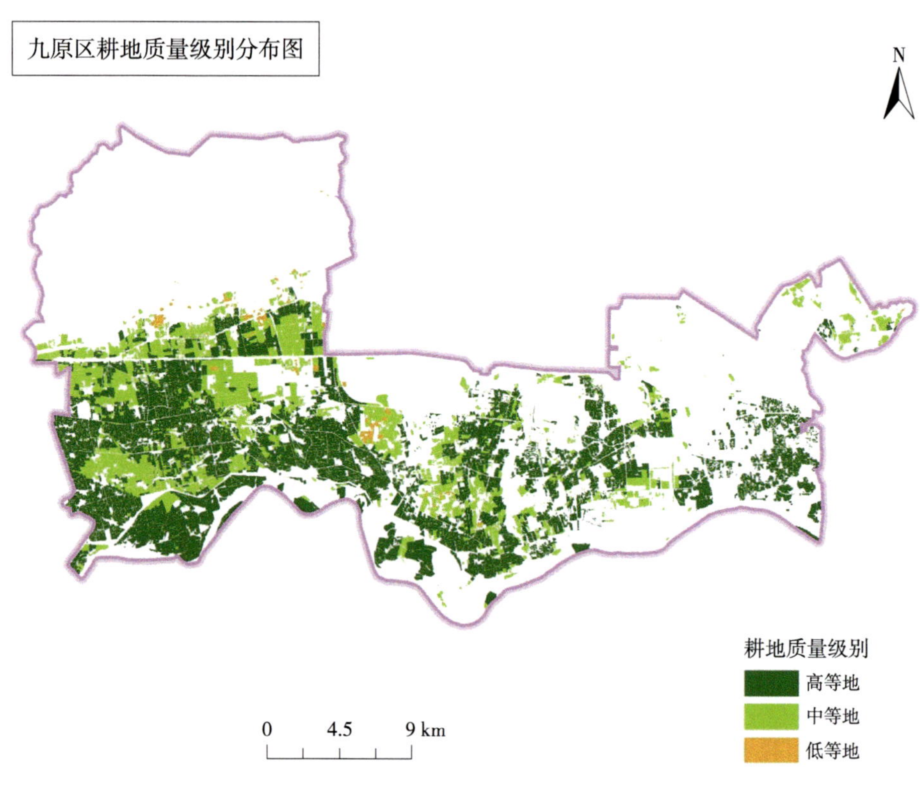
九原区耕地质量级别分布图
N
耕地质量级别
高等地
中等地
低等地
0 4.5 9 km

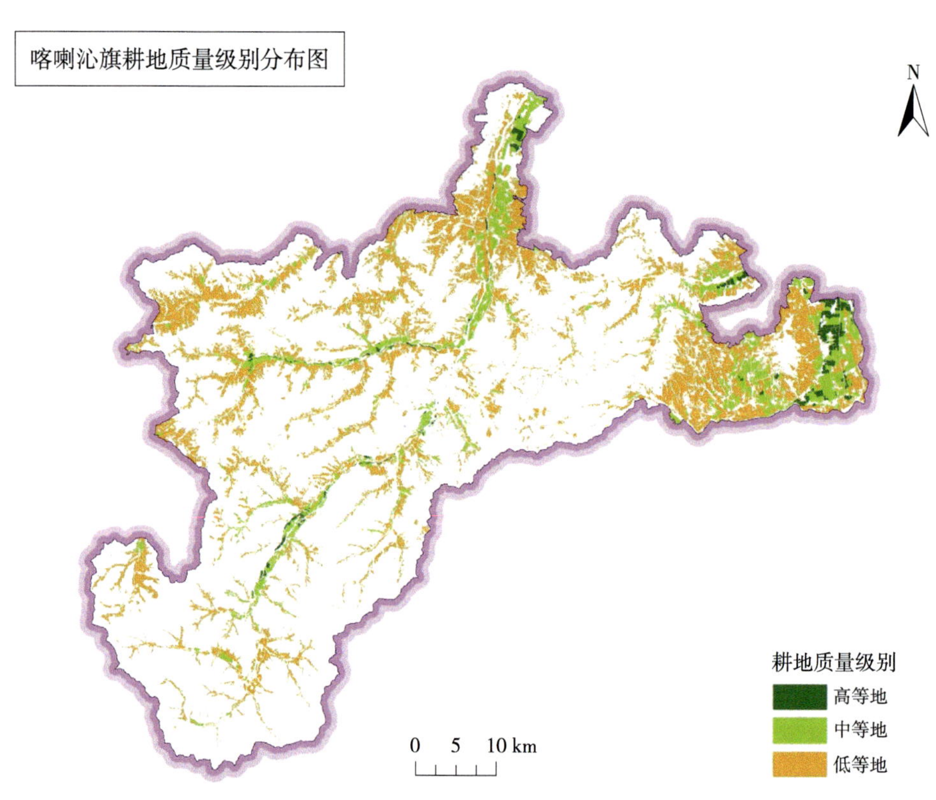
喀喇沁旗耕地质量级别分布图
N
耕地质量级别
高等地
中等地
低等地
0 5 10 km

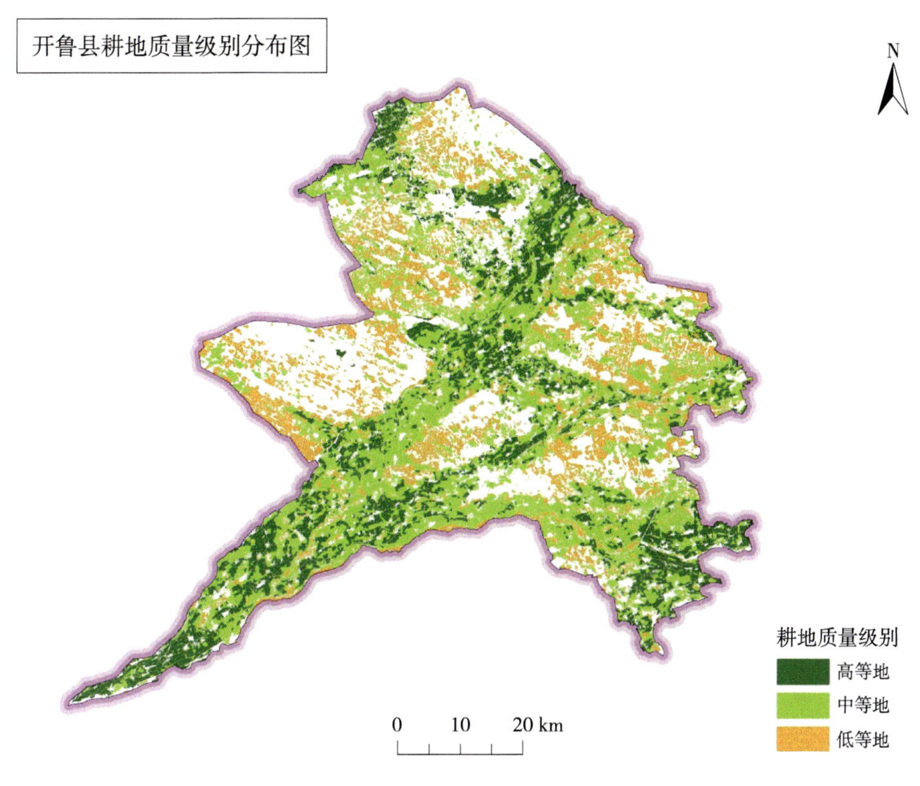
开鲁县耕地质量级别分布图
N
耕地质量级别
高等地
中等地
低等地
0 10 20 km

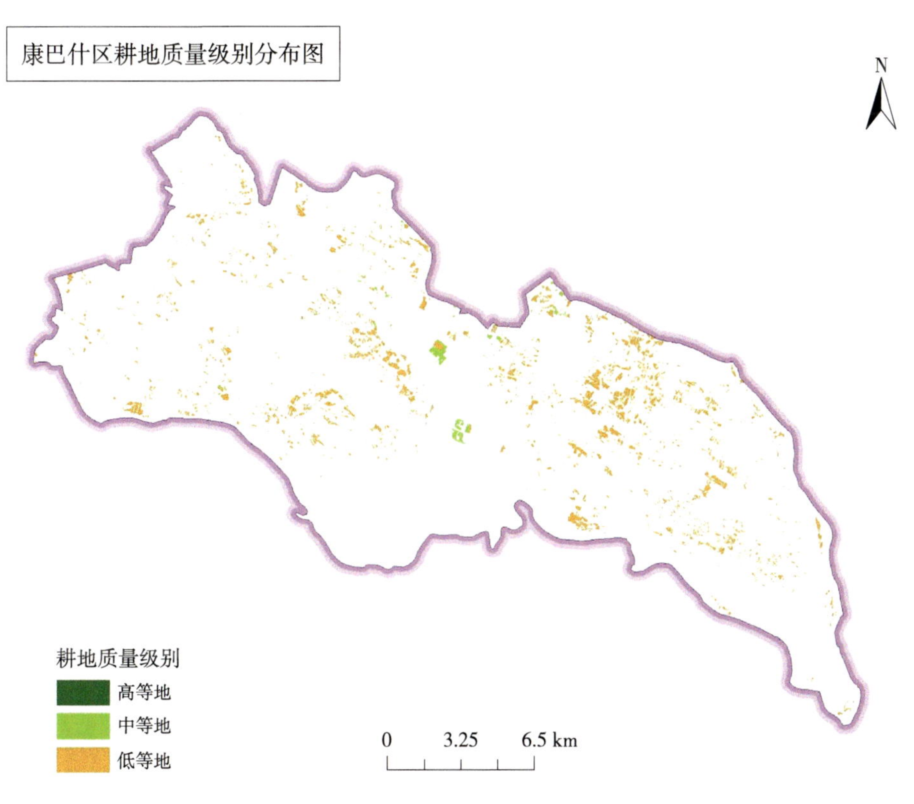
康巴什区耕地质量级别分布图
N
耕地质量级别
高等地
中等地
低等地
0 3.25 6.5 km

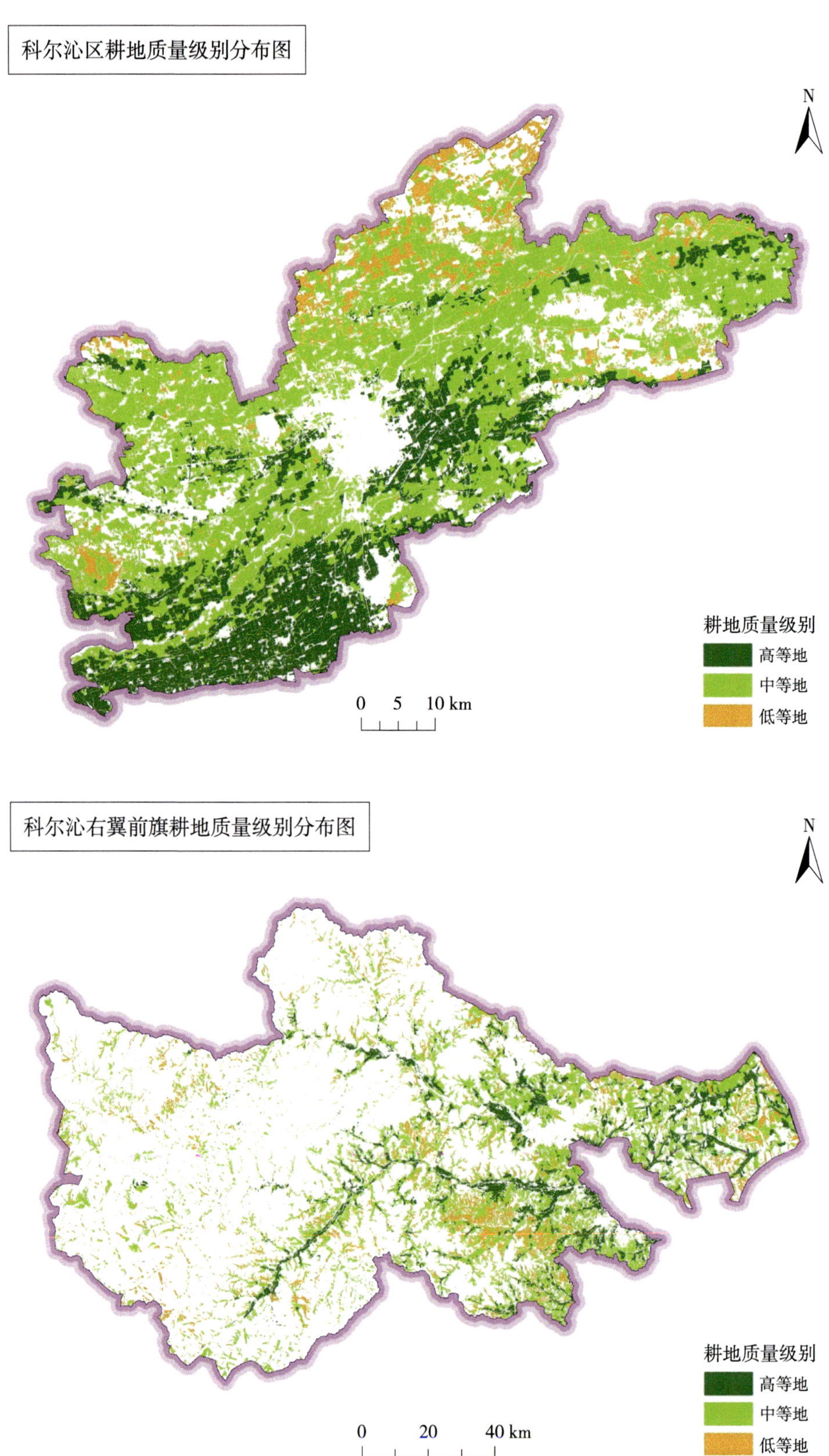
科尔沁区耕地质量级别分布图
N
耕地质量级别
高等地
中等地
低等地
0 5 10 km
科尔沁右翼前旗耕地质量级别分布图
N
耕地质量级别
高等地
中等地
低等地
0 20 40 km

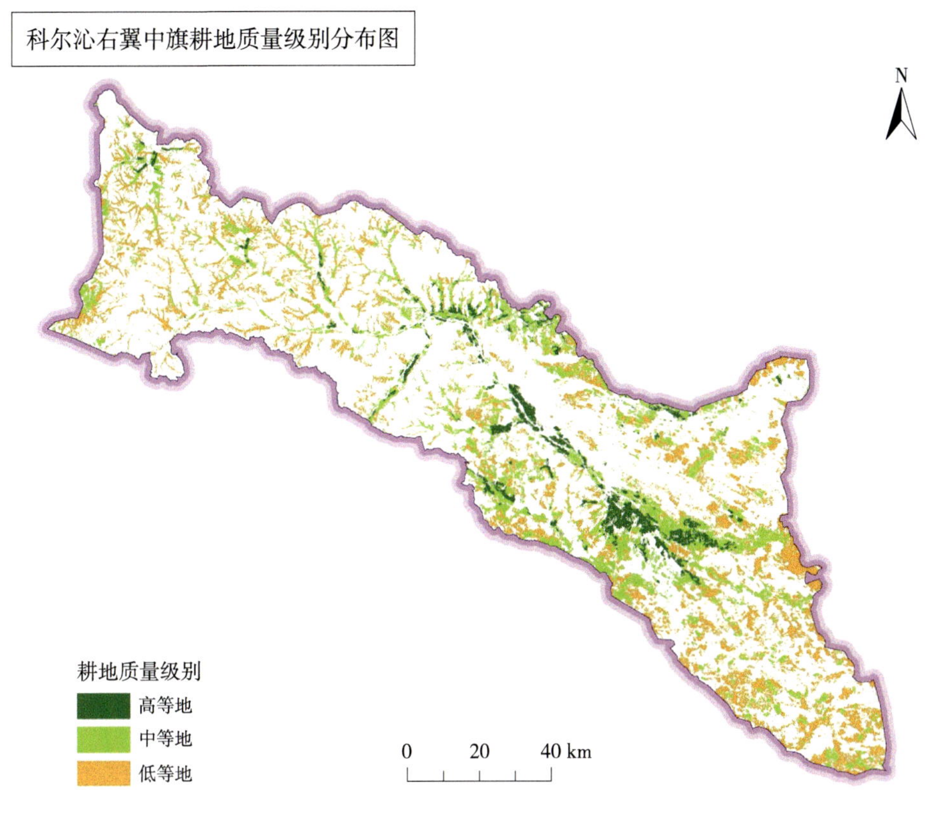
科尔沁右翼中旗耕地质量级别分布图
N
耕地质量级别
高等地
中等地
低等地
0 20 40 km

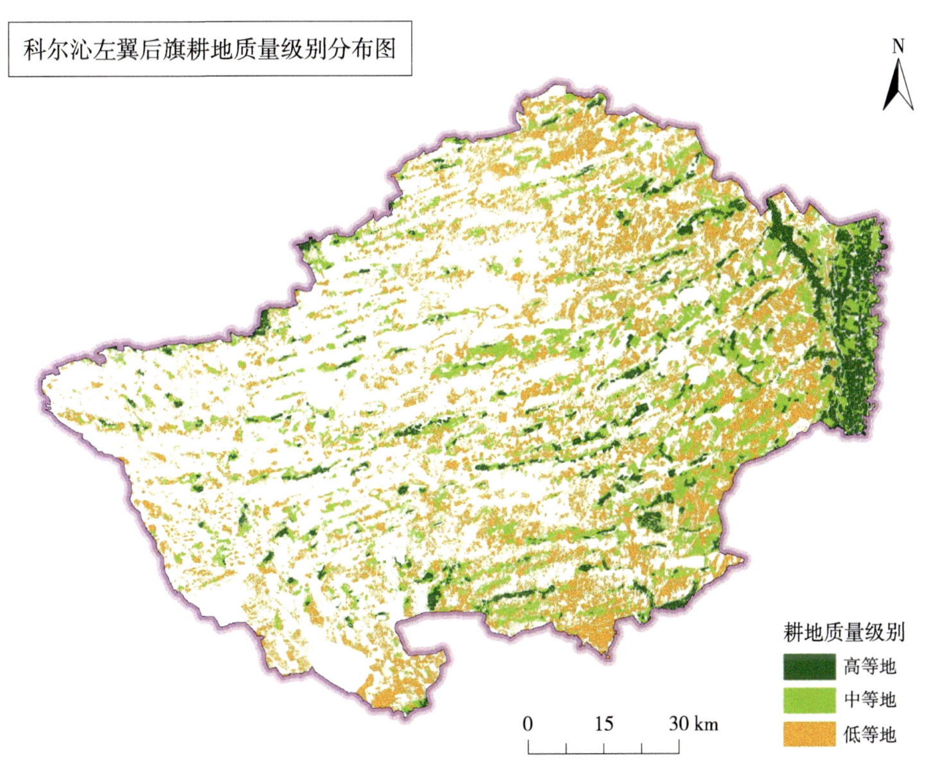
科尔沁左翼后旗耕地质量级别分布图
N
耕地质量级别
高等地
中等地
低等地
0 15 30 km

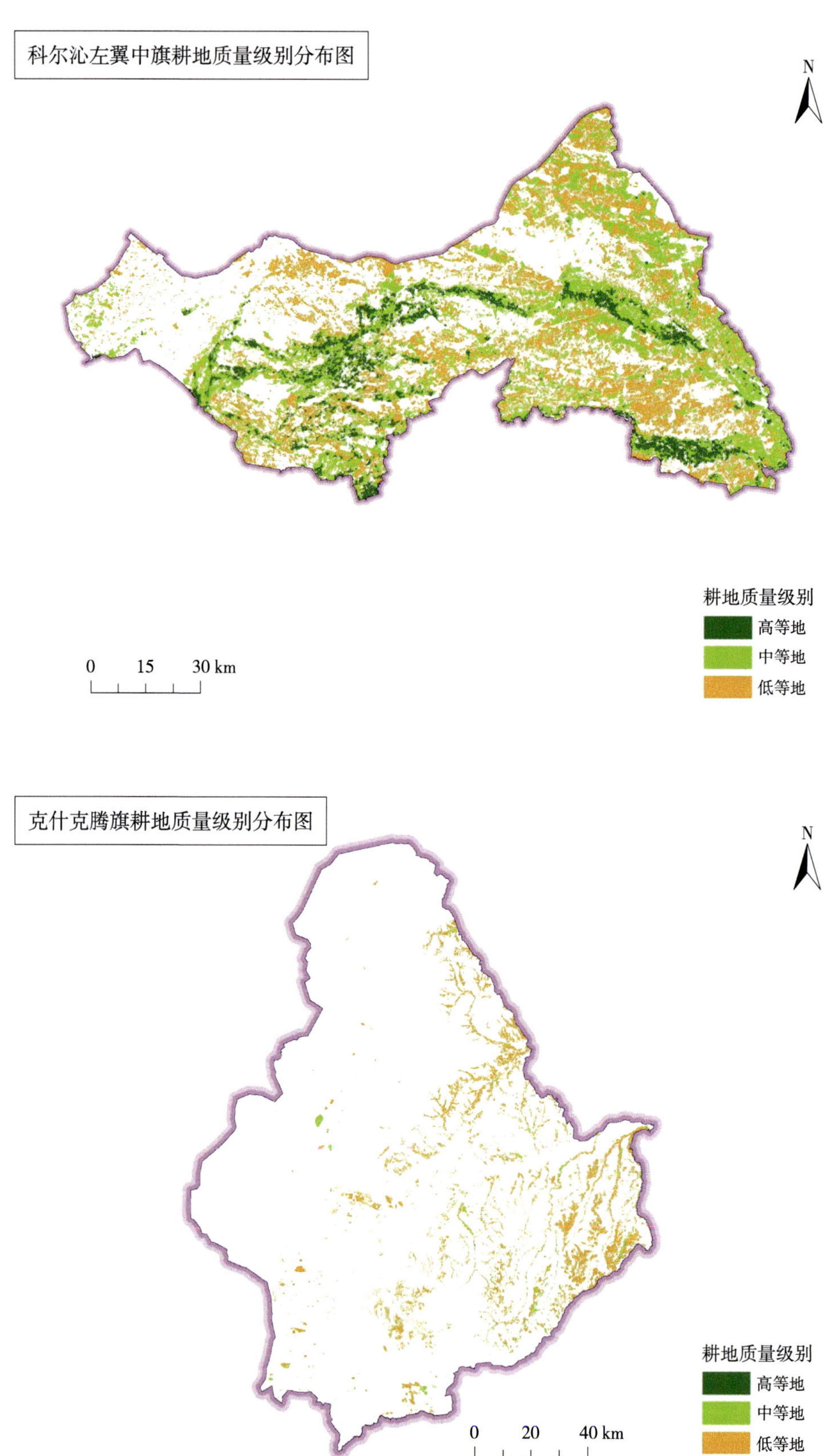
科尔沁左翼中旗耕地质量级别分布图
N
耕地质量级别
高等地
中等地
低等地
0 15 30 km
克什克腾旗耕地质量级别分布图
N
耕地质量级别
高等地
中等地
低等地
0 20 40 km

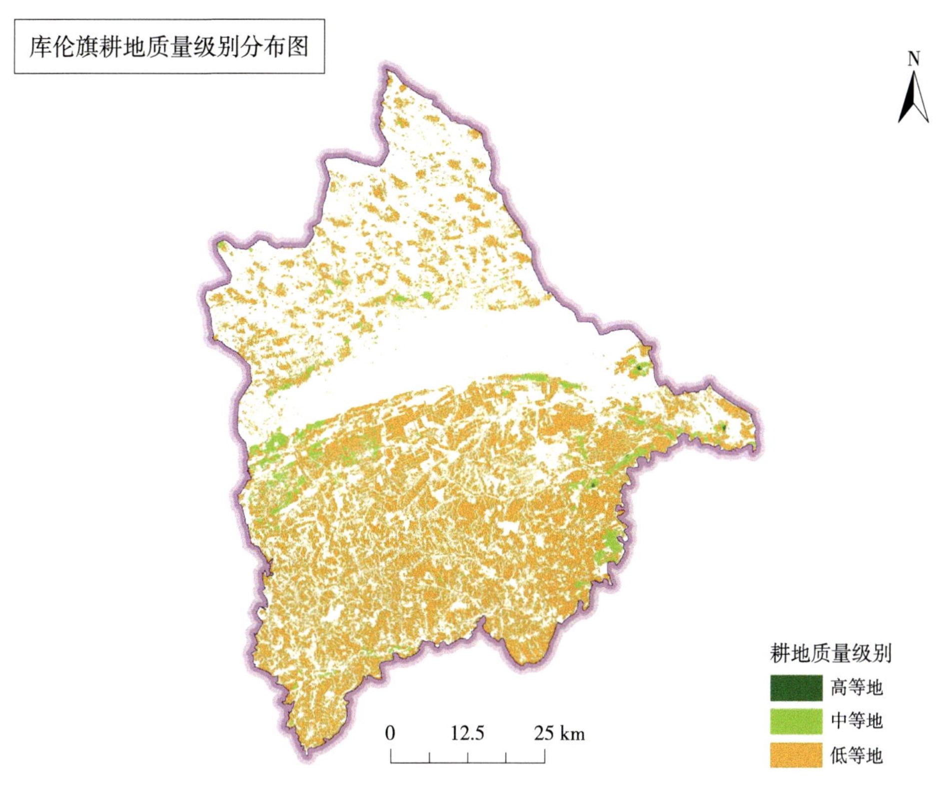
库伦旗耕地质量级别分布图
N
耕地质量级别
高等地
中等地
低等地
0 12.5 25 km

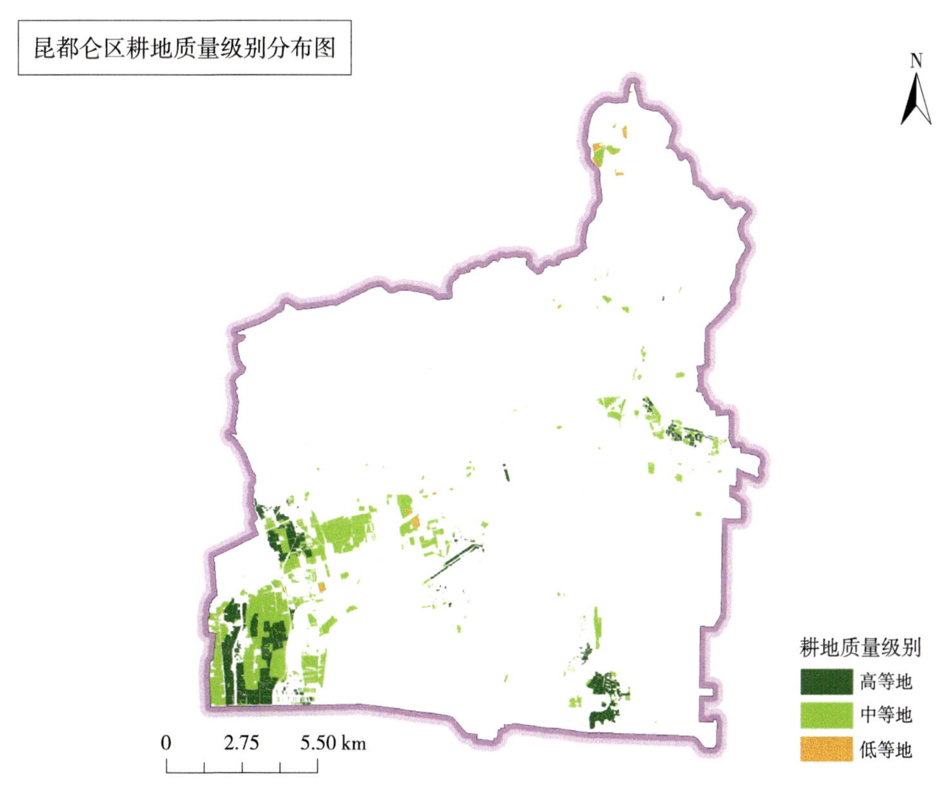
昆都仑区耕地质量级别分布图
N
耕地质量级别
高等地
中等地
低等地
0 2.75 5.50 km

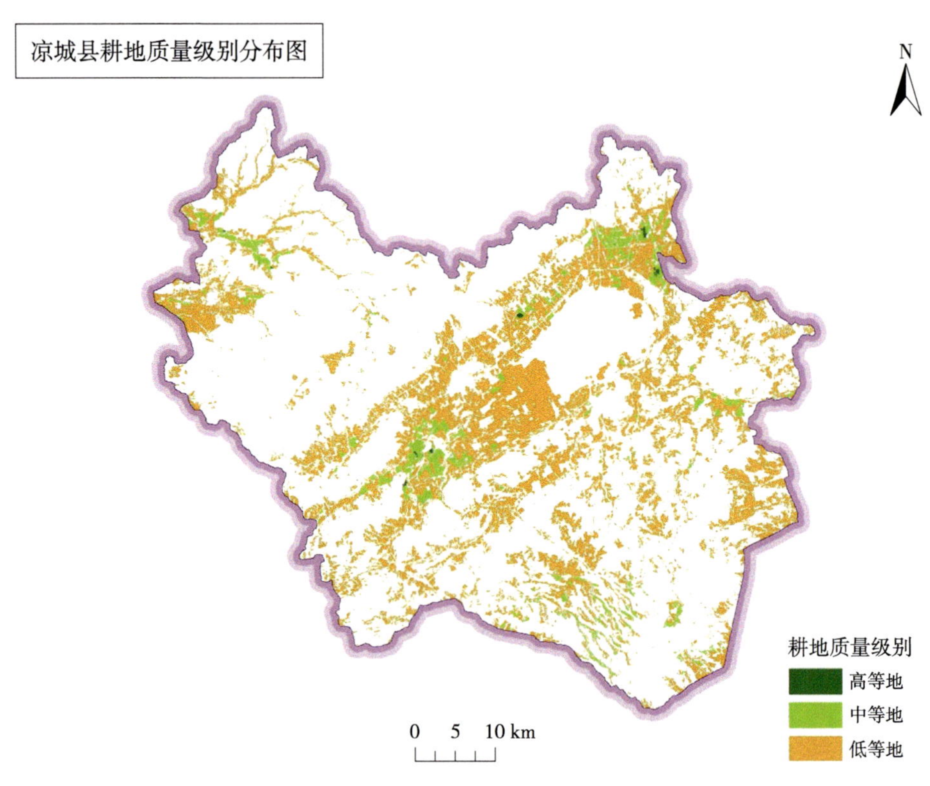
凉城县耕地质量级别分布图
N
耕地质量级别
高等地
中等地
低等地
0 5 10 km

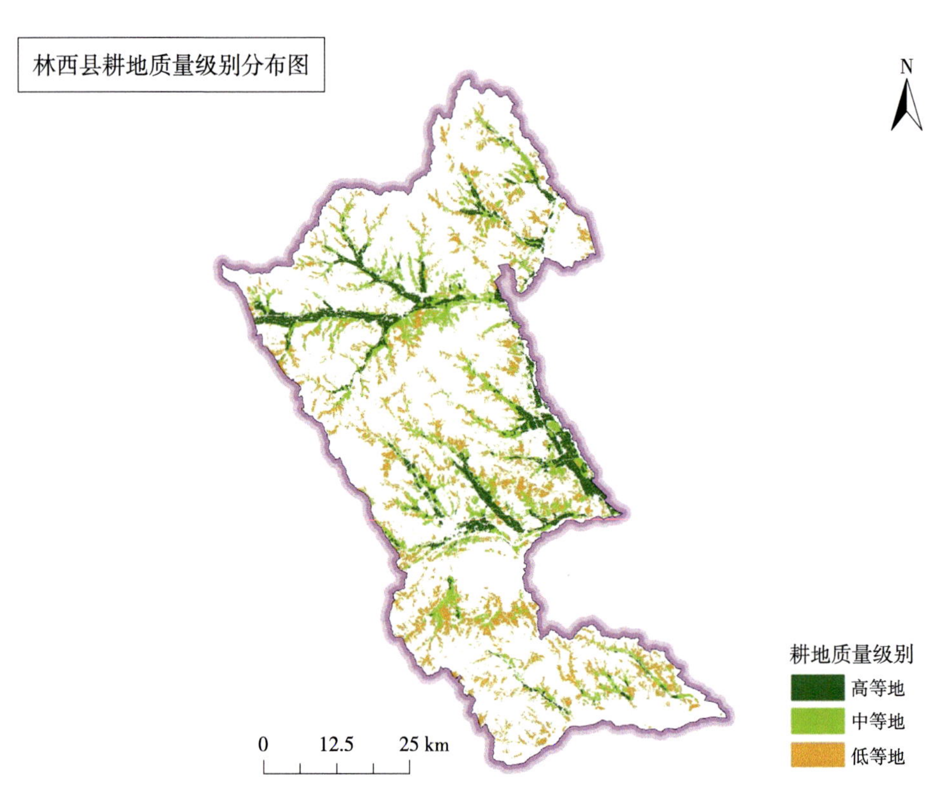
林西县耕地质量级别分布图
N
耕地质量级别
高等地
中等地
低等地
0 12.5 25 km

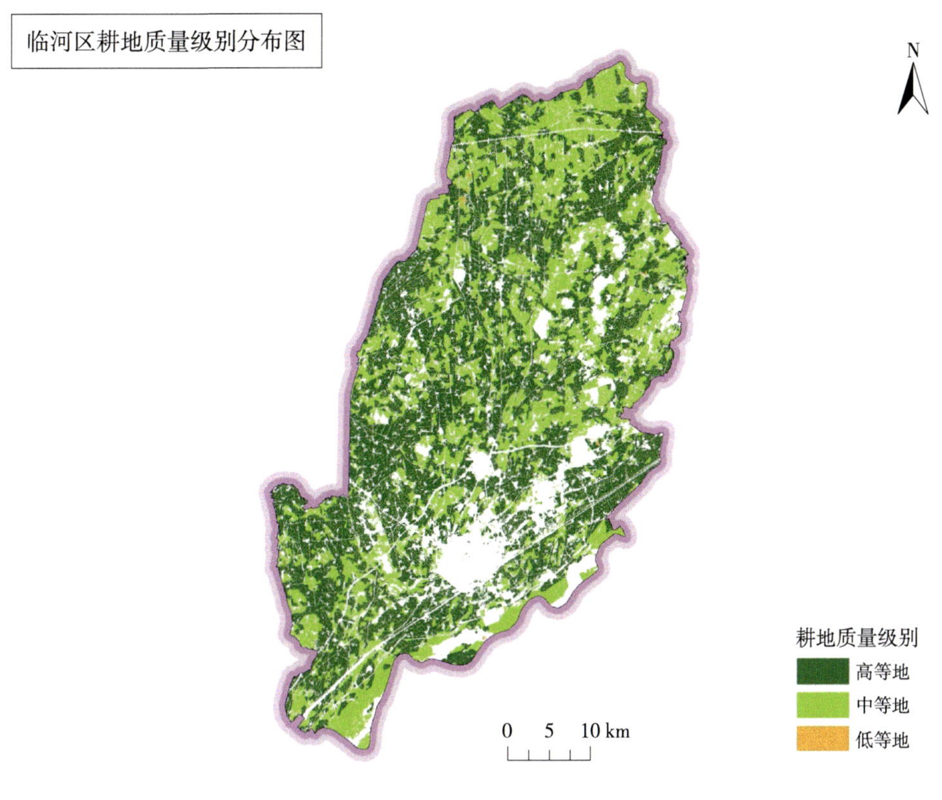
临河区耕地质量级别分布图
N
0 5 10 km
耕地质量级别
高等地
中等地
低等地

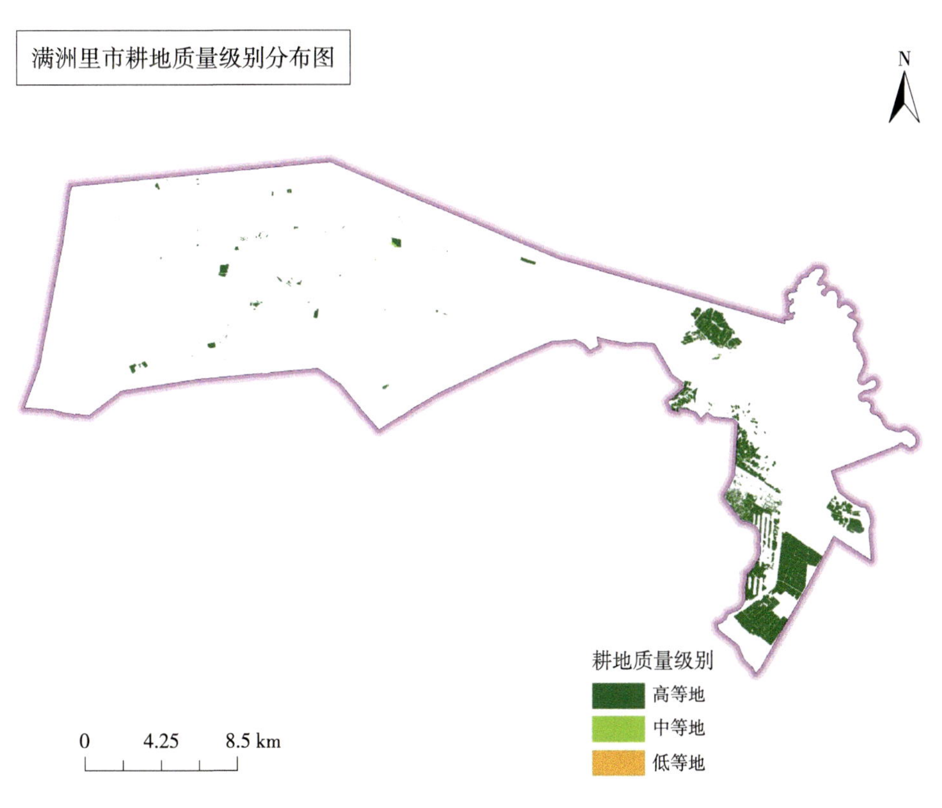
满洲里市耕地质量级别分布图
N
0 4.25 8.5 km
耕地质量级别
高等地
中等地
低等地

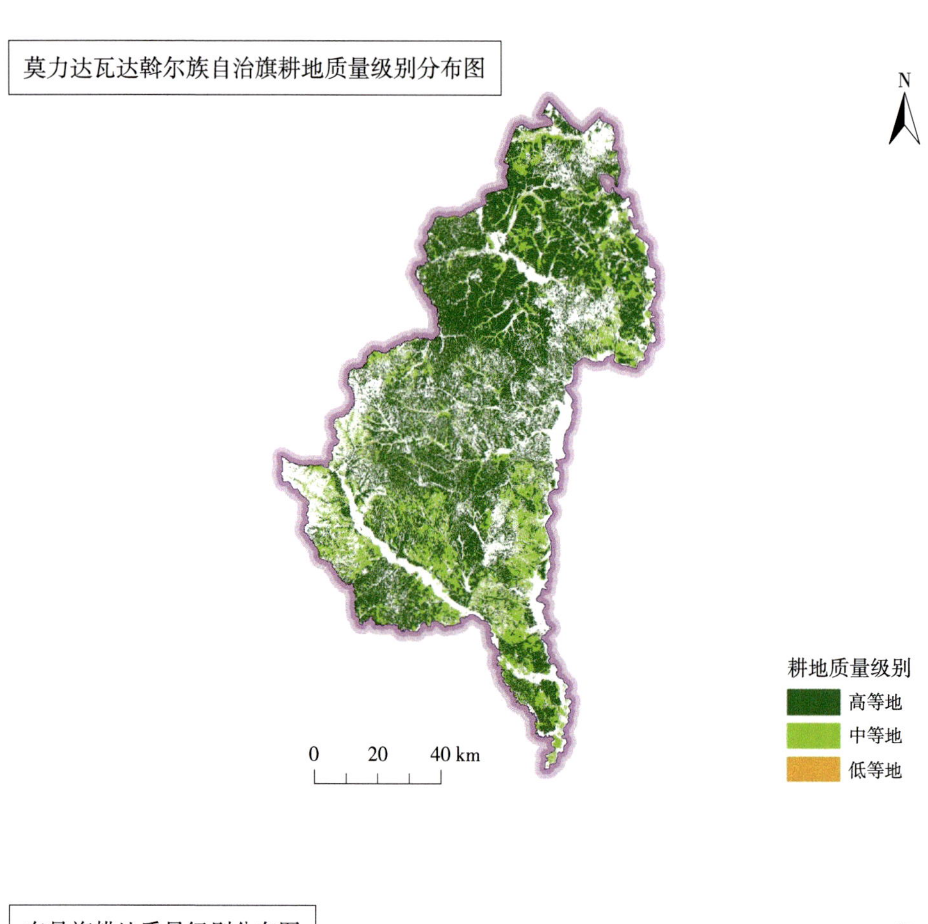
莫力达瓦达斡尔族自治旗耕地质量级别分布图
N
0 20 40 km
耕地质量级别
高等地
中等地
低等地

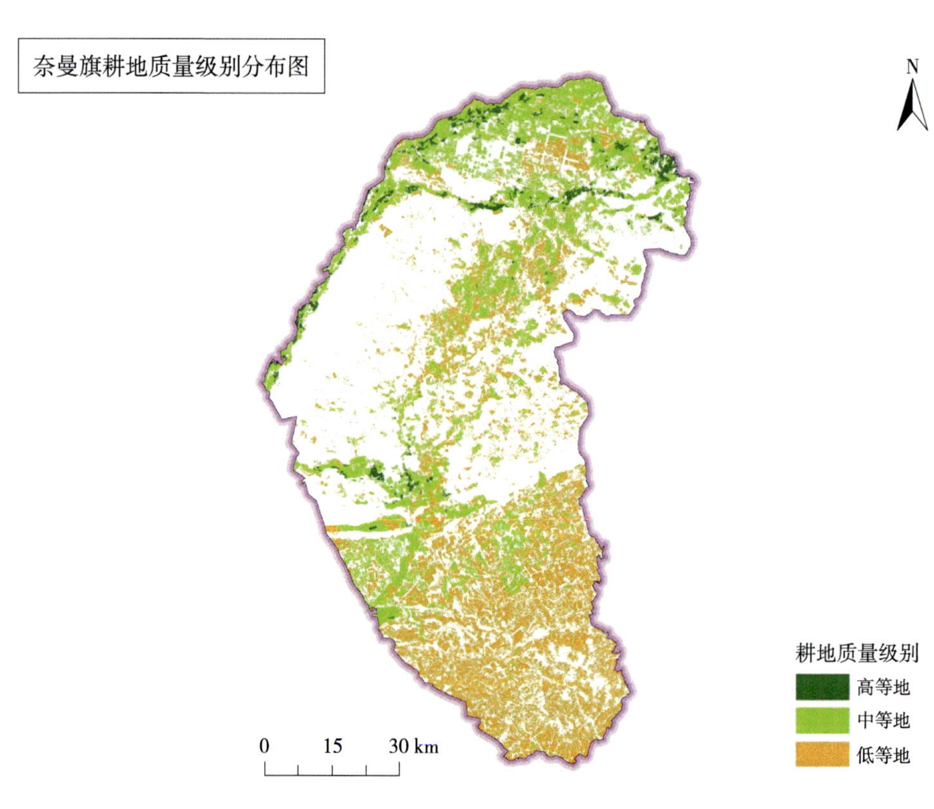
奈曼旗耕地质量级别分布图
N
0 15 30 km
耕地质量级别
高等地
中等地
低等地

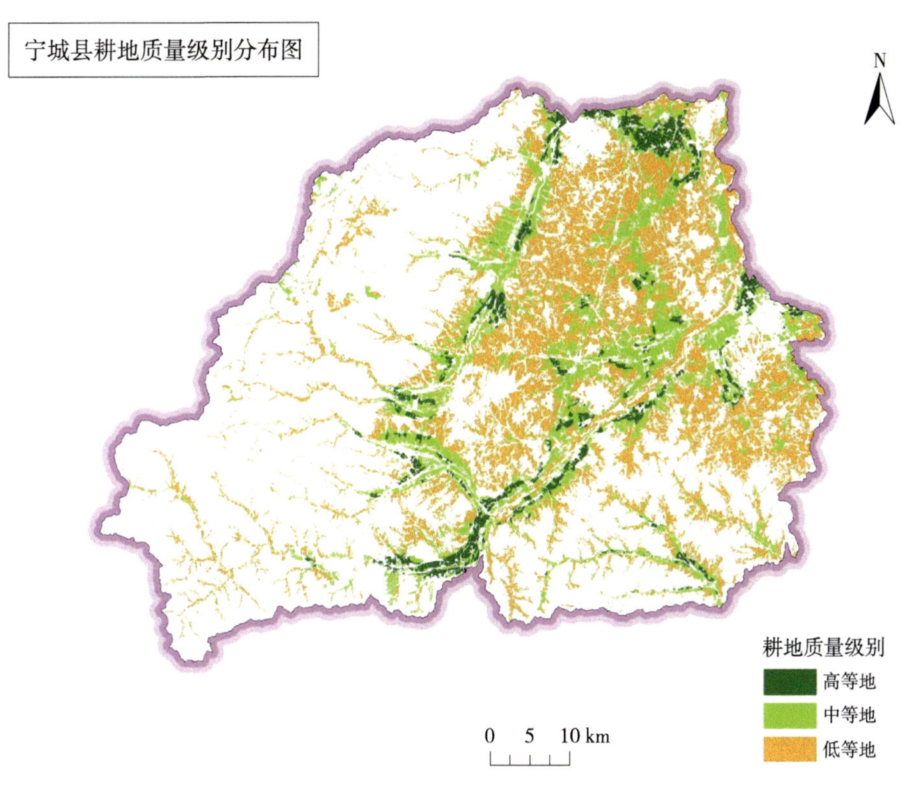
宁城县耕地质量级别分布图
N
耕地质量级别
高等地
中等地
低等地
0 5 10 km

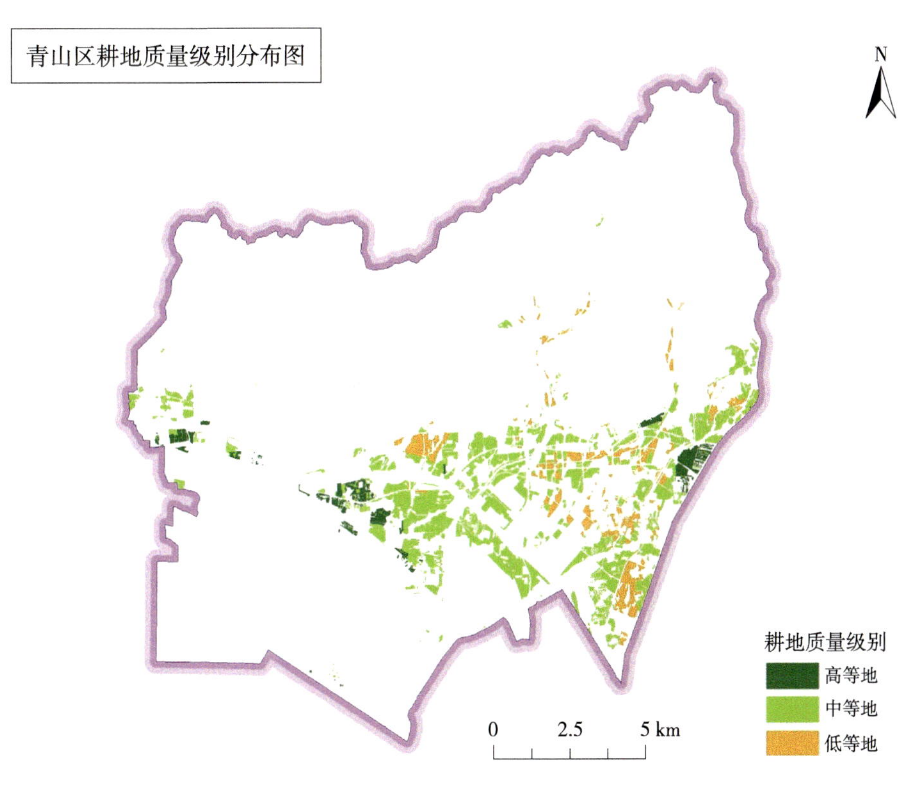
青山区耕地质量级别分布图
N
耕地质量级别
高等地
中等地
低等地
0 2.5 5 km

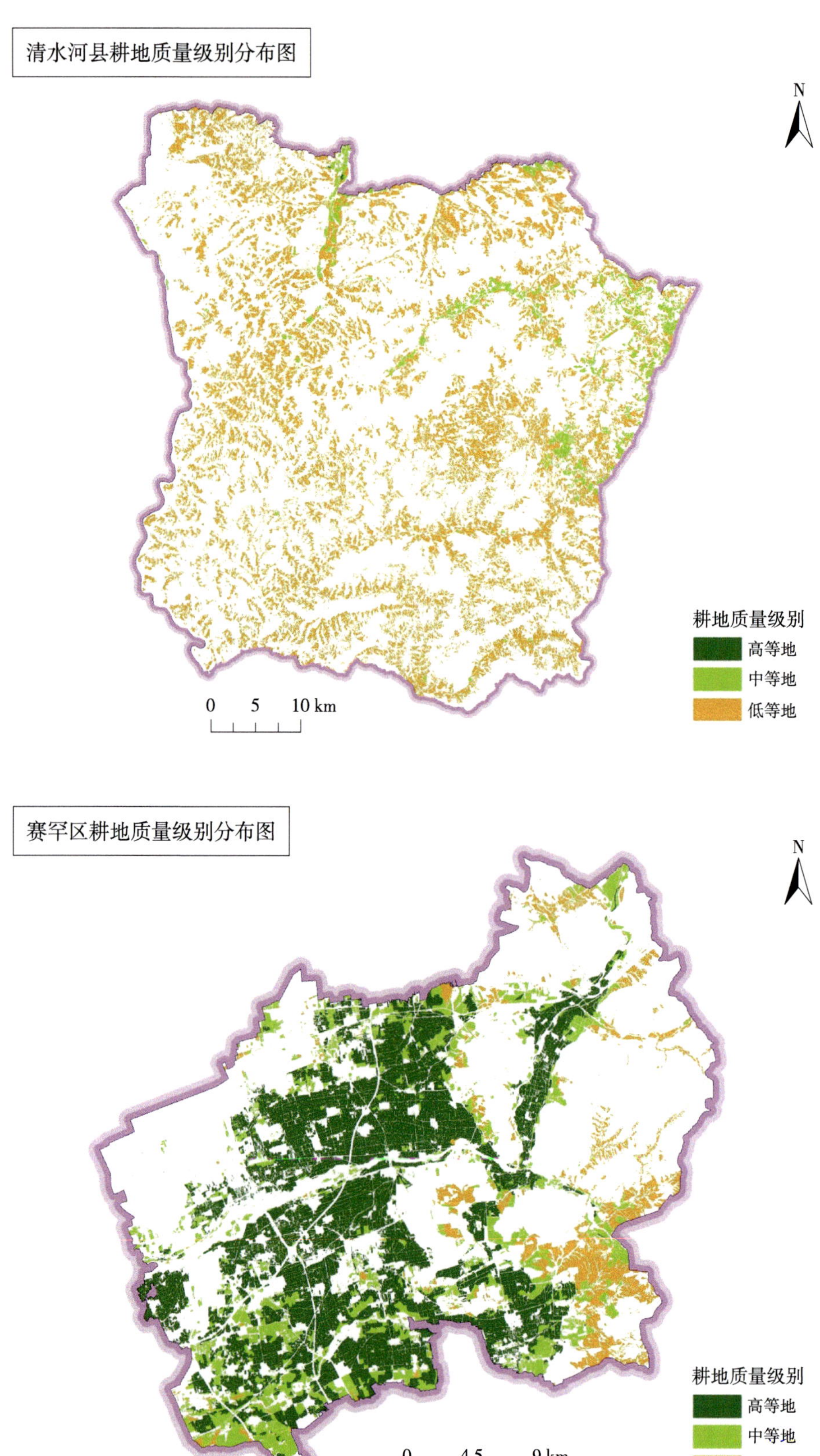
清水河县耕地质量级别分布图
N
0 5 10 km
耕地质量级别
高等地
中等地
低等地
赛罕区耕地质量级别分布图
N
0 4.5 9 km
耕地质量级别
高等地
中等地
低等地

商都县耕地质量级别分布图

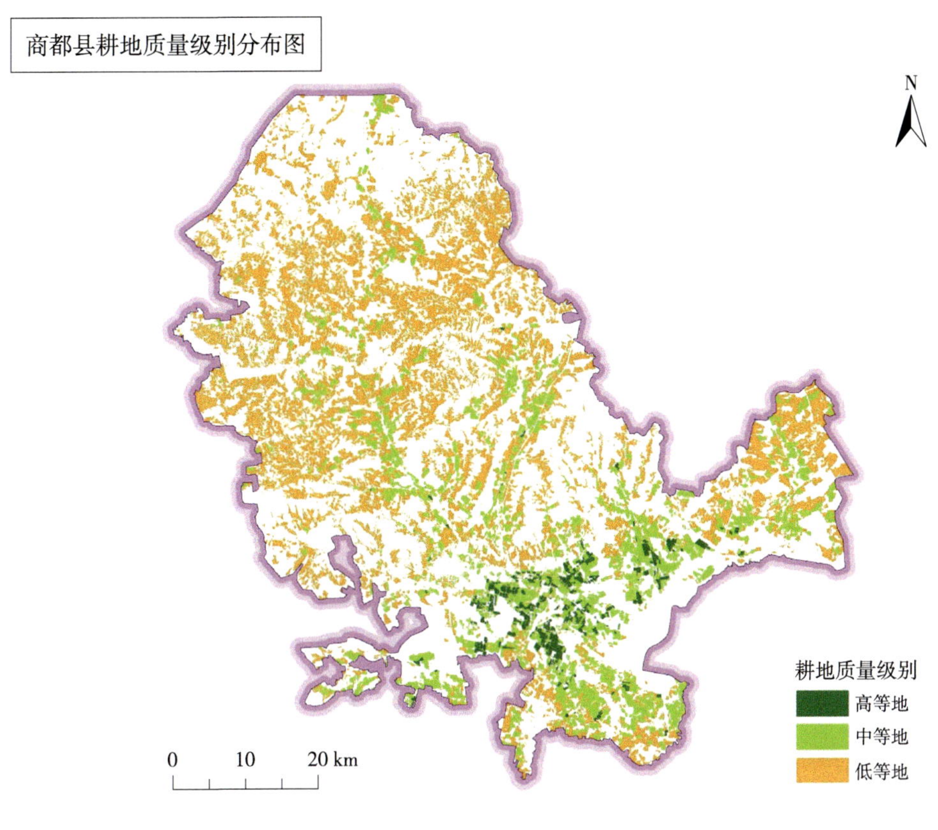

石拐区耕地质量级别分布图

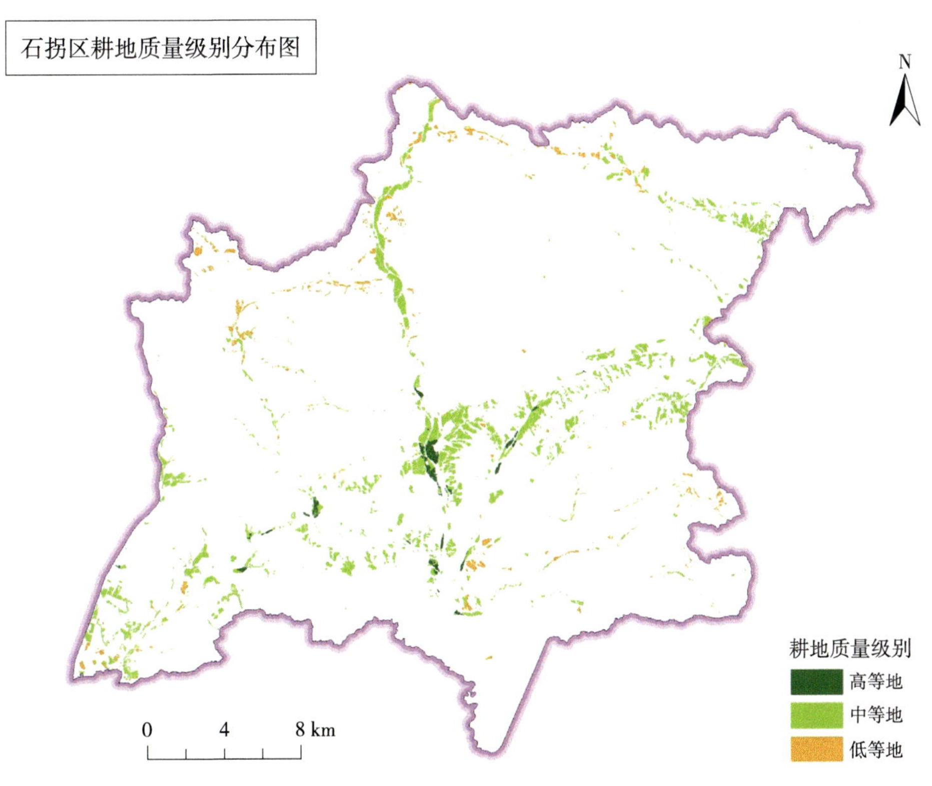

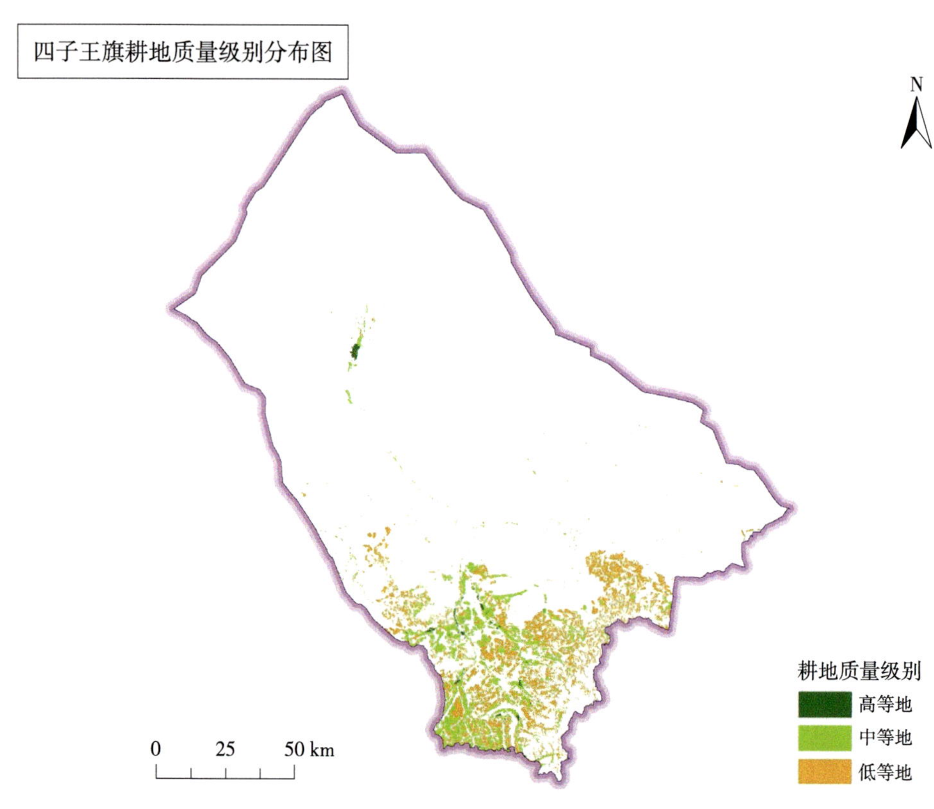
四子王旗耕地质量级别分布图
N
0 25 50 km
耕地质量级别
高等地
中等地
低等地

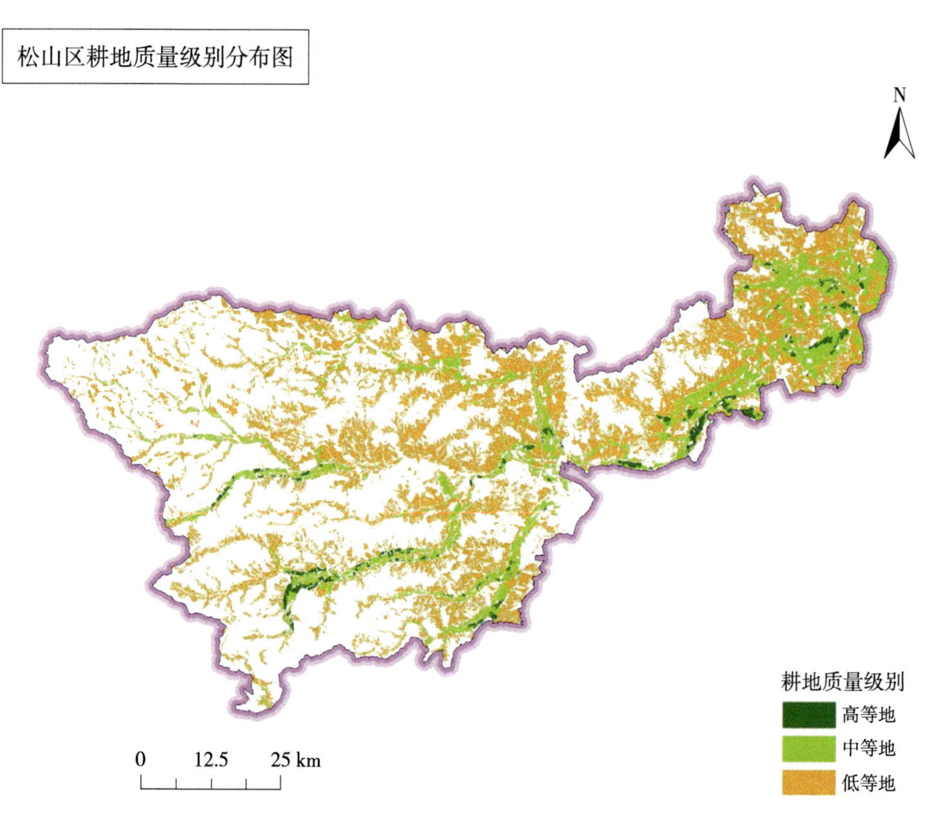
松山区耕地质量级别分布图
N
0 12.5 25 km
耕地质量级别
高等地
中等地
低等地

苏尼特右旗耕地质量级别分布图

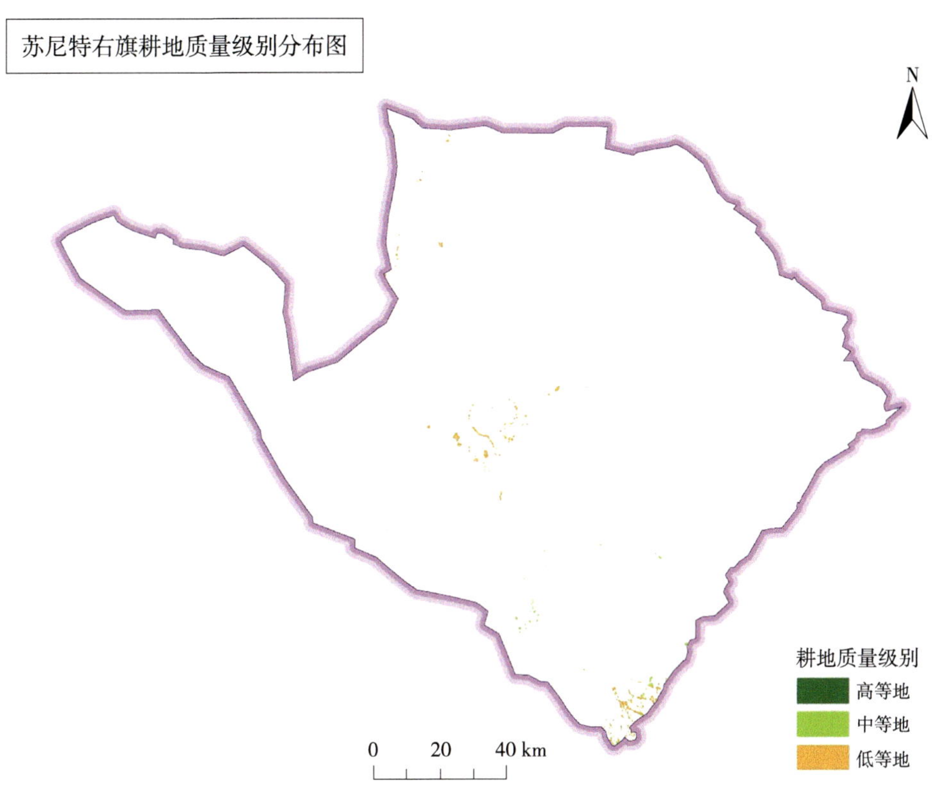

苏尼特左旗耕地质量级别分布图

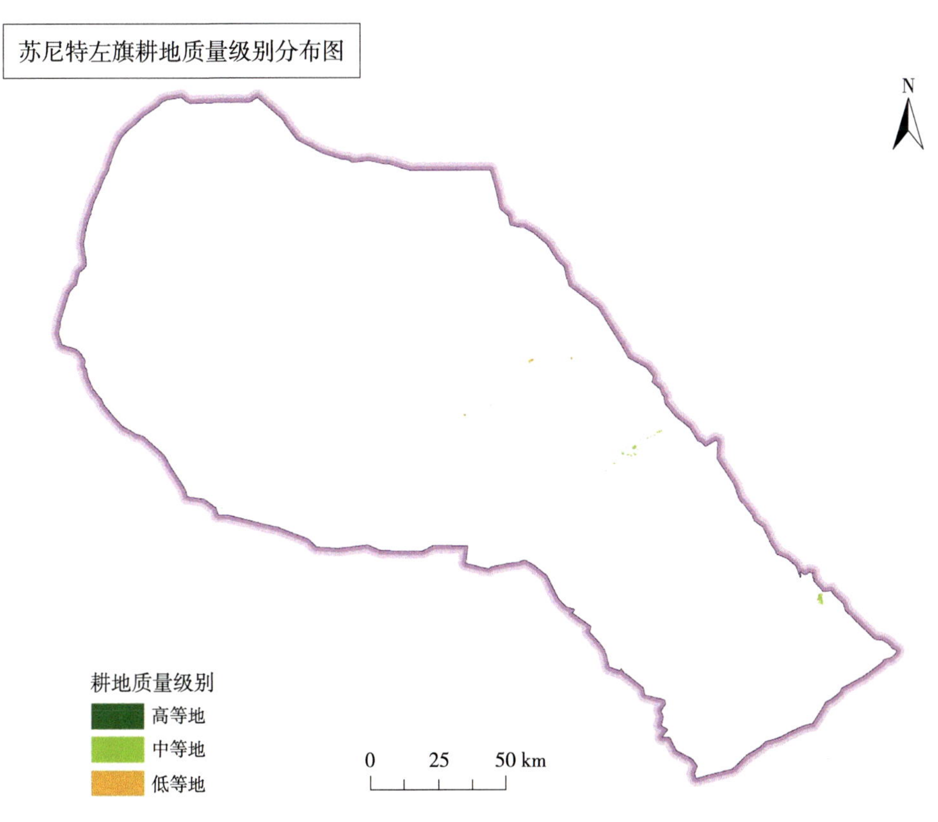

太仆寺旗耕地质量级别分布图

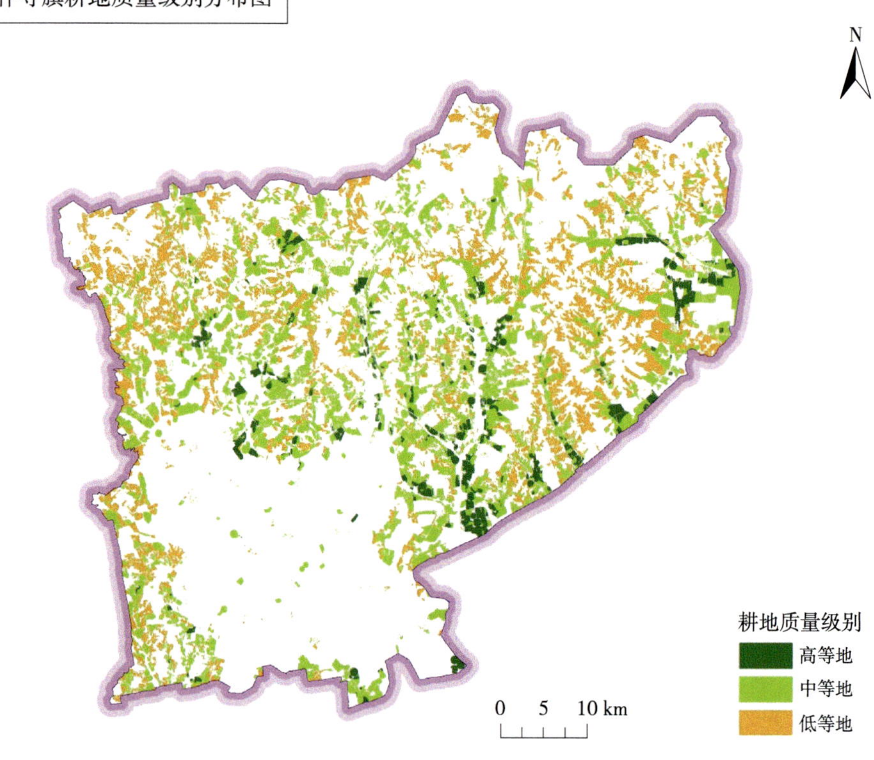

突泉县耕地质量级别分布图

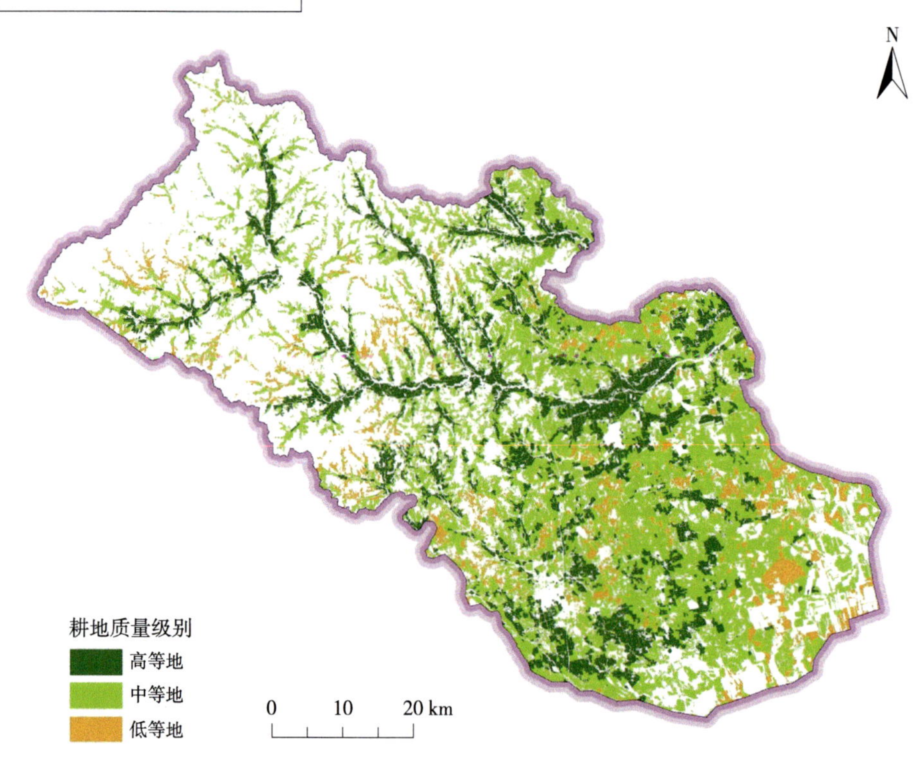

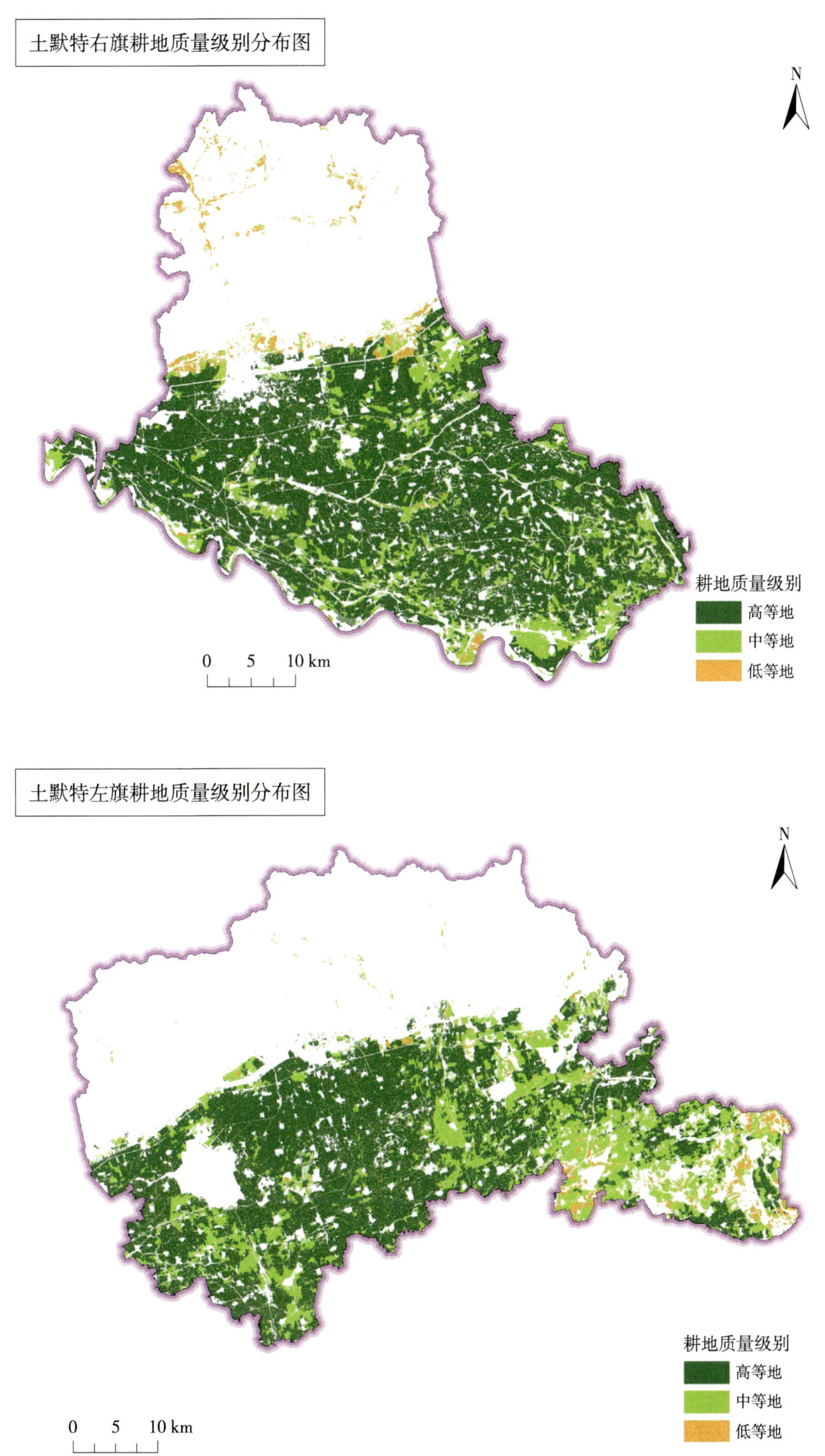
土默特右旗耕地质量级别分布图
N
耕地质量级别
高等地
中等地
低等地
0 5 10 km
土默特左旗耕地质量级别分布图
N
耕地质量级别
高等地
中等地
低等地
0 5 10 km

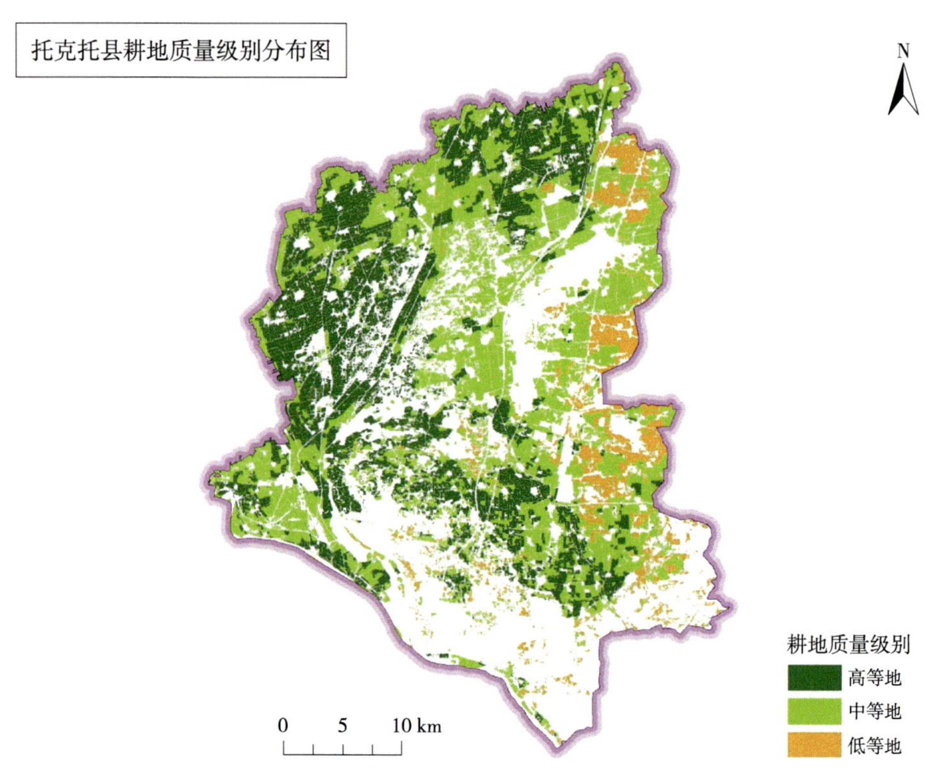
托克托县耕地质量级别分布图
N
0 5 10 km
耕地质量级别
高等地
中等地
低等地

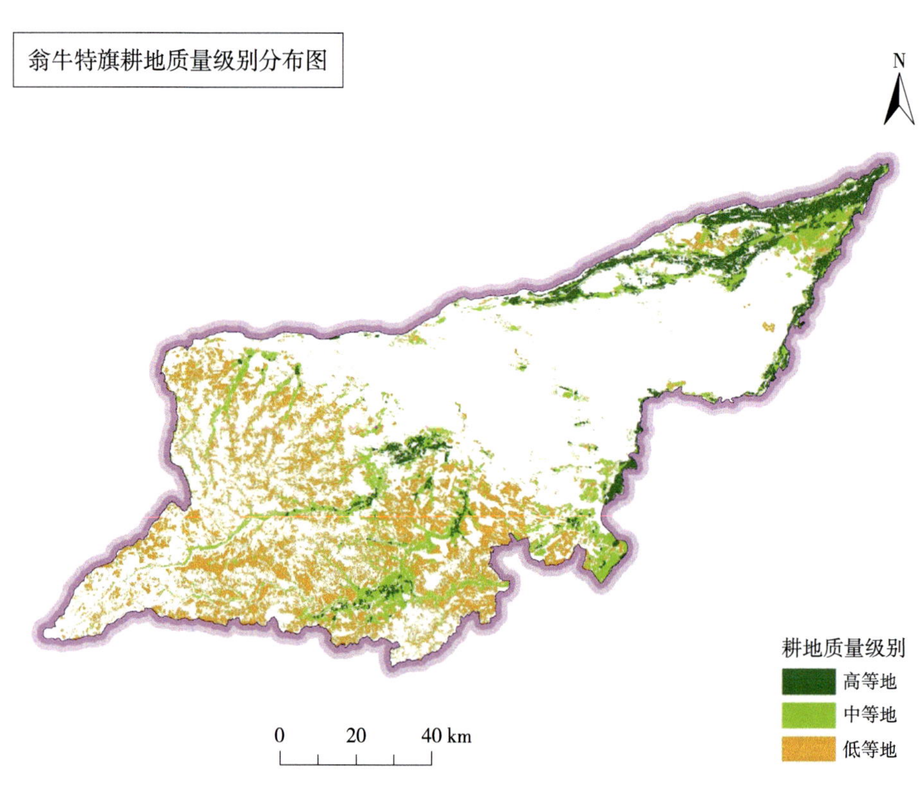
翁牛特旗耕地质量级别分布图
N
0 20 40 km
耕地质量级别
高等地
中等地
低等地

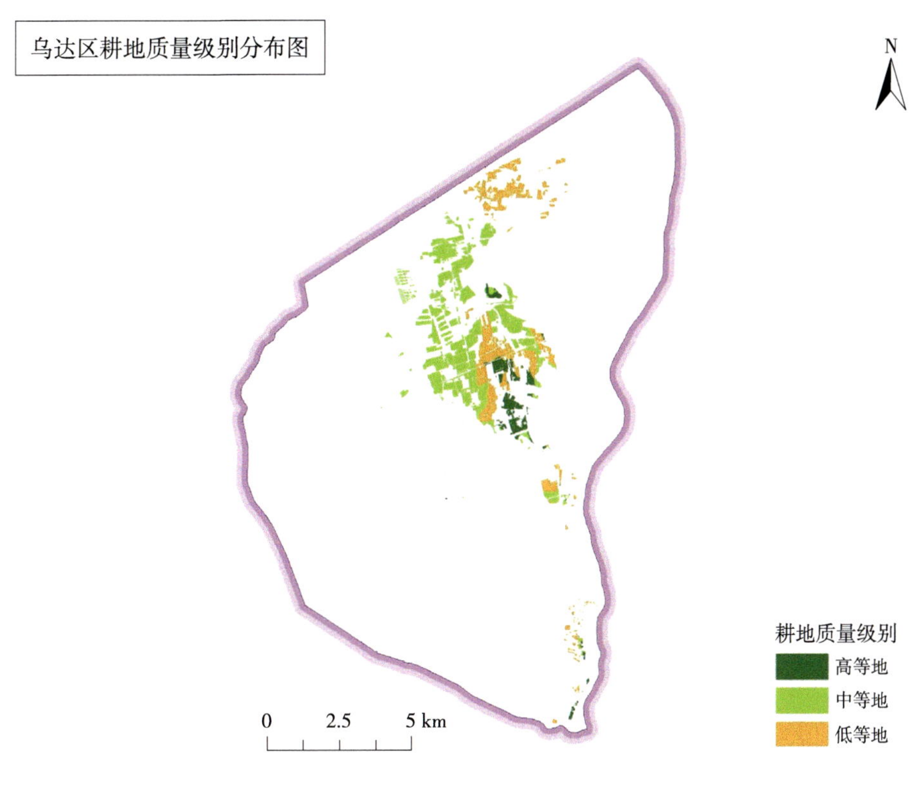
乌达区耕地质量级别分布图
N
耕地质量级别
高等地
中等地
低等地
0 2.5 5 km

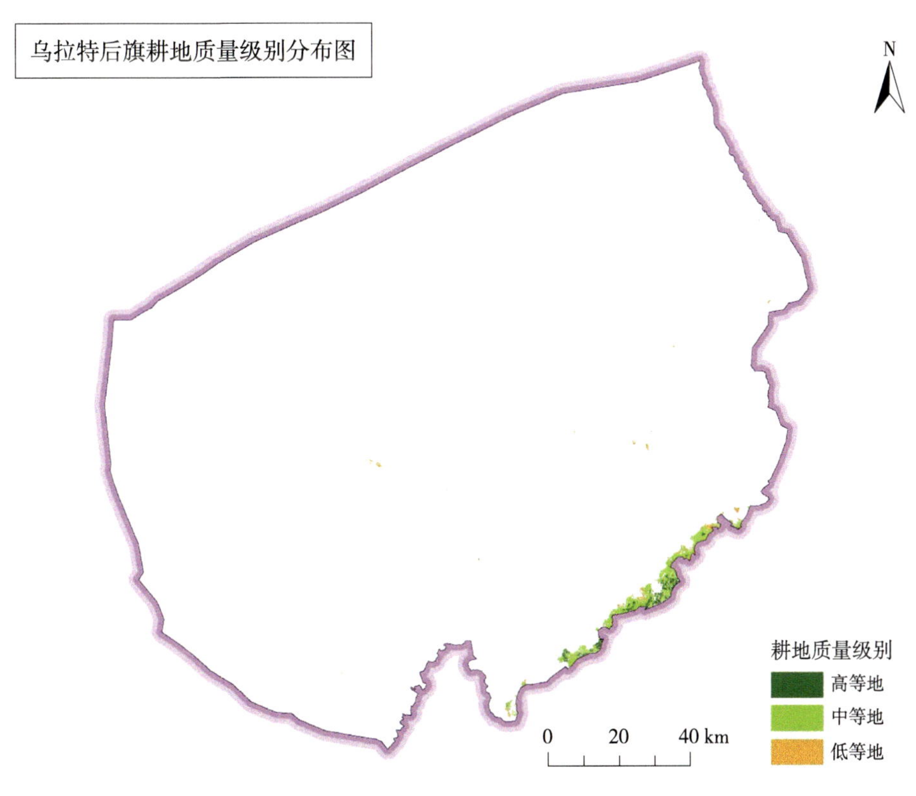
乌拉特后旗耕地质量级别分布图
N
耕地质量级别
高等地
中等地
低等地
0 20 40 km

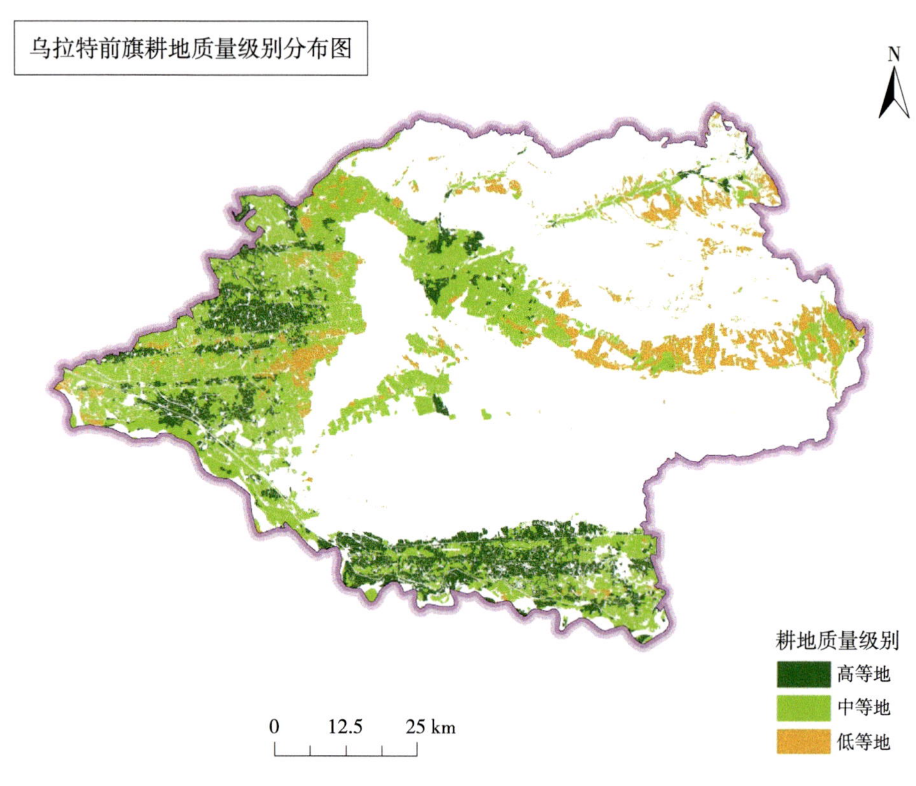
乌拉特前旗耕地质量级别分布图
N
耕地质量级别
高等地
中等地
低等地
0 12.5 25 km

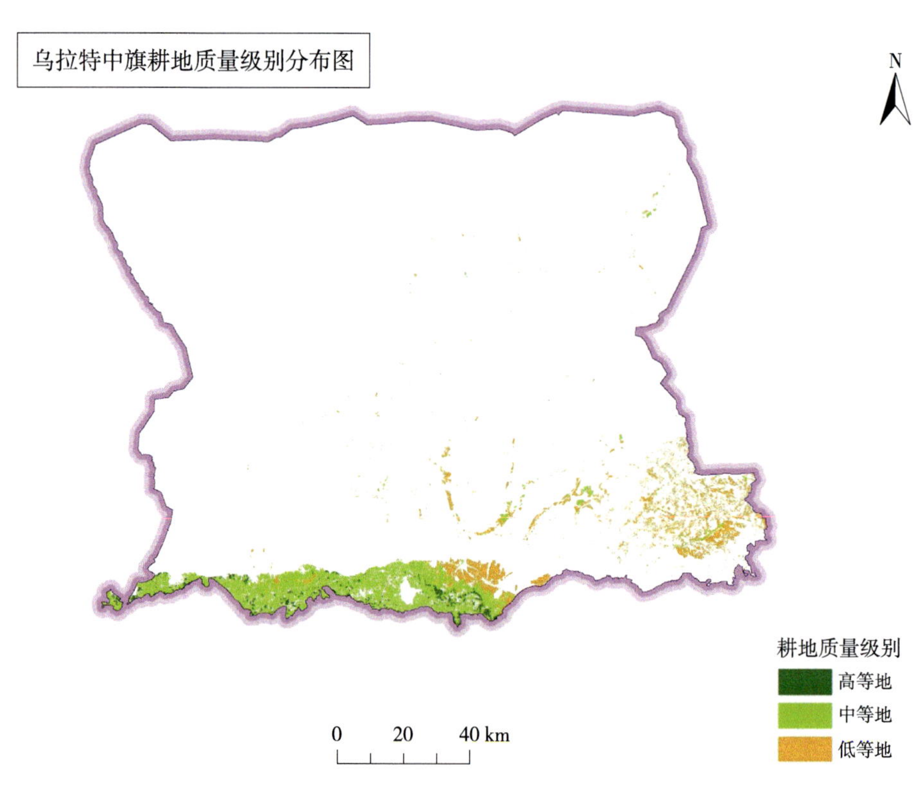
乌拉特中旗耕地质量级别分布图
N
耕地质量级别
高等地
中等地
低等地
0 20 40 km

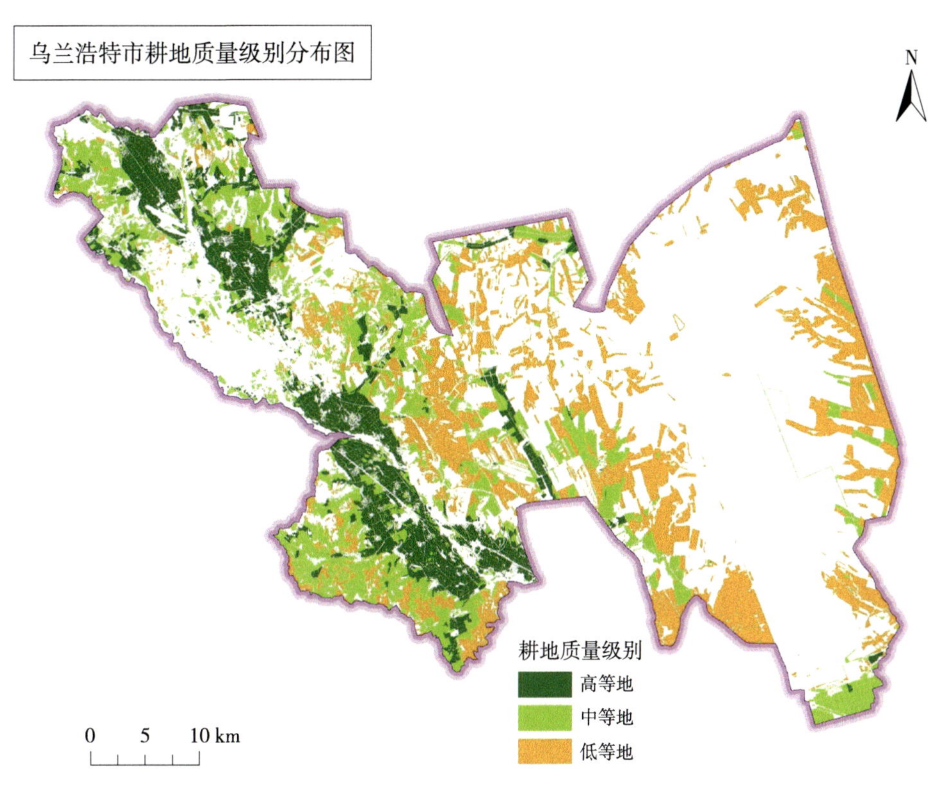
乌兰浩特市耕地质量级别分布图
N
耕地质量级别
高等地
中等地
低等地
0 5 10 km

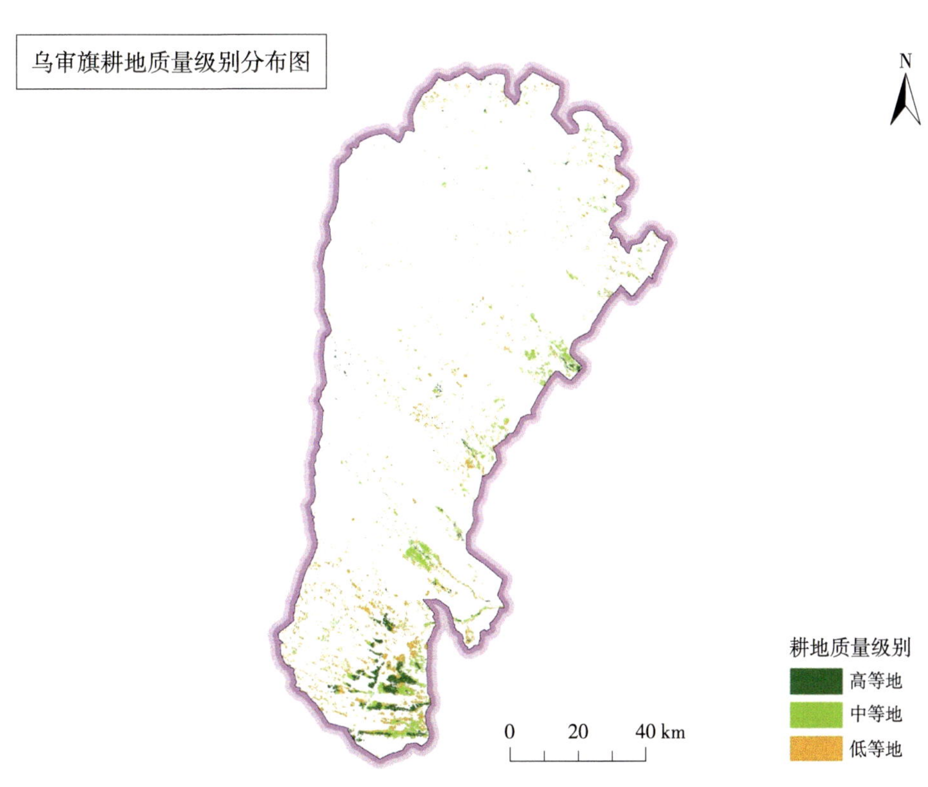
乌审旗耕地质量级别分布图
N
耕地质量级别
高等地
中等地
低等地
0 20 40 km

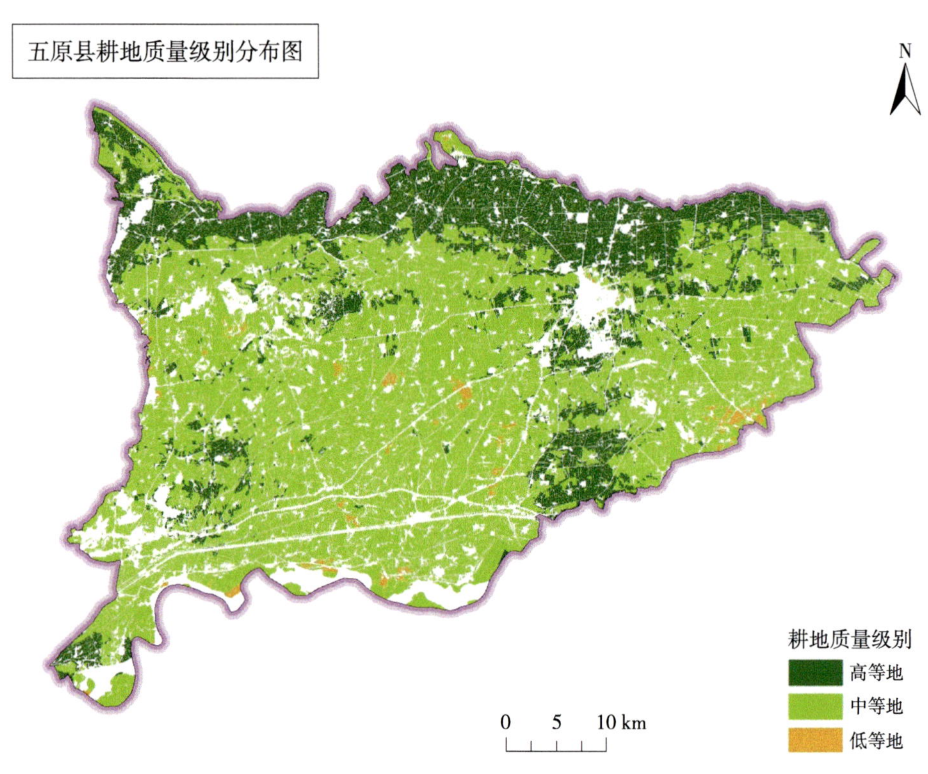
五原县耕地质量级别分布图
N
耕地质量级别
高等地
中等地
低等地
0 5 10 km

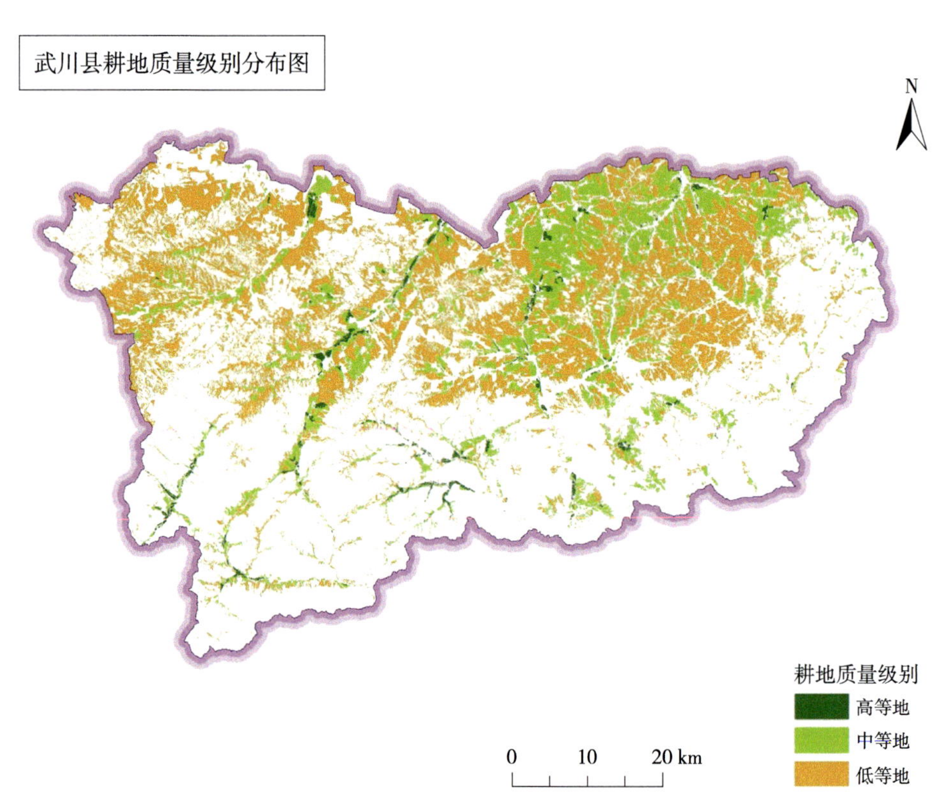
武川县耕地质量级别分布图
N
耕地质量级别
高等地
中等地
低等地
0 10 20 km

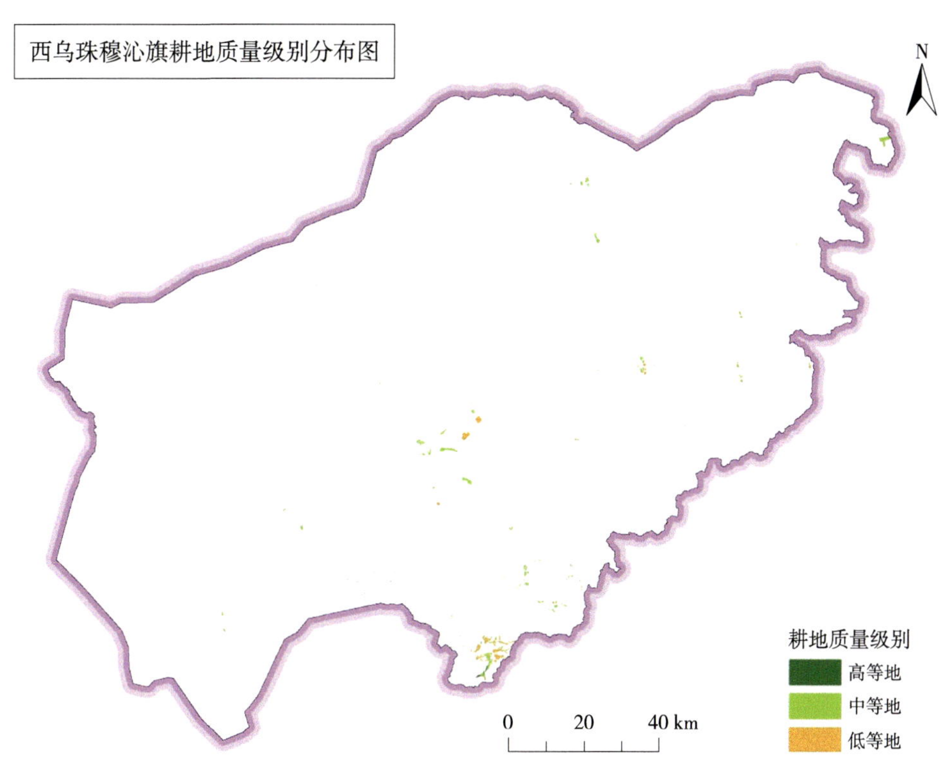
西乌珠穆沁旗耕地质量级别分布图
N
0
20
40 km
耕地质量级别
高等地
中等地
低等地

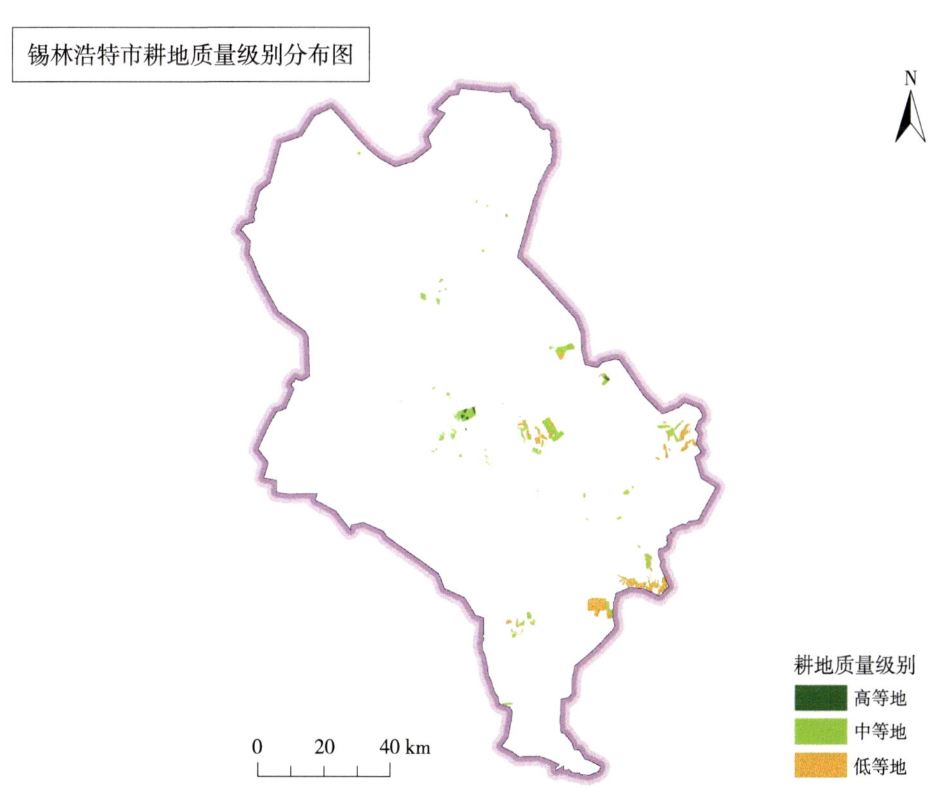
锡林浩特市耕地质量级别分布图
N
0
20
40 km
耕地质量级别
高等地
中等地
低等地

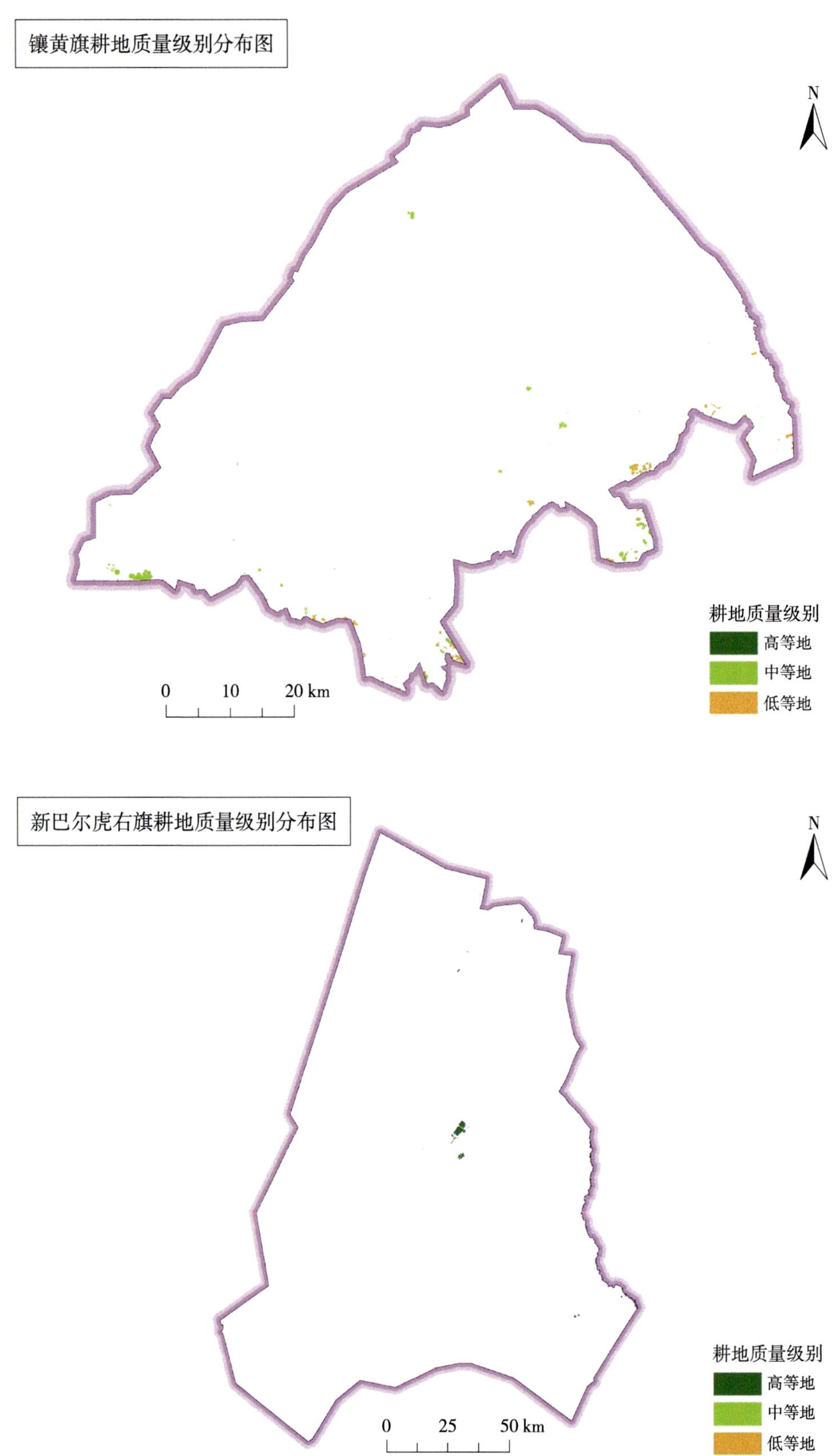
镶黄旗耕地质量级别分布图
N
0 10 20 km
耕地质量级别
高等地
中等地
低等地
新巴尔虎右旗耕地质量级别分布图
N
0 25 50 km
耕地质量级别
高等地
中等地
低等地

新巴尔虎左旗耕地质量级别分布图

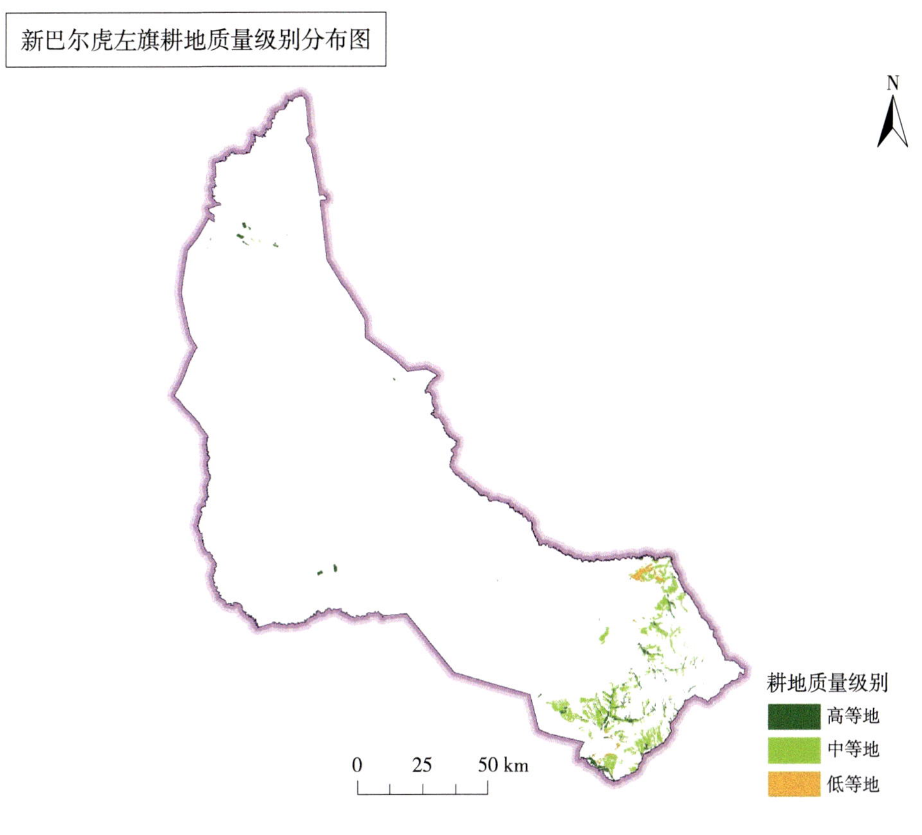

新城区耕地质量级别分布图

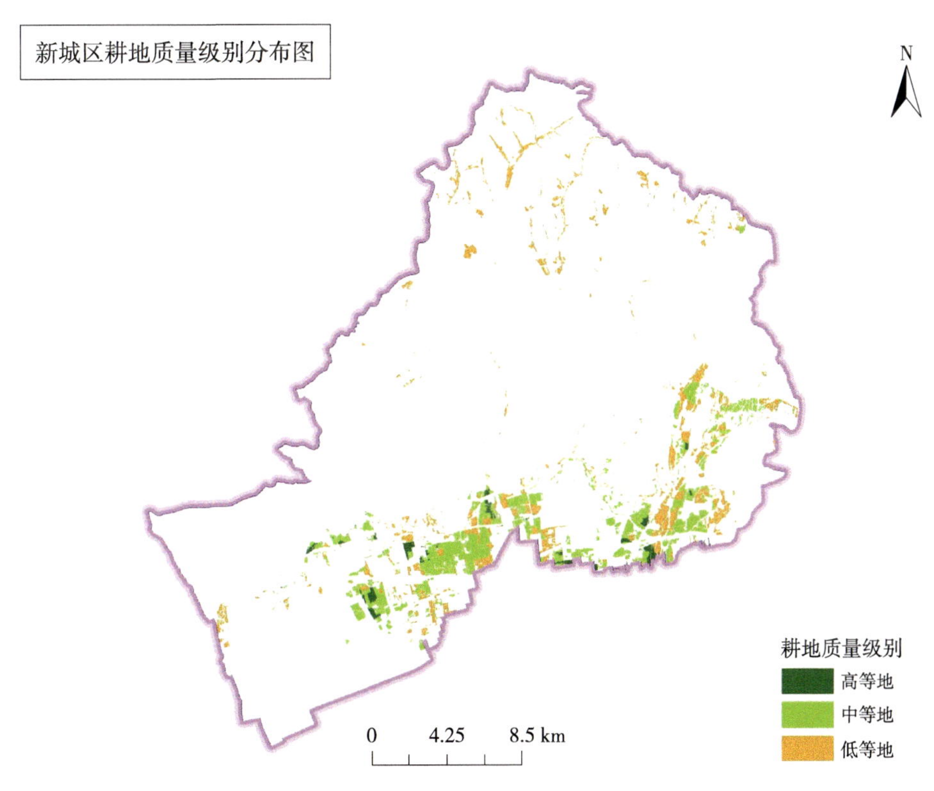

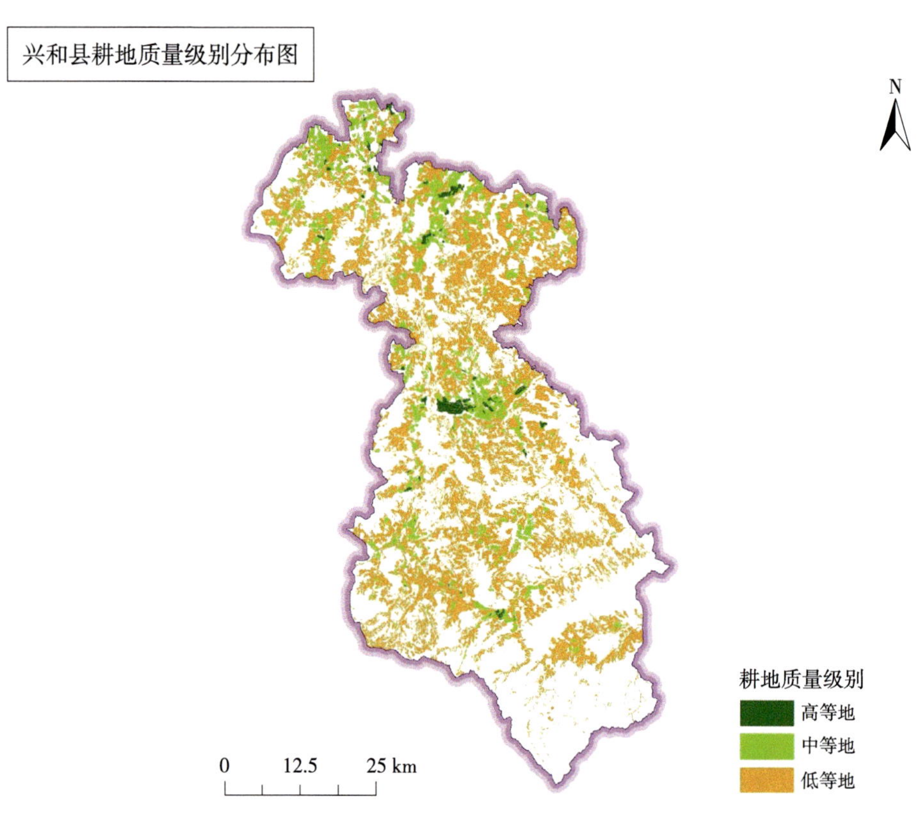
兴和县耕地质量级别分布图
N
耕地质量级别
高等地
中等地
低等地
0
12.5
25 km

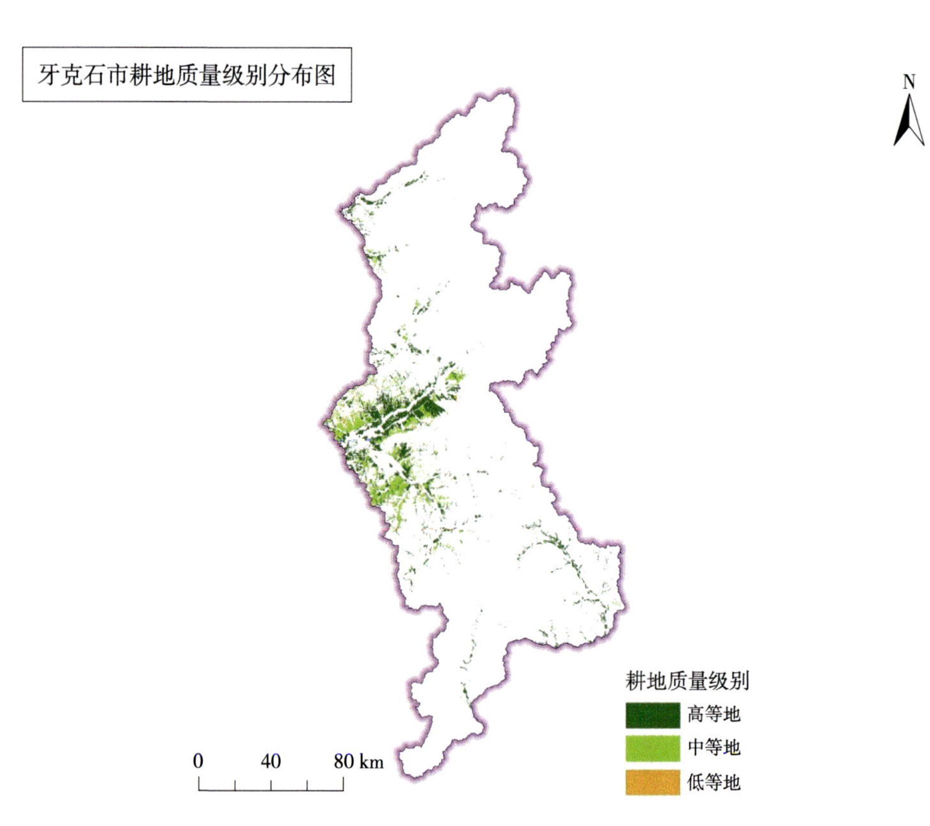
牙克石市耕地质量级别分布图
N
耕地质量级别
高等地
中等地
低等地
0
40
80 km

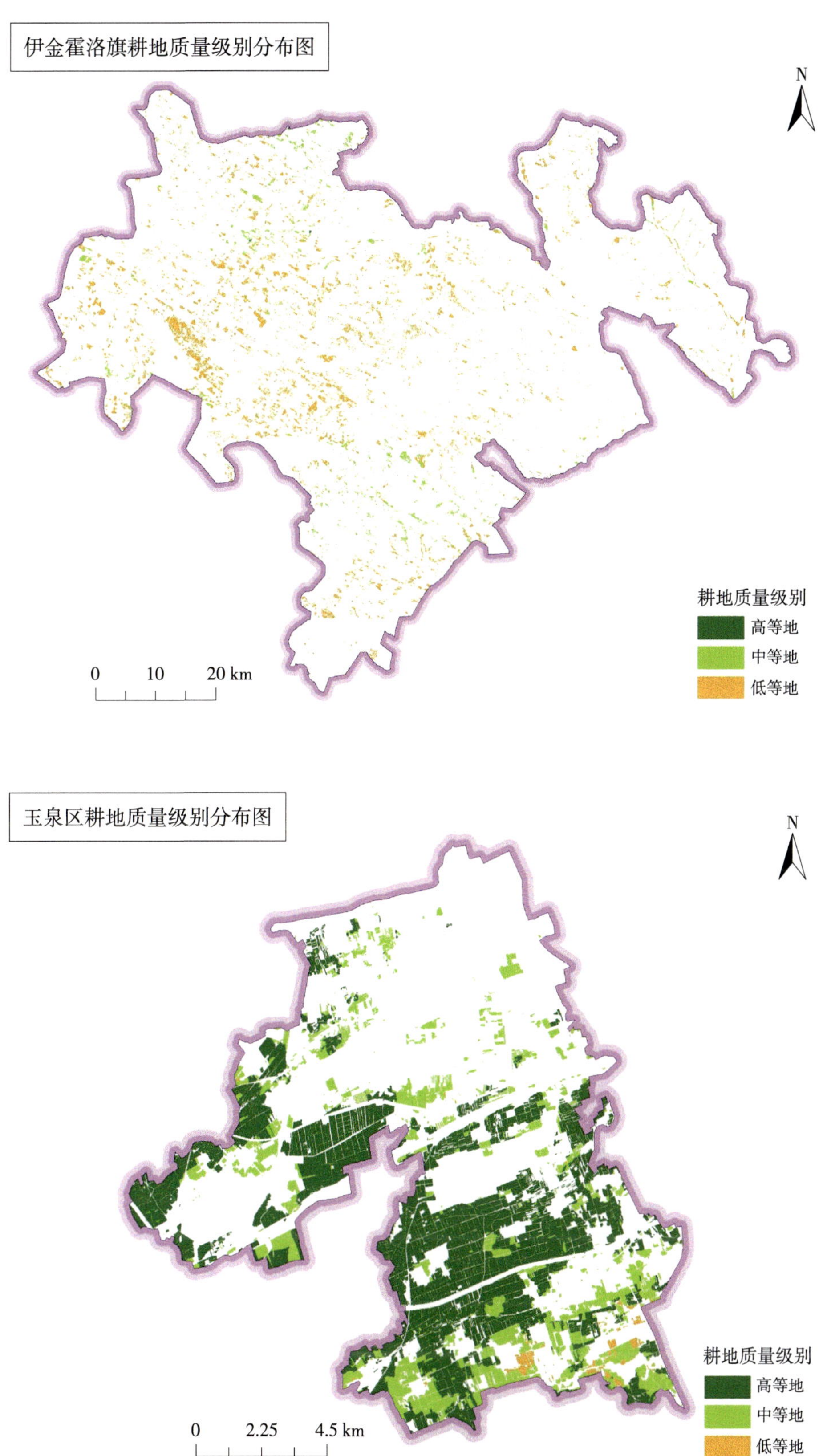
伊金霍洛旗耕地质量级别分布图
N
耕地质量级别
高等地
中等地
低等地
0 10 20 km
玉泉区耕地质量级别分布图
N
耕地质量级别
高等地
中等地
低等地
0 2.25 4.5 km

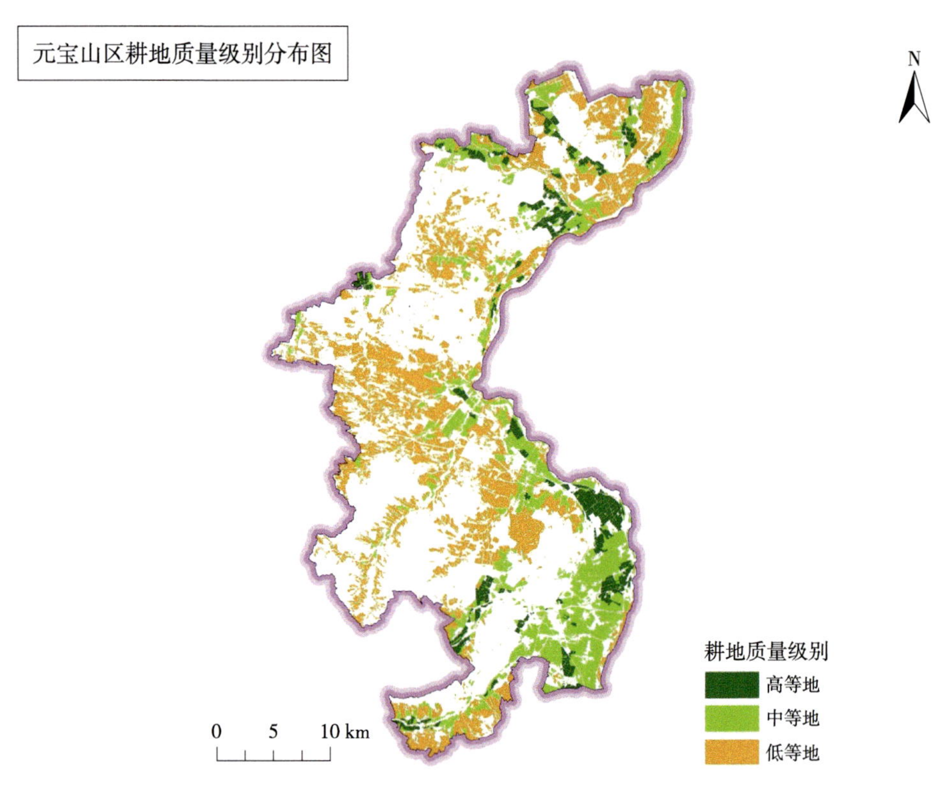
元宝山区耕地质量级别分布图
N
0
5
10 km
耕地质量级别
高等地
中等地
低等地

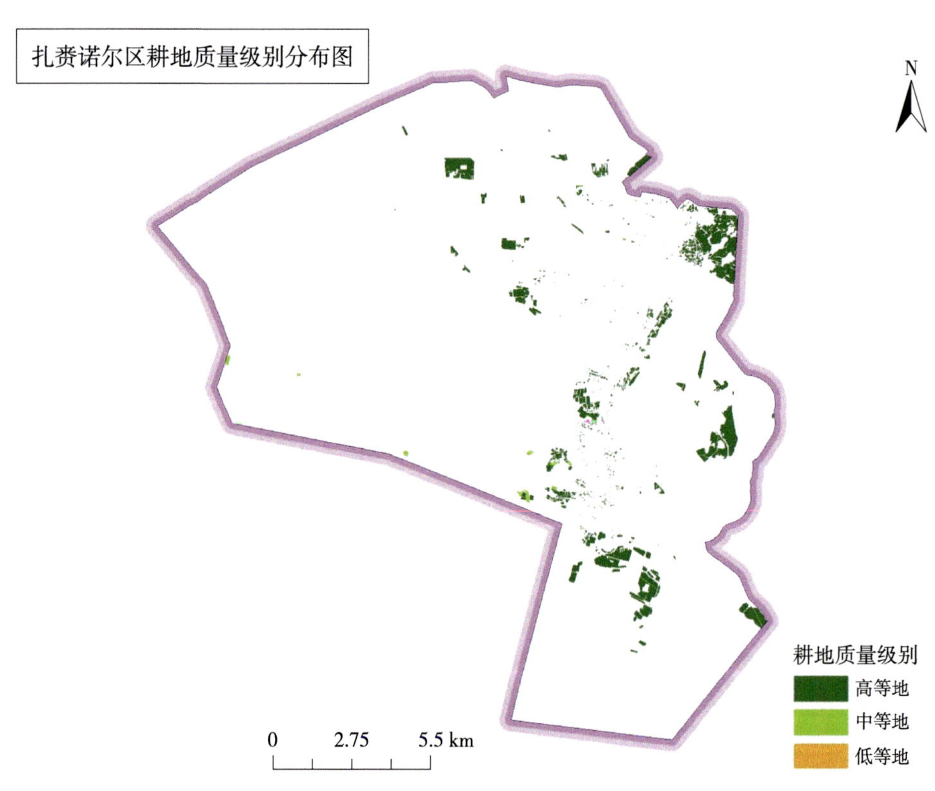
扎赉诺尔区耕地质量级别分布图
N
0
2.75
5.5 km
耕地质量级别
高等地
中等地
低等地

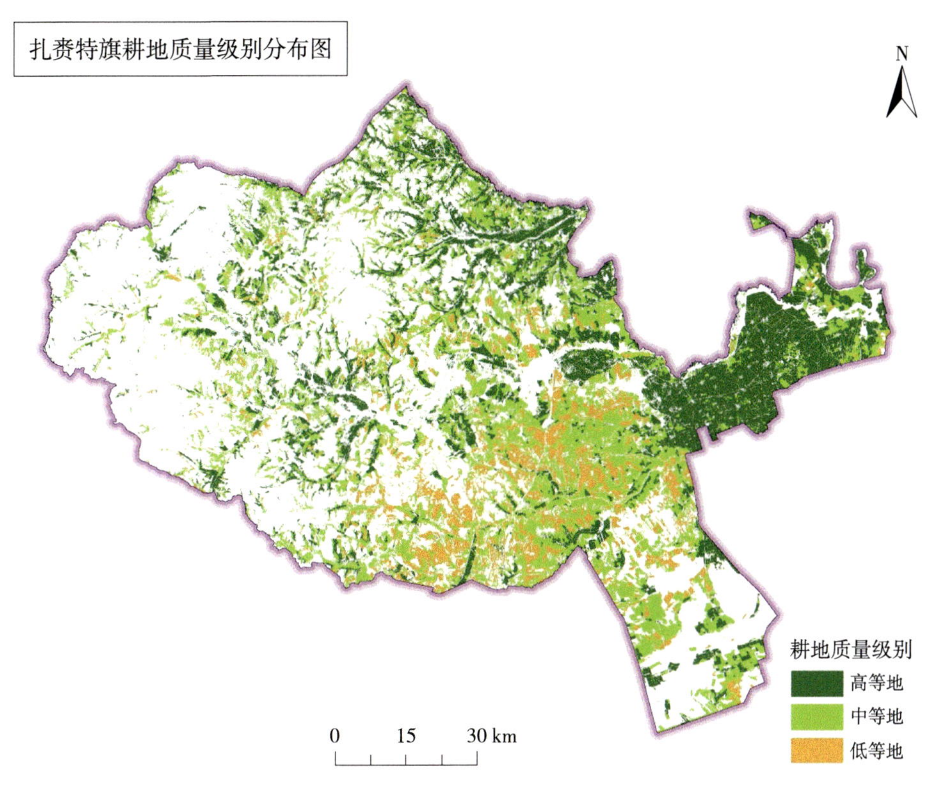
扎赉特旗耕地质量级别分布图
N
耕地质量级别
高等地
中等地
低等地
0 15 30 km

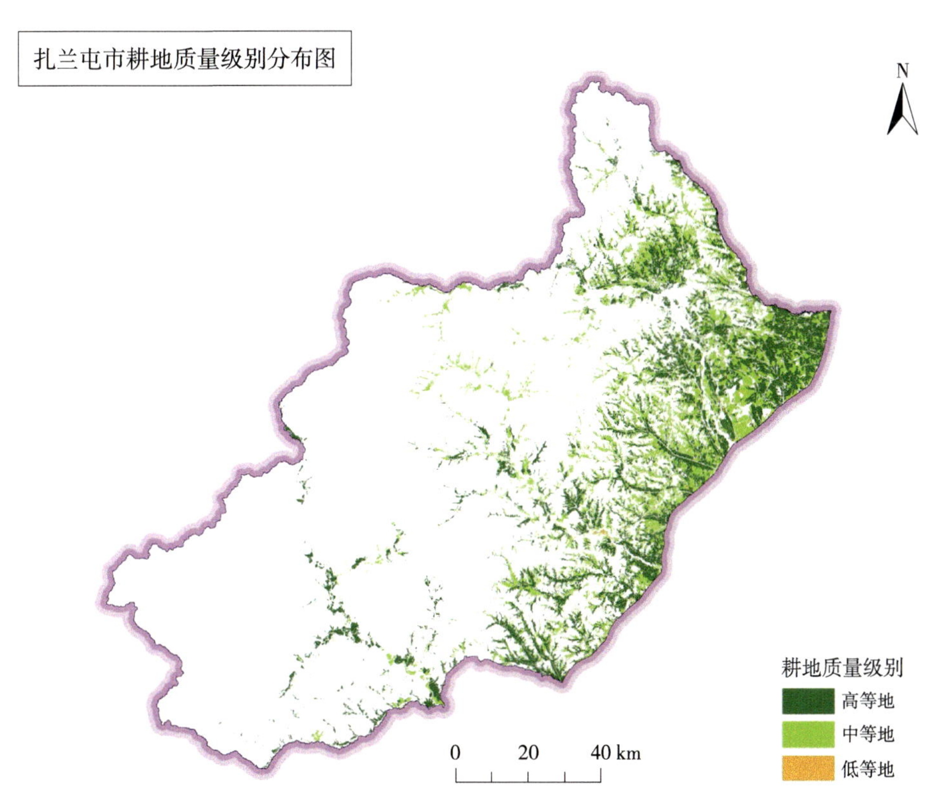
扎兰屯市耕地质量级别分布图
N
耕地质量级别
高等地
中等地
低等地
0 20 40 km

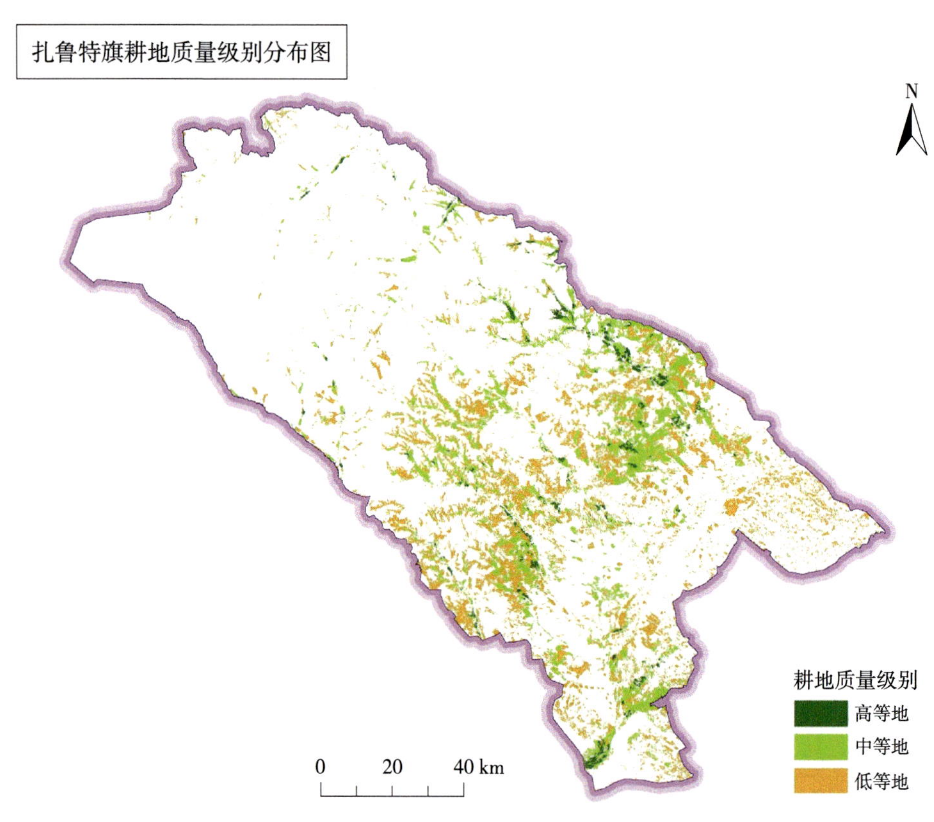
扎鲁特旗耕地质量级别分布图
N
0
20
40 km
耕地质量级别
高等地
中等地
低等地

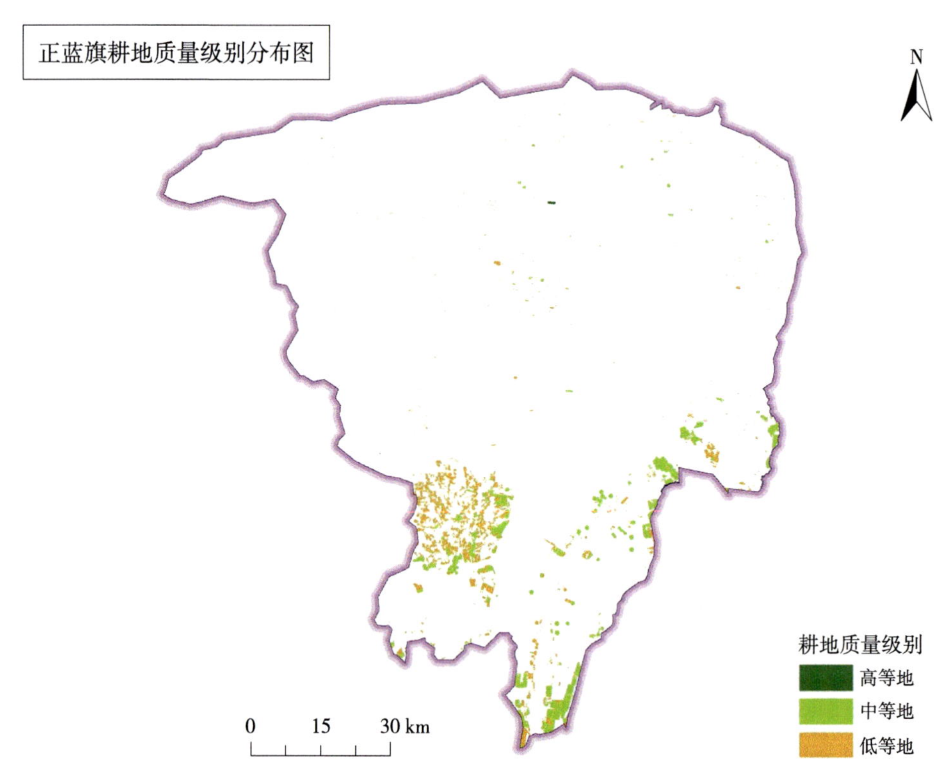
正蓝旗耕地质量级别分布图
N
0
15
30 km
耕地质量级别
高等地
中等地
低等地

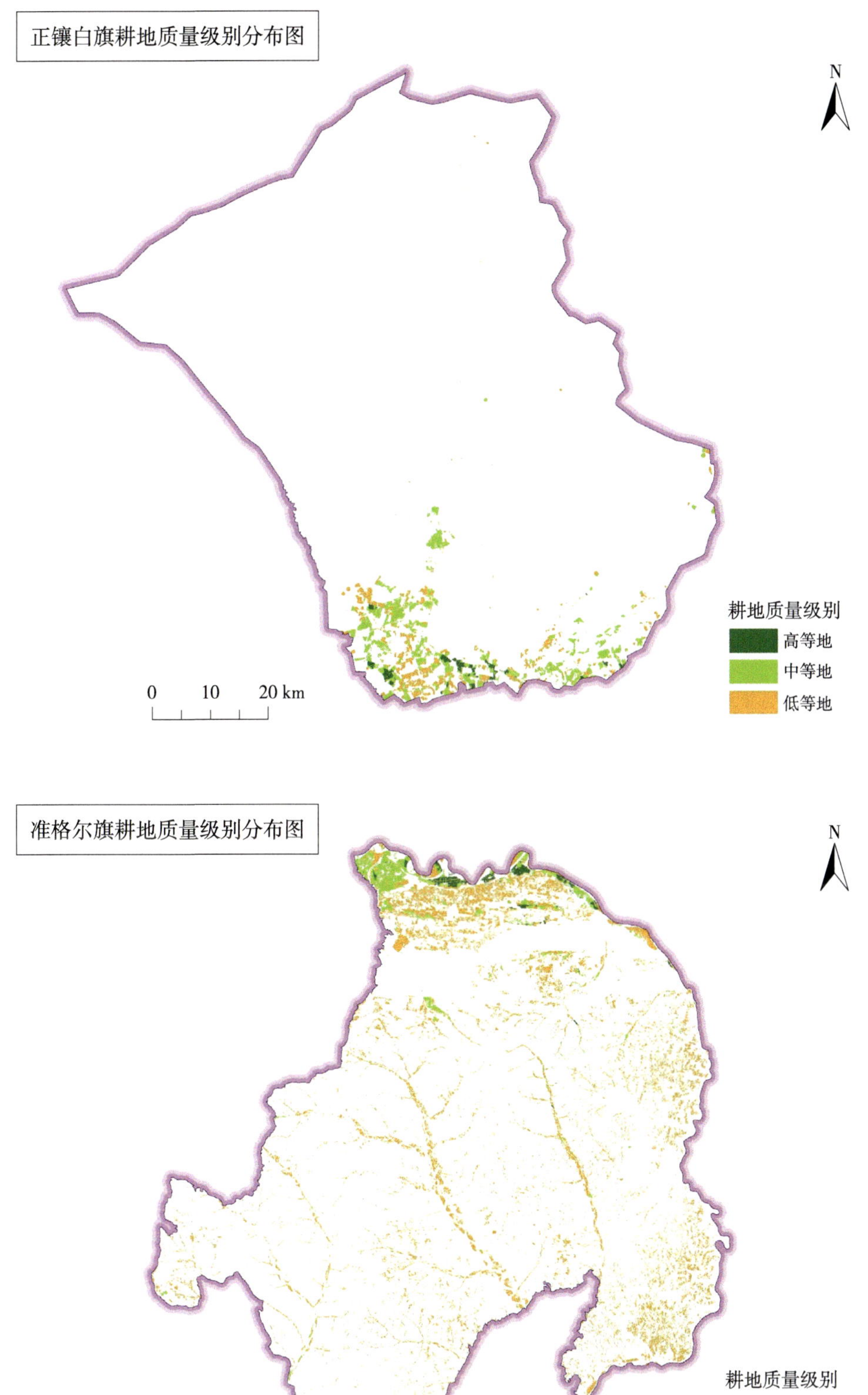
正镶白旗耕地质量级别分布图
N
耕地质量级别
高等地
中等地
低等地
0 10 20 km
准格尔旗耕地质量级别分布图
N
耕地质量级别
高等地
中等地
低等地
0 12.5 25 km

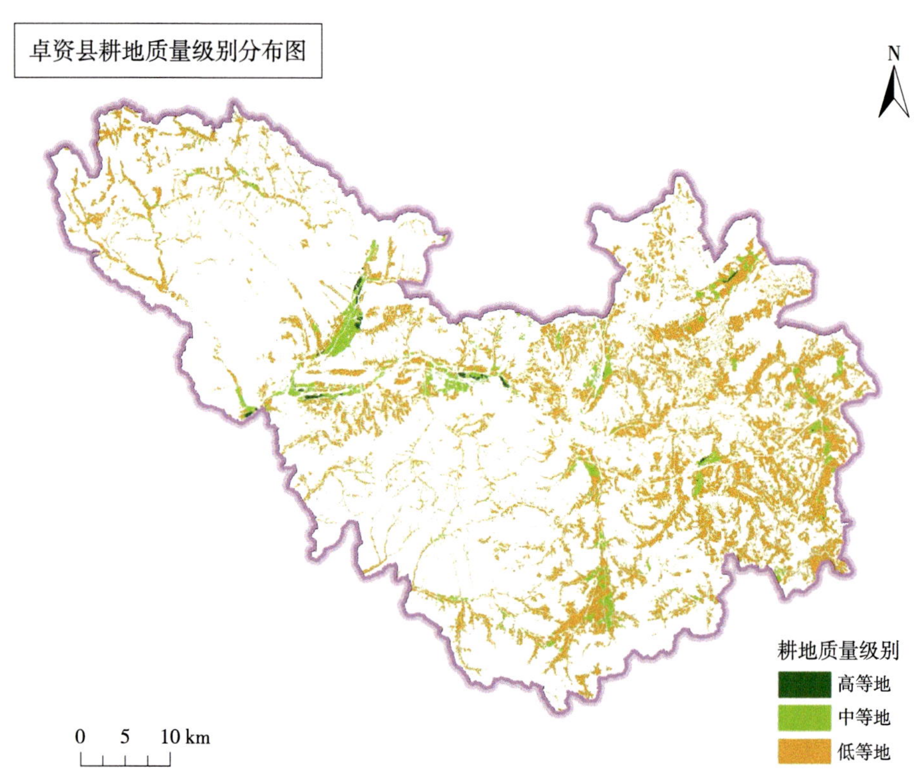
卓资县耕地质量级别分布图
N
耕地质量级别
高等地
中等地
低等地
0 5 10 km